SCORPIO

Dieter Broers

(R)EVOLUTION
2012

Warum die Menschheit
vor einem Evolutionssprung steht

SCORPIO

FSC
Mix
Produktgruppe aus vorbildlich
bewirtschafteten Wäldern und
anderen kontrollierten Herkünften
Zert.-Nr. SGS-COC-1940
www.fsc.org
© 1996 Forest Stewardship Council

2. Auflage 2009
© 2009 Scorpio Verlag, Berlin · München
Umschlaggestaltung: Hauptmann & Kompanie
Werbeagentur, München – Zürich, unter Verwendung
eines Motivs von Public Lounge Entertainment
Satz: BuchHaus Robert Gigler, München
Druck und Bindung: GGP Media GmbH, Pößneck

ISBN 978-3-9812442-1-2

*Ich widme dieses Buch meinen wunderbaren Eltern,
Prof. Dr. Gunda Kraepelin, Prof. Dr. Ingolf Lamprecht,
Dr. Michael König, Burkhard Heim und Jiddu Krishnamurti,
die mir geholfen haben, meinen Weg zu finden, sowie
Bärbel, die den Großteil dieses Weges mit mir gegangen ist.*

Ob nicht die Natur zuletzt sich doch ergründe?
JOHANN WOLFGANG VON GOETHE

Menschen ohne Kreativität schaffen tote Institutionen.
JIDDU KRISHNAMURTI

*Wache auf, erhebe dich, jetzt, da du dich dem großen
Lehrer näherst, lerne. Der Weg ist beschwerlich und der
Übergang wie die scharfe Klinge eines Rasiermessers.*
KATHA UPANISCHADE III

Realität ist anders, als wir denken!
STANISLAV GROF

Inhalt

Vorwort 11

1 Die Sonne – Herz und Geist unserer Galaxis 19

2 Was geschieht mit unserer Sonne? 35

3 Ist die Sonne unser Schicksal? 53

4 Die Entstehung neuer Strukturen 97

5 Der kosmische Erlebnisraum des Menschen 125

6 Der zeitlose Webstuhl der Zeit 149

7 Die Akteure der Evolution 173

8 Das Erwachen der Träumer 195

Nachbemerkung des Autors 211

Anhang

Anmerkungen 213
Literaturverzeichnis 224

Vorwort

2012 – kaum jemand kann sich der Magie dieser Jahreszahl entziehen. Der Countdown ist angezählt. Was an seinem Ende stehen wird, gehört zu den faszinierendsten Rätseln der Gegenwart. Hoffnungen und Ängste verbinden sich mit diesem Datum. Düstere Prophezeiungen kursieren, Visionen einer Katastrophe, die die Menschheit vernichten könnte. Spektakuläre Spielfilme beschwören die Apokalypse, selbst ernannte Fachleute sprechen von der Auslöschung allen Lebens auf der Erde. Andere wiederum erwarten einen positiven Phasensprung, eine spirituelle Erneuerung. Woher kommen diese Spekulationen? Sind es reine Vermutungen, oder gibt es Fakten, die tatsächlich auf Umwälzungen von höchster Brisanz hindeuten? Sind gar Phänomene wie Finanzkrise und Klimawandel erste Vorboten einer fatalen Entwicklung?

Als Biophysiker störte mich immer häufiger die panische, zuweilen sogar hysterische Stimmung, die neuerdings durch zahlreiche Bücher und Filme zum Thema 2012 verbreitet wird. Besonders in den Hollywoodstudios ging es offenbar nur darum, unseren angeblichen Untergang als schockierenden Thriller zu inszenieren. Das war für mich der Anlass, dieses Buch zu schreiben. Denn Grund zur Panik besteht nicht. Doch Sie sollten vorbereitet sein – deshalb habe ich für Sie alles Entscheidende über das Jahr 2012 zusammengetragen und durch meine eigenen Forschungsergebnisse ergänzt. Es könnte sein, dass Sie nach der Lektüre die Welt mit neuen Augen sehen.

Sicherlich fragen Sie sich jetzt, welche Auswirkungen das Jahr 2012 auf Ihr ganz persönliches Leben haben wird. In diesem Buch erfahren Sie alles, was Sie darüber wissen sollten. Jenseits platter Weltuntergangsphantasien gibt es nämlich tatsächlich Anlass, dem Jahr 2012 besondere Aufmerksamkeit zu schenken. Eines steht fest: Danach wird unsere Welt nicht mehr dieselbe sein. Aber in jeder Instabilität verbirgt sich auch eine Chance. Vielleicht werden wir schon bald erkennen, dass unsere alten Strategien untauglich geworden sind. Dass wir uns ändern müssen. Dass unserer Zivilisation eine notwendige Katharsis bevorsteht.

Die Faszination des Jahres 2012 rührt vor allem daher, dass sich uralter Mythos und modernste Wissenschaft auf einzigartige Weise verknüpfen lassen, wenn man sich dem Rätsel dieses Datums nähert. Es sind die Mythen der Maya, die diesem Jahr eine besondere Bedeutung zusprechen. Das Volk der Maya entwickelte in Mittelamerika eine hochstehende Kultur, deren Blütezeit auf das vierte bis neunte Jahrhundert nach Christus datiert wird. Sie erfanden eine komplexe Hieroglyphenschrift, hatten ausgezeichnete mathematische Kenntnisse und ein verblüffend exaktes astronomisches Wissen. All diese Erkenntnisse gipfelten in mehreren Kalendersystemen. Für das Jahr 2012 sagten die Maya einen letzten, umfassenden Wandel voraus. Was für ein Wandel wird das sein? Und welch einen Zusammenhang gibt es zwischen dieser Prophezeiung und den aktuellen naturwissenschaftlichen Forschungsergebnissen?

Der Zusammenhang ist in der Tat überraschend. Hochspezialisierte Wissenschaftler auf der ganzen Welt arbeiten seit Jahren fieberhaft daran, messbare physikalische Veränderungen auf der Erde zu analysieren und ihre Ursachen und Auswirkungen zu beschreiben. Im Zentrum der Forschungen steht die Sonne. Ihre Aktivitäten beeinflussen in ungeahnter Weise unser gesamtes Dasein, weil sie das elektromagnetische Feld der Erde verändern. Erhöhte Sonnenaktivitäten führen dazu, dass sich sogar Kompassnadeln bewegen, ein Indiz dafür, wie stark der Einfluss ist. Seit vielen Jahren beschäftige ich mich mit dem elektromagnetischen Feld. Es steuert unsichtbar alles Leben auf unserem Planeten. Zugvögel und Meerestiere orientieren sich auf ihren Wanderungen daran, und auch wir Menschen sind wesentlich von ihm beeinflusst.

Unstrittig ist, dass die Erde seit einigen Jahren veränderten kosmischen und terrestrischen Feldern ausgesetzt ist. Forscher rund um den Globus sind sich einig, dass dies auf auffällig veränderte Sonnenaktivitäten zurückzuführen ist. Diese werden weiter anhalten, sich sogar steigern, mit einem Höhepunkt im Jahr 2012 – also in genau jenem Jahr, das auch im Mayakalender eine so große Rolle spielt. Die Wissenschaftler der NASA gehen so weit, dass sie aufgrund ihrer Hochrechnungen einen Kollaps für 2012 prognostizieren: weltweite Naturkatastrophen wie Erdbeben und Überschwemmungen, Stromausfälle mit verheerenden Folgen. Ihr Szenario beschreibt einen finalen Zusammenbruch.

Genau hier setze ich an. So verständlich es sein mag, dass derartige Prognosen Ängste hervorrufen, so einseitig ist bei näherem Hinsehen die Interpretation der Fakten. Die sehr wahrscheinliche Bedrohung durch Naturkatastrophen mag erschreckend wirken, doch sie wird nicht die einzige Auswirkung des veränderten elektromagnetischen Felds sein. Aufgrund meiner umfangreichen Forschungen bin ich überzeugt, dass sich weit mehr ereignen wird als ein Zusammenbruch. Ich spreche daher nicht von einer Apokalypse, sondern von einer fundamentalen Transformation.

Meine Thesen beruhen auf intensiver wissenschaftlicher Arbeit. Seit rund fünfzehn Jahren widme ich mich der Erforschung elektromagnetischer Felder und der Frage, welche Auswirkungen sie auf uns Menschen haben. Meine Ergebnisse erschienen mir anfangs derart ungewöhnlich, dass ich sie zunächst verwarf. Konnte es wirklich sein, dass die Sonnenaktivitäten unsere Psyche, unsere gesamte Stimmungs- und Bewusstseinslage so stark beeinflussten? Stärker als gemeinhin angenommen? Aus der medizinischen Forschung erfuhr ich dann, dass bestimmte elektromagnetische Felder eine nachweisbare Wirkung auf die Gehirnaktivitäten von Versuchspersonen ausübten. Es war sogar möglich, die Gehirnleistungen zu erhöhen, wenn diese Personen spezifischen Feldern bzw. Frequenzen ausgesetzt wurden.

Ausgehend von diesen Erkenntnissen stellte ich meine ersten Recherchen an, um die Zusammenhänge zwischen psychischen Auffälligkeiten und elektromagnetischen Feldern genauer zu untersuchen. Die Konsequenzen waren eindeutig: Es gab diese Zusammenhänge, und sie waren zweifelsfrei messbar. Mehr noch: Auch andere wissenschaftlich seriöse Studien, die allesamt auf soliden Statistiken beruhten, bestätigten meine Erkenntnisse.

Es war der 13. Oktober 1995. In diesem Moment traf ich die Entscheidung, mich fortan ganz dieser Thematik zu widmen. Ein besonderer Fokus liegt dabei auf den Sonnenaktivitäten, da sie verantwortlich für viele Phänomene sind, die uns direkt betreffen, von den neurophysiologischen und biochemischen Gegebenheiten des Gehirns bis hin zu spezifischen Erkrankungen. Kurzzeitige Schwankungen des Erdmagnetfeldes sind es, die beispielsweise zu einem signifikanten Anstieg von Depressionen und Herzinfarkten führen. Auf der anderen Seite kann man auch äußerst positive Auswirkungen beobachten: Erhöhte Kreativität und telepathische Fähigkeiten sind unmittelbare Folgen. Wissenschaftler konnten sogar nachweisen, dass bedeutende musikalische und literarische Werke unter beschreibbaren Feldveränderungen entstanden.

Neben der Auseinandersetzung mit elektromagnetischen Feldern rückte zunehmend ein weiteres Thema in mein Blickfeld: die kosmische Strahlung. Man muss wissen, dass unser Sonnensystem nicht örtlich fixiert ist; es reist quasi durch unsere Galaxis. Zurzeit nähert sich unser Sonnensystem einem ganz speziellen Einflussbereich unseres galaktischen Zentrums und ist hierdurch einer extremen Strahlung ausgesetzt. Wir alle spüren, dass der Countdown begonnen hat. Was sich 2012 ereignen wird, kündigt sich bereits jetzt wirkmächtig an. Nahezu sämtliche Anomalien, die wir gegenwärtig auf der Erde beobachten, ob sie das Klima, die Ökonomie oder die Psyche betreffen, stehen nicht nur im Zusammenhang mit veränderten elektromagnetischen Feldern, sondern auch mit der erhöhten kosmischen Strahlung. Dieser Prozess wird sich in den kommenden Monaten weiter steigern – zusehends schneller und intensiver. Den astronomischen Berechnungen nach werden wir um das Jahr 2012 den kritischen Punkt unserer Galaxis erreicht haben. Genau dann wird unsere Sonne ein Aktivitätsmaximum erzielen, das in der Tat zu verheerenden Naturkatastrophen führen könnte, ganz so, wie es die NASA-Forscher erwarten.

Wie bedrohlich die sich andeutenden Veränderungen für uns sein werden, hängt allerdings wesentlich davon ab, über welche Informationen wir verfügen. Wenn wir uns von den panischen Warnungen einiger Wissenschaftler und effekthascherischer Populisten einschüchtern lassen, werden wir den Ereignissen des Jahres 2012 hilflos ausgeliefert sein. Wenn wir jedoch verstehen, dass wir uns an der Schwelle eines gewaltigen Transformationsprozesses befinden, können wir den großen Veränderungen sehenden Auges begegnen. Ohne Angst. Ohne Hysterie.

Das Jahr 2012 wird uns mit Grenzerfahrungen konfrontieren. Das gilt auch für die Wissenschaftler. Gerade Physiker neigen dazu, Messdaten mit vorgefertigten Theorien abzugleichen. So werden neue Erkenntnisse einer begrenzten Vorstellungskraft unterworfen und häufig missdeutet. Am Anfang jeder bahnbrechenden Forschung dagegen steht die intuitive Vision. Unser Verstand reicht bei aller intellektuellen Geschultheit nicht immer aus, Neues wirklich zu erfassen. Insofern bedarf es mehr als der ordnenden Vernunft, um die überwältigenden Erkenntnisse der letzten Jahre zu interpretieren. Meine Conclusio ist eine andere als die der NASA-Spezialisten und Hollywoodregisseure: Das Jahr 2012 wird uns einen Evolutionssprung bescheren, der eine neue Form des Bewusstseins und des Zusammenlebens mit sich bringt.

Warum ich von einem Evolutionssprung spreche? Nun, niemand wird bestreiten, dass die Evolution ein Prozess ist, der niemals abgeschlossen sein wird. Das Prinzip allen Lebens ist Veränderung, im Werden und Vergehen reproduziert sich die Natur nicht einfach, sondern folgt den Gesetzen der Evolution. Und die verläuft oft in Sprüngen, nicht als allmähliche Entwicklung. Neuerdings mehren sich die Anzeichen, dass ein solcher Sprung unmittelbar bevorsteht.

Natürlich bin ich mir bewusst, dass es Ihnen möglicherweise nicht immer leichtfallen wird, meinen Ausführungen zu folgen. Einerseits geht es um hochkomplexe wissenschaftliche Zusammenhänge, andererseits wirken schon die reinen Fakten bisweilen recht phantastisch. Doch meine Forschungen entstammen nicht dem Reich der Phantasie, sie basieren auf empirischen Studien und jahrzehntelanger Recherche. Auch mit Verschwörungstheorien kann und will ich nicht aufwarten. Mir geht es um Aufklärung, um Information und um Erkenntnis. Deshalb habe ich versucht, auch komplizierte Sachverhalte so klar wie möglich zu formulieren. Mein Anliegen ist es, dass Sie das Jahr 2012 als Ihre ganz persönliche Chance begreifen, in der Gewissheit, dass es kein Ende gibt, sondern nur neue Anfänge. In diesem Sinne wünsche ich Ihnen eine ebenso spannende wie aufschlussreiche Lektüre.

1

Die Sonne – Herz und Geist unserer Galaxis

Beginnen wir unseren Weg der Erkenntnis mit einer Reise in die Vergangenheit, zum legendären Volk der Maya. Sicherlich haben Sie von ihnen gehört, von ihrer einzigartigen Kultur, von ihrer Kriegskunst und ihren Opferritualen. Die Maya stammen von Nomaden ab, die während der letzten Eiszeit über die Beringstraße auf den amerikanischen Kontinent wanderten. Früheste Funde in Mittelamerika zwischen 9000 und 7000 v. Chr. weisen auf steinzeitliche Jäger und Sammler hin, die sich um 5000 v. Chr. dem Maisanbau widmeten und um 2000 v. Chr. dauerhafte Siedlungen gründeten. Ihre grandiosen Steinpyramiden in Mexiko, Belize und Guatemala zeugen von einer beeindruckenden Hochkultur, ihr differenziertes Schriftsystem sowie ihr astronomisches und mathematisches Wissen sorgen bis heute für Staunen.

Für die Maya waren Sonne und Mond keine leblosen Gestirne, sondern Götter. Mit bloßem Auge beobachteten sie den Nachthimmel und errichteten schneckenförmige Bauten, deren Fensterkanten ihnen als Orientierungslinien dienten. So konnten sie etwa Sonnen- und Mondfinsternisse exakt voraussagen. In ihrer Vorstellung war die Sonne bedroht von großen Ameisen, die sie aufzufressen drohten. Dieses Bild war offenbar aus der Beobachtung gewonnen, dass bei einer Sonnenfinsternis Eruptionen glühender Gasmassen sichtbar wurden.

Der Mythos des *u chibal k'in*, des »Verschluckens der Sonne«, löste große Angst unter den einfachen Menschen aus. Das ist leicht nachvollziehbar, wenn man sich den intensiven Bezug zur Sonne vor dem Lebenshintergrund eines Volkes vergegenwärtigt, das im Einklang mit, aber auch in Abhängigkeit von der Natur lebte. Die wachsame Beobachtung des Himmels war für sie eine Frage des Überlebens. Sonne und Regen, Kälte und Hitze konnten über gute und schlechte Ernten entscheiden. Die Maya glaubten, dass das Wetter schicksalhaft sei und wesentlich von den Bewegungen der Gestirne abhänge. Deshalb fertigten sie detaillierte Aufzeichnungen an, in denen sie ihre astronomischen Beobachtungen festhielten.

So entstanden Kalenderwerke, die fortan das Alltagsleben, aber auch den Rhythmus ritueller Handlungen strukturierten. Das bekannteste Beispiel ist der Tzolkin, der Ritualkalender der Maya. Der Tzolkin beruht auf astronomischen Daten, aus denen die Maya Tagesreihen und Zyklen ableiteten, die sich wiederholten und miteinander verwoben waren. Jedem einzelnen Tag war ein schicksalhafter Charakter zugeordnet. Das entsprach dem Glauben der Maya, sie seien höheren Mächten ausgeliefert. Um diese zu besänftigen und freundlich zu stimmen, wurden regelmäßig Zeremonien abgehalten. Nur auf diese Weise, so die Überzeugung, könne man ein feindliches Schicksal abwenden.

Neben den Gestirnen waren auch die Zahlen und die Zeit in der Wahrnehmung der Maya belebt – allesamt Götter, die in Beziehungen zueinander standen und das Leben der Menschen auf unterschiedliche Weise beeinflussten. Heute neigen viele Forscher dazu, die Götterwelt der Maya und ihre Macht über die Menschen als interkosmische Eingriffe zu bezeichnen, die in den Maya-Kalendern ihren bildhaften Ausdruck fanden. Der Entdecker des Tzolkin, José Argüelles, beschreibt den Kalender in seiner grundlegenden

Untersuchung *Der Maya-Faktor* denn auch als ein Regelwerk, in dem sich Astronomie und Mythos zu einem spirituellen Welterklärungsmodell verknüpfen. Demnach verstanden die Maya die Sonne als Verbindung zum »Herzen« des Universums. Sie waren davon überzeugt, dass der Kosmos »Absichten« habe und dass aus dem Zentrum des Universums sämtliche Abläufe der sichtbaren Welt gesteuert würden.

Erst mit modernsten wissenschaftlichen Methoden war es möglich, die verblüffende Exaktheit des Mayakalenders zu entdecken. Anlass war die Beobachtung der Sonnenflecken, jener dunklen Stellen auf der Oberfläche der Sonne, die zu bestimmten Zeiten in bestimmten Regionen der Sonne erscheinen. Bis vor kurzem meinten Astrophysiker noch, dass es sich um rein zufällige Phänomene handele. Mithilfe von Großrechnern wurden dann in den letzten Jahren periodische Muster entdeckt. Das Besondere dieser Muster: Sie sind identisch mit den Perioden der Maya-Kalender.

Neben dem Tzolkin, dem ein 260-Tage-Rhythmus zugrunde liegt, hatten die Maya das Haab, das mit seinen 360 Tagen und fünf Ruhetagen unserem Mondkalender entspricht. Das Haab wurde vor allem zur Bestimmung des besten Zeitpunkts für Aussaat und Ernte zurate gezogen. Ein weiteres Maya-Kalendarium ist die sogenannte »Lange Zählung«. Sie beruht auf astronomischen Berechnungen des Sonnenjahres und reicht, auf unser Kalendersystem umgerechnet, vom Jahr 3114 v. Chr. bis zum 21. Dezember 2012. Auch der Tzolkin endet am 21. Dezember 2012. Da er – ähnlich wie das I Ging und die Kabbala – ein Zusammenspiel zwischen kosmischen Konstellationen und Bewusstseinsepochen beschreibt, gibt es nur eine Erklärung für das geheimnisvolle Abbrechen des Kalenders: Die Maya erwarteten ein bewusstseinsveränderndes Ereignis, das an diesem Datum stattfinden soll. Ein Ereignis von solch immenser

Tragweite, dass sie es offenbar sinnlos fanden, über 2012 hinaus weitere Berechnungen anzustellen.

Das alles lässt nur den Schluss zu: Nichts wird sein, wie es war, weder der Lauf der Gestirne, noch das Leben auf der Erde. Eine Prophezeiung, in der sich bis heute Furcht und Erwartung mischen. Auch Sie werden sich fragen: Was wird mit uns passieren? Wie werden wir die alles sprengende Kraft dieser Verwandlung erleben? Als Bedrohung? Als Erlösung?

Längst haben sich selbst hartgesottene Naturwissenschaftler in den Bann dieser Vorhersagen ziehen lassen. Denn es spricht alles dafür, dass es eine zeitliche Koinzidenz von Maya-Mythos und astrophysikalischen Prognosen gibt. Vergleicht man nämlich die Sonnenfleckenaktivität mit dem Tzolkin und dem gregorianischen Kalender, so lässt sich ein besonderes Ereignis für den 21. Dezember 2012 sicher vorhersagen. In dieses Zeitfenster passt eine alarmierende Beschreibung der US-Weltraumbehörde NASA: »Der ›perfekte‹ Sonnensturm könnte über das Erdmagnetfeld hereinbrechen, wenn es auf der Sonne zu den Tagundnachtgleichen im Frühjahr oder Herbst 2012 eine Eruption von Carrington-Stärke gäbe. Zu diesen Zeiten macht die Orientierung des Erdmagnetfeldes zur Sonne hin unseren Planeten besonders angreifbar durch das Teilchenbombardement.«

Mit dem Begriff der »Carrington-Stärke« bezieht sich die NASA auf einen Astronomen des 19. Jahrhunderts. Der Brite Richard Carrington beobachtete im Jahr 1859 in seiner Sternwarte einen heftigen Sonnensturm, der weitreichende Wirkungen hatte: Nordlichterscheinungen waren – gegen jede Regel – von den Rocky Mountains bis Kuba zu sehen, vor allem aber brach das Telegrafennetz zusammen. Dieses sogenannte »Weißlicht-Ereignis« ist das stärkste bekannte Ereignis dieser Art. Inmitten eines durchschnittlichen Aktivitätszyklus war der Sonnensturm plötzlich aufgetreten, seine katastrophalen Auswirkungen brachen wie aus dem Nichts über die Erde herein. Die NASA-Forscher sind sicher, dass noch viel heftigere Ausbrüche als der von 1859 denkbar sind. Und angesichts dieser Tatsache sei es kaum nachvollziehbar, dass sich weder die Öffentlichkeit noch verantwortliche Politiker dieser Gefahr bisher bewusst seien.

Das könnte sich durch das NASA-Szenario, das vor Millionen potenzieller Todesopfer warnt, nun ändern. Schließlich, so betonen es die Spezialisten der amerikanischen Weltraumbehörde, handele es sich um die größte denkbare Naturkatastrophe.[1] Es ist noch nicht lange her, dass vergleichbare, wenn auch schwächere Sonnenstürme auch unsere moderne Zivilisation empfindlich trafen. Vielleicht erinnern Sie sich: 1989 gab es in der kanadischen Provinz Quebec einen spektakulären Stromausfall, der sofort das gesamte öffentliche Leben erlahmen ließ. Weder Computer noch Verkehrsleitsystem funktionierten mehr, die Mobilfunknetze brachen zusammen, ein Chaos drohte auszubrechen. Ohne Strom, das zeigte das Beispiel Quebec, lässt sich nichts mehr aufrechterhalten, was wir als normales Alltagsleben bezeichnen. Aufzüge blieben stecken, nachts versank alles im Dunkeln, Flugzeuge konnten nicht mehr starten, weil der Tower keine Daten mehr hatte. Die Ursache war ein heftiger Sonnensturm. Ähnliches ereignete sich 2003 in Schweden. Von einem Moment auf den anderen fiel der Strom aus. Später verkündete der Stromversorger, ein Sonnensturm habe das Elektrizitätssystem torpediert. Dieses beiden Vorfälle gaben einen ersten bitteren Vorgeschmack auf das, was ein noch intensiverer Sonnensturm auslösen könnte: Chaos, Panik, das Erliegen des urbanen Lebens. Folgt man den Berechnungen der NASA, so wird sich all das 2012 ereignen.

Noch heute ist es ein Rätsel, wie die Maya in der Lage waren, mit ihrem Kalendarium ein Präzisionswerkzeug von derartiger Aussagekraft für zukünftige astronomische Ereignisse zu erstellen. Ebenso spannend ist die Frage, was nach dem Ende der Maya-Zeitrechnung geschehen wird. Die Formulierungen, mit denen sie das Ereignis beschreiben, klingen geheimnisvoll: Am 21. Dezember 2012 werde ein neues Licht auf der Erde erscheinen und eine Zeitenwende einleiten, heißt es da.

Von welchem Licht ist die Rede? Ist es ein Hinweis auf das, was Carrington das »Weißlicht-Ereignis« nannte? Und welche Vorstellungen verbinden sich mit dem Begriff der Zeitenwende? Sie werden es schon bemerkt haben: Offenbar geht es hier um mehr als um Naturereignisse. Vielmehr wird eine spirituelle Dimension angedeutet, die aufhorchen lässt. Doch wo genau liegt die Schnittstelle zwischen Astrophysik und Mythos? Können wir einer spirituellen Deutung überhaupt Glauben schenken in unserer rationalen Kultur?

In der westlichen Wissensgesellschaft neigen wir bekanntlich dazu, eher auf messbare, beweisbare Fakten zu vertrauen als auf die Beobachtungen alter Kulturen. Und das, obwohl die Maya sogar ihren eigenen Untergang vorhergesehen haben. Immerhin: In den Naturwissenschaften sind die Zusammenhänge zwischen Sonnenaktivitäten und menschlichem Verhalten mittlerweile bekannt. Zwei kanadische Autoren, Maurice Cotterell und Adrian Gilbert, schrieben einen vielbeachteten Bestseller über dieses Thema. Darin belegen sie eindeutige Korrelationen zwischen Aufstieg und Untergang von Weltreichen und Sonnenzyklen. Vom Babylonischen Reich bis zur Maya-Kultur und zum Römischen Reich fanden sie einen direkten zeitlichen Bezug zwischen spezifischen Sonnenaktivitäten und politischen Umwälzungen.

José Argüelles gibt in seiner Untersuchung über den Maya-Kalender einen wichtigen Hinweis dazu. Sein Augenmerk liegt dabei auf der Bedeutung der Sonne für die Maya.

Offenbar wussten sie bereits, dass unsere Sonne nur eine von vielen ist und sich um andere Sonnen bewegt. Sie wussten darüber hinaus, dass alle Sonnen gemeinsam um ein Zentrum kreisen, genau jenes bereits erwähnte »Herz des Kosmos« – *Hunab-Ku*. Von hier aus, meinten sie, würden die Menschen um das Jahr 2012 einer ungeheuren Energie ausgesetzt, die sie als »Synchronisationsstrahl« bezeichneten. Damit Sie diese These nachvollziehen können, sollten wir uns das galaktische System etwas näher anschauen.

Seit längerem gehen Astrophysiker davon aus, dass unsere Sonne um eine weit größere Sonne mit dem Namen Sirius kreist. Auch die Behauptung des Maya-Codes, es gebe eine weitere, eine eigentliche »Zentralsonne« in unserer Galaxis, ist nach heutigem Wissensstand plausibel. Nach den Erkenntnissen der aktuellen Astrophysik handelt es sich hierbei um das jüngst entdeckte schwarze Loch, das sich im Zentrum unserer Galaxis befindet. Unser gesamtes Sonnensystem bewegt sich um dieses Zentrum, in schier unvorstellbaren Zeitdimensionen: Für eine Umkreisung benötigt unser Sonnensystem etwa 225 Millionen Jahre.

In letzter Zeit wurden außerordentliche Aktivitäten in diesem Zentrum beobachtet, die zur großen Irritation der Wissenschaftler nicht in ihr bisheriges Bild des Universums passten. So wurden in immer kürzeren Abständen Strahlen gemessen, die »wie mit dem Autoscheinwerfer auf die Erde gerichtet« waren.[2] Diese Strahlen werden Gamma Ray Bursts, kurz GRBs, genannt und kommen zum großen Teil aus den tiefsten Bereichen unseres galaktischen Zentrums, aus dem schwarzen Loch.

Hier nun korrespondieren die wissenschaftlichen Daten mit dem Maya-Code: Die Maya beschreiben einen galaktischen Synchronisationsstrahl, der von der Zentralsonne aus zu bestimmten Zeiten auf die Menschen einwirkt. Allgemein gesprochen, wird in dieser Vorstellung der Mensch über die Erde, die Sonne und die Zentralsonne in Schwingungen versetzt, gleichsam kalibriert. Was zunächst wie eine esoterische Hypothese klingt, steht durchaus im Einklang mit den Erkenntnissen der Astrophysik. Nach Sonneneruptionen werden ungeheure Mengen von Gasen ins All geschleudert, Plasma genannt. Dies findet in der äußeren Schicht der Sonnenatmosphäre statt, der Korona. Sie ist bei Sonnenfinsternissen sichtbar als ein transparenter Strahlenkranz. Die »koronaren Massenauswürfe«, wie Fachleute sie nennen, schleudern das Plasma mit ungeheuren Geschwindigkeiten von Millionen von Stundenkilometern in den Weltraum. Dieses Plasma hat eine besondere Eigenschaft: Die Gase, die herausgeschleudert werden, sind elektrisch aufgeladen. Treffen die aufgeladenen Teilchen auf die Erdatmosphäre, führt das zu magnetischen Stürmen und Polarlichtern. So verändern sie das elektromagnetische Feld der Erde und damit auch alles Leben, bis in die Zellstruktur.

Auch wenn Sie das erstaunen wird: Wir sind außerordentlich empfänglich für kosmische Einflüsse. Das betrifft sowohl die elektromagnetischen Kräfte als auch die Gammastrahlung. Die menschliche DNA hat offenbar die Eigenschaft, als »Antenne« für Gammastrahlen zu fungieren. In unserer DNA existieren Kohlenstoffmoleküle, Kristalle also, die wie Resonanzkörper auf Strahlung reagieren. Außerdem sind sämtliche atomaren Bestandteile unserer DNA geeignet, wie eine Rundfunkantenne auch elektromagnetische Energien aufzunehmen. Die Kohlenstoffatome haben als Kristalle nun die bemerkenswerte Eigenschaft, eingehende elektromagnetische Signale zu verstärken – ein Mechanismus, den wir aus der Nachrichtentechnik kennen. Ganz ähnlich verhält es sich mit unseren Zellen: Durch ihre Struktur sind sie in der Lage, elektromagnetische Signale aus dem Kosmos zu empfangen.

Die Resonanzfrequenzen der GRBs entsprechen sogar jenen der Elementarteilchen unserer Atome. Physikalisch gesehen, ist das die Voraussetzung dafür, weitreichende Veränderungen unseres Körpers und unseres Gehirns auszulösen, sehr wahrscheinlich bis hin zur völligen Neustrukturierung.

Dies sind die Fakten, die der Maya-Prophezeiung eines bewusstseinsverändernden Synchronisationsstrahls ihre wissenschaftlich fundierte Brisanz geben. Solch ein mit dem Sonnenzyklus synchronisierter Strahl könnte die Doppelhelix unserer DNA tatsächlich neu codieren.

Es war der Quantenphysiker Brian Swimme, der im Rahmen seiner Auseinandersetzung mit der Arbeit José Argüelles als einer der Ersten den gedanklichen Bogen schloss. Swimme gibt Argüelles recht, wenn der darlegt, »dass Handlungen und Weltanschauungen, also Bewusstseinslagen ganzer Kulturen von der jeweiligen Beschaffenheit galaktischer Gezeiten bestimmt werden, deren Code von den Maya sowohl mathematisch wie symbolisch festgehalten wurde«. Anschließend resümiert Swimme: »Wir können in der Sprache der Quantenphysik sagen, dass ein elektrodynamischer Austausch zwischen den Elektronen der Sonne und den menschlichen Elektronen stattfindet.«[3]

Mit diesem Wissen lassen sich einige Phänomene erschließen, die Medizinern lange Kopfzerbrechen bereiteten. Warum häufen sich beispielsweise zu bestimmten Zeiten psychische Erkrankungen, die ja weder bakteriell noch viral übertragen werden? Eine Antwort gab bereits 1963 Dr. R. Becker vom Albert-Einstein-Hospital in New York. Er stellte einen direkten Zusammenhang von Krankheit und Kosmos her. Die Quote von Patienten, die in psychiatrische Kliniken eingeliefert wurden, erhöhte sich signifikant, wenn besonders intensive Sonneneruptionen beobachtet wurden. Aus seiner klinischen Arbeit berichtete Becker außerdem von einer punktgenauen Gleichzeitigkeit solcher Eruptionen, den dadurch ausgelösten erdmagnetischen Veränderungen und extremen Auffälligkeiten bei Patienten in psychiatrischen Kliniken.

Die Konsequenz aus den gesamten Forschungsergebnissen ist ebenso plausibel wie aufrüttelnd: Ganz offensichtlich befindet sich die Menschheit inmitten eines Umwandlungsprozesses, dessen Folgen noch kaum absehbar sind. Sicher aber ist, dass es um weit mehr gehen wird als um kulturelle Paradigmenwechsel oder neue politische Systeme. Die Transformation wird umfassend sein und eine Dynamik entwickeln, die alles hinwegfegt, was sich an gewohnten Lebensformen auf der Erde entwickelt hat.

In der Gedankenwelt der Maya finden sich zahlreiche Hinweise, was das konkret bedeuten könnte. Ihre Sprachbilder und Metaphern lassen keinen Zweifel über eine kathartische Funktion des Jahres 2012 zu: Sie sprechen von »erwachten Menschen« die eine »heilige Mission« vollenden würden, eine »Reinigung der Erde«. Am 21. Dezember 2012 würden die Menschen in eine neue Bewusstseins- und Zivilisationsform eintreten.

Die Maya sind nicht das einzige Volk, das zu solchen Schlussfolgerungen kommt. Auch die afrikanische Volksgruppe der Dogon meint, dass sich bald ein Zeitenwechsel ereignen werde. Die Dogon leben heute im Osten Malis. Sie entwickelten einen Kalenderzyklus, der offenbar kurz vor seinem Abschluss steht. Ihrem überlieferten Glauben zufolge erschuf der Gott Nommo die Welt vor 25 000 Jahren. Von damals bis heute habe sich der Urmensch zum Homo sapiens entwickelt und würde nun, am Ende des Zyklus, selbst zum unsterblichen Nommo transformiert. Die Dogon stützen ihre Voraussagen auf einen Tierkreiskalender. Er endete bereits im Jahr 1999, doch es liegt auf der Hand, dass eine Abweichung von wenigen Jahren kaum eine Rolle spielt angesichts eines Zeitrahmens von 25 000 Jahren.

Die Dogon teilen den Kalender in einen inneren und einen äußeren Kreis. Der innere Kreis – 23970 v. Chr. bis 1950 – zeigt die gesamte Menschheitsgeschichte, der äußere Kreis – 1975 bis 1999 – repräsentiert ihre letzte Wiederholung, an deren Ende ein geistiger Wandlungsprozess des Menschen steht, symbolisiert im Aufstieg zum göttlichen Nommo. Interessant ist in diesem Zusammenhang die Warnung, dass jeder, der sich dem Bewusstseinswandel verweigert, sterben wird. Ahnten die Dogon, dass sie ein Szenario schufen, welches vor dem Hintergrund modernster Forschung durchaus realistisch sein könnte? Es wäre durchaus möglich, dass bei einer sprunghaft ansteigenden Strahlung, ausgelöst durch eklatant zunehmende Sonnenaktivitäten, der Schutzschild der Erde versagt, was tödlich für alles Leben wäre.

Kann man daraus folgern, dass nur diejenigen überleben werden, die den Bewusstseinswandel aktiv annehmen und solcherart geschützt sind? Diese Frage ist der entscheidende Schlüssel zur Deutung des Jahres 2012. Und eine Überlebensfrage für Menschen wie Sie, die mehr wissen wollen über die Hintergründe.

Schon immer hat sich die Menschheit mit apokalyptischen Gedanken auseinandergesetzt und versucht zu ergründen, wie man einem drohenden Untergang entfliehen könnte. In der christlich-abendländischen Tradition findet sich der Gedanke, dass das Jüngste Gericht über Leben und Tod entscheiden werde. In der biblischen Apokalypse des Johannes werden Visionen einer schrecklichen Katastrophe geschildert, die diesem letzten Schiedsgericht vorausgehen. Am Ende werden dieser Vorstellung nach nur jene überleben, die ihre schlechten Taten bereuen und fortan nach den Gesetzen Gottes leben. Betrachtet man die Weissagungen eines Nostradamus und anderer Propheten, so finden sich bei den meisten ebenfalls Hinweise auf einen notwendigen Umwandlungsprozess.

Auch Philosophen und Kulturtheoretiker haben sich immer wieder mit solchen Ideen auseinandergesetzt. Zugrunde liegt häufig eine kulturpessimistische Diagnose: Sie folgt dem Gefühl, dass die Menschheit unheilvoll verstrickt ist in Kampf und Zerstörung. Eine Entwicklung, die zwangsläufig in einen finalen Höhepunkt münden müsse. Der österreichische Kunsthistoriker Hans Sedlmayr schrieb 1964 in *Verlust der Mitte*: »So verdächtig es erscheint, die eigene Zeit als den Wendepunkt der Geschichte zu erklären, so kann man sich doch des Eindrucks nicht erwehren, dass nach 1920 Extremzustände erreicht worden sind, jenseits welcher man sich kaum etwas anderes vorzustellen vermag als die totale Katastrophe – oder den Beginn der Regeneration. Das scheint nicht eine der vielen Krisen zu sein ... sondern die Krise des Menschen schlechthin.«[4]

Etwa zur gleichen Zeit veröffentlichte der französische Schriftsteller Jules Romains eine ähnlich eindringliche Warnung. Romains fordert, es sei an der Zeit, jenseits der Faktenwissenschaft eine neue geistige Dimension zu erschließen: »Ich bin keineswegs der Ansicht, dass die moderne Wissenschaft, die man oft eines platten Materialismus beschuldigt, von einer Revolution bedroht ist, die ihre sicheren Ergebnisse zunichtemachen wird. Aber möglicherweise steht sie eines Tages Resultaten gegenüber, die durch sogenannte ›psychische Methoden‹ erzielt wurden und die so zwingend und entscheidend sind, dass es ihr nicht mehr möglich ist, sie wie bisher zu ignorieren oder für nichtig zu erklären.«

Ganz in der Logik eines Bewusstseinssprungs mahnt er an: »Einige der wichtigsten Ergebnisse der experimentellen psychischen Forschung werden, sobald sie offiziell bestätigt und als Wahrheiten erkannt sind – und dieser Tag wird unausweichlich kommen –, die positive Wissenschaft innerhalb ihrer eigenen Grenzen angreifen. Dann aber muss der menschliche Geist, der bisher aus Angst vor Verantwortung so tut, als bemerke er diesen Konflikt nicht, sich entscheiden und einen Schiedsspruch fällen. Damit wird er eine schwere Krise heraufbeschwören, ebenso schwer wie jene, die durch die Anwendung der physikalischen Entdeckungen in der industriellen Technik entstand. Das Leben der Menschheit selbst wird durch sie eine Veränderung erfahren. Ich halte diese Krise für möglich, für wahrscheinlich, und ich glaube, dass sie uns binnen kurzem erreicht.«[5]

Romains Krisenvorhersage scheint sich zurzeit in allen relevanten Bereichen zu bestätigen, vom Zusammenbruch des internationalen Finanzsystems bis zum Schmelzen der Gletscher. Sie wissen es: Es sind zum großen Teil menschengemachte Desaster. Der Präsident des Club of Rome, Aurelio Pecei, prophezeit denn auch eine gewaltige Sintflut, hervorgerufen durch die fahrlässigen Eingriffe des Menschen in das natürliche Gleichgewicht der Natur. Er fordert, dass nicht nur das Wirtschaftssystem geändert werden müsse, sondern die gesamte Denkweise des Menschen.[6]

Insofern stimmt er mit Hans Sedlmayrs Fazit überein, dass die konstatierte Krise nicht nur im äußeren Handeln, sondern vor allem im Inneren des Menschen ihren Anfang genommen habe – und nur dort zum Guten gewendet werden könne. Wie aber ist es möglich, komplexe geistige und psychische Abläufe zu verändern, wenn die Menschen in ihrem gewohnten Umfeld verharren? Ein Bewusstseinssprung kann sich nicht in der Reparatur selbst erzeugter Defekte erschöpfen. Auch wenn viele von einem Umdenken sprechen, wirken sie gleichzeitig wie blockiert von tradiertem Wissen und unverrückbaren Vorurteilen.

Sind also die erwarteten Sonnenstürme und die Steigerung der Gammastrahlung möglicherweise rettende Eingriffe? Kann man überhaupt so weit denken, dem Kosmos »Absichten« zu unterstellen, wie es die Maya ganz selbstverständlich taten? Könnten Sie es?

Ich neige dazu, oder, radikaler: Ich bin davon überzeugt. Zu erdrückend sind die Indizien, dass der geistige Wandel de facto von außen gesteuert werden wird, ebenso wie es auf der Hand liegt, dass der Mensch ohne eine solche Unterstützung die Transformation nicht aus eigener Kraft bewältigen kann. Dies ist der Grund, warum die innere Vorbereitung auf das Jahr 2012 höchste Dringlichkeit hat. Wer die jetzt schon spürbaren Entwicklungen ignoriert, wer sich weigert, bereits jetzt einen Weg der rettenden Transformation zu suchen, wird mit großer Sicherheit von den Ereignissen des Jahres 2012 tragisch überrascht werden.

Ich sage das in aller Deutlichkeit, wenn mir auch nichts ferner liegt, als mich der allgemeinen Panikmache anzuschließen. Ich weiß, dass jeder es selbst in der Hand hat, Strategien zu entwickeln, die ihn schützen. Deshalb möchte ich Ihnen nahelegen, nicht zu resignieren. Erwecken Sie die Kräfte in sich, die Ihnen helfen werden. Sie sind in uns und warten darauf, aktiviert zu werden.

Dafür wird es nötig sein, dass Sie im wahrsten Sinne des Wortes »umdenken«. Es geht darum, dass jeder von uns lernt, seine Intuition wiederzuentdecken, die innere Stimme, die nur zu oft vom Verstand überdeckt wird. So großartig auch die intellektuellen Leistungen unserer Zivilisation sein mögen, so wenig sind sie doch geeignet, uns das enorm wichtige intuitive Wissen zugänglich zu machen. Sie kennen Shakespeares Satz, es gebe mehr zwischen Himmel und Erde, als die Schulweisheit sich träumen lasse. Darin liegt eine tiefe Weisheit und zugleich der Konflikt zwischen Intuition und Intellekt. Aber wer traut sich schon, seine Intuition sprechen zu lassen? Wer hört schon auf die warnende Stimme des Unterbewusstseins, auf Gefühle und Visionen, wenn er sich in einer Kultur des Verstandes behaupten muss?

Was wir dringend brauchen, ist genau jenes intuitive Wissen, das uns lehren kann, die bahnbrechenden Veränderungen des Jahres 2012 zu verstehen und anzunehmen. Eine Voraussetzung dafür wäre, die Mythen der Maya ernst zu nehmen und nicht als abenteuerliche Spekulationen einer untergegangenen Kultur abzuwerten. Geisteswissenschaftler wie C. G. Jung haben uns mit dem Hinweis auf das kollektive Unbewusste einen Schlüssel zur Übersetzung der archetypischen Menschheitsmythen in die Hand gegeben. Betrachten wir die großen mystischen Strömungen der Vergangenheit, so stoßen wir immer wieder auf korrespondierende Vorstellungen einer Verwandlung des Menschen zu Wesen einer höheren Daseinsform.

Der Weg dahin mag manchmal beschwerlich sein. Wir werden ihn gehen können, wenn wir bereit sind, scheinbar von außen kommende Krisen und Schicksalsschläge wie Krankheit, Verlust oder Katastrophen als Chance zur Weiterentwicklung zu begreifen. Oft scheint es geradezu solcher Krisen zu bedürfen, damit wir nach einem tieferen Sinn unserer Existenz suchen. Diese Erfahrung haben vermutlich auch Sie schon einmal gemacht. Menschen, die durch die »dunkle Nacht der Seele« gegangen sind, berichten übereinstimmend, dass sie erst auf diese Weise das Licht sehen konnten und buchstäblich »erleuchtet« aus schwierigen Phasen hervortraten. Zweifellos ist es höchste Zeit, dass wir uns mit den ungeheuren Energien befassen, die schon jetzt auf uns wirken und sich bis 2012 steigern werden. Andernfalls werden wir ihnen ohnmächtig ausgeliefert sein und an ihnen zugrunde gehen.

2

Was geschieht mit unserer Sonne?

Vielleicht sind Ihnen in den letzten Monaten Schlagzeilen aufgefallen, die sich aus der Nachrichtenroutine beunruhigend heraushoben. Manche hatten einen sensationslüsternen Beigeschmack, andere waren nüchterner formuliert. Immer ging es um die Sonne und um auffällige Veränderungen, was ihre Aktivitäten betrifft. Mitten zwischen Meldungen über Wirtschaftskrisen und Steuerreformen tauchten plötzlich Warnungen auf: Von Sonnenstürmen war da die Rede, gar von einem bevorstehenden Sonnen-Tsunami. Das klang für viele irritierend, wenn nicht beängstigend. Jeder, der so etwas liest, fragt sich auf der Stelle: Ist das wichtig für mich? Hat es Bedeutung für mein persönliches Leben? Oder wird da fahrlässig übertrieben?

In der Tat: Wenn es Neuigkeiten aus den wissenschaftlichen Nischen der Forschung in das Portfolio der Agenturen schaffen, muss es um Vorgänge von größter Wichtigkeit gehen. Unsere Informationsgesellschaft etabliert Themen nicht von ungefähr. Deshalb gehen diese Meldungen alle an, Sie, mich, jeden. Wenn Sie die folgenden Artikel lesen, werden Sie schnell erkennen, dass sie ausnahmslos von kosmischen Einflüssen handeln, die unsere Erde bedrohen.

Die Lage ist ernst. Bisher waren die Anomalien der Sonnenaktivitäten eher ein Spezialthema für einschlägig Interessierte, jetzt aber gehen Naturwissenschaftler und selbst Politiker so weit, dass sie öffentliche Warnungen ausrufen. Der Damm ist gebrochen. Was auch in der Wissenschaftsszene lange nur hinter vorgehaltener Hand kolportiert wurde, hat den Weg in die Öffentlichkeit gefunden. Es war höchste Zeit dafür. Offensichtlich steht der Erde etwas so Unvorstellbares bevor, dass selbst Experten Alarm schlagen. Im Folgenden eine kleine Auswahl der Schlagzeilen:

2012 droht ein Sonnen-Tsunami
Düsseldorf (RP) – Ist das die Ruhe vor dem Sturm? Auf der Sonnenoberfläche zeigen sich zurzeit keine Flecken. Dabei sollten ihre Zahl und ihre Größe nun langsam zunehmen. Denn die Flecken folgen einem Rhythmus: Etwa alle elf Jahre erreichen sie ihr Maximum. Das nächste wird für 2012 erwartet.[7]

Sonnensturm 2012: NASA-Studie über soziale und ökonomische Auswirkungen einer Super-Sonneneruption
23. Januar 2009. Washington/USA – Eine von der US-amerikanischen Raumfahrtbehörde NASA finanzierte Studie der National Academy of Sciences (NAS) hat die sozialen und ökonomischen Auswirkungen einer Super-Sonneneruption und des darauffolgenden geomagnetischen Sonnensturms eruiert, wie Astro-Meteorologen sie für 2012 erwarten, wenn der aktuelle Sonnenfleckenzyklus voraussichtlich seinen Höhepunkt erreichen wird. Das Ergebnis lässt aufhorchen: Kaum ein Aspekt unseres alltäglichen Lebens bleibt unberührt.[8]

Englischer Politiker warnt vor Sonnensturm-Folgen
28. März 2009. London/England – Der britische Labour-Politiker Graham Stringer hat die Regierung des Vereinigten Königreichs aufgefordert, Notfallpläne für den Fall eines gewaltigen Sonnensturms zu erarbeiten. Stringer begründet

seine Befürchtungen mit einer Studie der NASA, die erst kürzlich die möglichen dramatischen Folgen eines heftigen Sonnensturmausbruchs für die lebensnotwendigen Versorgungsnetzwerke mit Energie, Lebensmitteln und Trinkwasser aufzeigte.[9]

Was Sie gerade schwarz auf weiß gelesen haben, sind Puzzlestücke einer Realität, deren Existenz erst jetzt in unser Bewusstsein dringt. Setzt man die Puzzlestücke zusammen, ergibt sich ein dramatisches Gesamtbild, das auf harten Fakten basiert. Schließlich besitzt die NASA nicht nur eines der größten und modernsten Forschungszentren der Welt, die amerikanische Weltraumbehörde ist auch frei von jedem Verdacht, leichtfertige Spekulationen zu verbreiten.

Ich deutete bereits an, wie stark die Sonne auf unser irdisches Leben einwirkt. Jetzt möchte ich Sie auf eine virtuelle Reise zur Sonne mitnehmen, um das Prinzip dieser Wirkungsweise genauer zu verstehen. Seit vierzehn Jahren sendet der NASA-Satellit SOHO (**S**olar and **H**eliospheric **O**bservatory) ununterbrochen Messdaten von der Sonne zur Erde. Von großer Bedeutung ist dabei die Beobachtung von Sonnenflecken. Das sind dunkel erscheinende Bereiche auf der sichtbaren Sonnenoberfläche, der Photosphäre. Die Temperatur der Sonnenflecken ist rund 2000 Grad kühler als auf der restlichen Oberfläche.

Sonnenflecken markieren Bündel von Magnetfeldlinien, die aus dem Inneren der Sonne stammen. Sie sind Indikatoren für Störungen des solaren Magnetfelds und lassen Rückschlüsse auf gewaltige Explosionen zu, die sich in der Chromosphäre der Sonne ereignen. Die Chromosphäre speist sich aus Magnetfeldenergien. Ereignet sich hier eine Eruption, so wird das sichtbar durch sogenannte »Flares«, die eine fackelähnliche Form haben. Nach besonders heftigen Eruptionen kommt es zu »Sonnenstürmen«, solarkosmi-

37

schen Strahlenausbrüchen, bei denen elektrisch geladene Teilchen aus der Sonne herausgeschleudert werden. Was da also von der Sonne ausgestoßen wird, sind Ladungsträger, Elektronen und Protonen. Sie werden als Plasma bezeichnet und sind mit Reisegeschwindigkeiten von mehreren Millionen Stundenkilometern unterwegs. Treffen sie auf die Erde, so verzerren sie beim Eintritt in die Atmosphäre unser Erdmagnetfeld.

Da Sie im vorhergehenden Kapitel schon einiges über das Erdmagnetfeld erfahren haben, ahnen Sie sicher, wie bedeutsam das Teilchenbombardement für uns werden kann. Das Datenmaterial, das wir über diese Vorgänge haben, ist mittlerweile sehr umfangreich. Die NASA investierte Milliarden von Dollar, um die Sonne durch Satellitenkameras im Minutentakt fotografieren zu können. SOHO verfügt über acht Kameras unterschiedlicher Ausrichtung. Sie sind für die Bewertung der Sonnenaktivitäten von besonderer Aussagekraft. Ihre Aufnahmen zeigen sowohl die Sonnenfleckenaktivitäten als auch die durch Eruptionen hervorgerufenen Plasmawolken. Die zeitliche Struktur der Sonnenaktivitäten ist gut erforscht. Die Sonne durchläuft einen 11,3-Jahres-Zyklus und durchwandert in dieser Zeitspanne Phasen geringerer und höherer Aktivität. Bei hohen Ausschlägen ereignen sich gigantische Explosionen, nach denen das herausgeschleuderte Plasma bis zur Erde gelangt.

Seit etwa zwei Jahren befindet sich die Sonne jedoch in einem unerklärlichen Ruhezustand. Das Jahr 2008 und die erste Hälfte des Jahres 2009 wiesen so viele Tage ohne Sonnenflecken auf wie schon seit Jahrzehnten nicht mehr. Der aktuelle Sonnenzyklus, der 2012 seinen Höhepunkt erreichen soll, liegt weit hinter dem Aktivitätsmuster zurück, das zu erwarten wäre. Da man die Sonnenaktivitäten an Zahl, Größe und Häufigkeit der Sonnenflecken messen kann, ist umgekehrt ihr Fehlen ein Zeichen für den Ruhezustand der

Sonne. Sie »schläft« offenbar noch, wie auch die aktuellen Satellitenaufnahmen der NASA zeigen, auf denen zurzeit kaum Sonnenflecken zu sehen sind.

Aus den Beobachtungen geht hervor, dass die Sonne ihren Eruptionsrhythmus geändert haben könnte. Manche Astrophysiker sind daher der Meinung, dass das errechnete Maximum im Jahre 2012 nicht erreicht werden wird. Das allein wäre noch kein Grund zur Besorgnis, wenn nicht ein anderer Faktor dazukäme: Durch die außerordentlich geringe Sonnenaktivität wird der Schutzschild der Erde, der »Van-Allen-Gürtel« geschwächt. Normalerweise schirmt er uns vor heranfliegenden Teilchen und der begleitenden Strahlung ab. Er hat die Form eines riesigen Schwimmreifens und besteht aus elektrisch geladenen Teilchen, die von kosmischer Strahlung und Sonnenwinden stammen. In etwa 700 bis 6000 Kilometern Höhe bildet der Van-Allen-Gürtel eine Zone hochenergetischer Protonen, darüber erstreckt sich in etwa 15 000 bis 25 000 Kilometern Höhe eine Zone, die aus Elektronen besteht.

Diese Teilchen erreichen die Erde nicht und schirmen sie auch vor anderen heranfliegenden Teilchen ab, weil sie vom Erdmagnetfeld stabilisiert werden. Grund ist die Lorentzkraft, die Kraft, die elektromagnetische Felder auf bewegte Ladungsträger ausübt. Die geladenen Teilchen werden abgelenkt und schwingen stabil zwischen den Polen der Erde.

Der Van-Allen-Gürtel ist lebenswichtig für uns; wären wir kosmischer Strahlung ungeschützt ausgeliefert, so würde vermutlich kein Leben auf der Erde existieren. Umso alarmierender ist es, dass dieser unverzichtbare Schutzschild nun beeinträchtigt ist. Das Verhältnis von Elektronen und Protonen verschiebt sich zurzeit. Man könnte sogar sagen, dass wir Sonneneruptionen dringend bräuchten, um die Funktion des Schutzschilds aufrechtzuerhalten.

Da die auffälligen Veränderungen der Sonnenaktivitäten

meine Neugier weckten, begann ich, regelmäßig die offiziellen Satellitenbilder der Kamera EIT 304 im Internet zu verfolgen. Inzwischen zirkulierte die Behauptung, dass – ganz gegen die bisherige Theorie – neuerdings Ladungsträger von der Sonne zur Erde gelangten, ohne dass sich Sonnenflecken gezeigt hätten. Eruptionen ohne Sonnenflecken? Warum war der verlässliche Indikator nicht mehr zu beobachten? Stimmte diese Behauptung?

Nach einer außerordentlich heftigen Sonneneruption, über die auch die großen Nachrichtenagenturen berichteten, klickte ich die Kamerabilder an. Was ich sah, bestätigte die Aussagen der NASA-Forscher: Kein Sonnenfleck war zu erkennen, der diese große Eruption hätte ankündigen oder im Nachhinein anzeigen können. Umso verblüffter war ich, als ich mir die Aufnahmen von der Sonnenrückseite ansah. Hier fand ich eine Erklärung für die Ursache des Sonnensturms. Die Rückseite der Sonne zeigte nämlich extreme magnetische Aktivitäten. Auf der unserer Erde zugewandten Seite waren sie dagegen nicht zu erkennen. Nun verglich ich die Aufnahmen von der Earthside mit jener der Farside. Was ich entdeckte, erschien mir zunächst verwirrend und unlogisch. Ganz offensichtlich waren auf der Farside extreme Anomalien zu entdecken, die auf der Earthside nicht zu finden waren.

Ich rieb mir die Augen. Etwas stimmte da nicht. Ich sah genauer hin und hielt den Atem an: Ein Objekt schien sich von der abgewandten Sonnenseite in den sichtbaren Bereich zu schieben. Was war das? Ungeduldig wartete ich auf das nächste Bild. Die Satellitenkamera löst nur alle dreißig Minuten aus, und so musste ich mich eine halbe Stunde gedulden, bis die nächste Aufnahme auf meinem Monitor erschien. Doch das Objekt war verschwunden.

Wie konnte das sein? Für einen Planeten, einen Kometen oder einen Meteor war es unmöglich, so rasch aus dem

Sichtbereich des Aufnahmefensters zu geraten. Die Entfernungen waren zu groß, um sie innerhalb von 30 Minuten zu überwinden.

Lange grübelte ich darüber nach, mit welch einem Phänomen ich es da zu tun hatte. War dieses rätselhafte Objekt die Erklärung für das Auftreten von Eruptionen auf der Farside? Es schien durchaus plausibel. Das plötzliche Auftauchen eines extrem massereichen Objekts kann durchaus das Gravitationsfeld der Sonne verändern und ungewöhnliche Aktivitäten hervorrufen. Meine Hypothese war auch deshalb plausibel, weil sie erklären konnte, warum nur auf der erdabgewandten Seite Anomalien vorlagen. Das angenommene Objekt hätte sich dann nur im Bereich der Farside befunden und auch nur dort spezifische Reaktionen hervorrufen können.

Ich ging meiner Hypothese mit einiger Erregung weiter nach. Wenn dieses Objekt tatsächlich existierte, musste es sich mit unvorstellbarer Geschwindigkeit der Sonne genähert haben, um sich kurz darauf ebenso schnell wieder zu entfernen. Wie gesagt: Planeten schieden aus, ebenso wie Kometen und Meteoride, weil sie zu langsam sind. Was war mit Flugobjekten? Keine bekannte Antriebsart, wie sie in der Raumfahrt genutzt wird, konnte jedoch solche Geschwindigkeiten erzeugt haben. Schließlich wusste ich, dass derart große Distanzen im Universum nur durch eine Veränderung der Raum-Zeit möglich waren. Wenn es also ein Objekt gab, das in derart rasendem Tempo auf die Sonne zugeschossen war, um sich sogleich wieder zu entfernen, musste es statt einer herkömmlichen Antriebstechnik über Raum-Zeit-Steuerungen verfügen. Theoretisch war das denkbar.

Hand aufs Herz: Als Sie gerade diesen Abschnitt lasen, dachten Sie, Sie hielten das Buch eines Ufologen in der Hand? Oder Sie hätten es mit den Fieberträumen eines phantasiebegabten Science-Fiction-Fans zu tun? Ich könnte es Ihnen nicht verdenken. Zu seltsam klingt in der Tat, was ich mit der Raum-Zeit-Steuerung andeuten will. Vielleicht werden Sie mir besser folgen können, wenn ich für einen Moment bei den Kategorien Raum und Zeit verweile.

Das Verhältnis von Raum und Zeit wurde im letzten Jahrhundert durch Albert Einstein völlig neu definiert. Und zwar auf eine so revolutionäre Weise, dass es fast unsere Vorstellungskraft sprengt. Dennoch werde ich versuchen, diese komplexe Theoriewelt mit einigen wenigen Sätzen im Hinblick auf Raum und Zeit zu erläutern. Einstein setzte sie in ein neues Verhältnis zueinander. Dieses Verhältnis war nach Einstein nicht mehr absolut messbar, da, wie er herausfand, sich äußerst schnell bewegende Objekte anderen Naturgesetzen unterliegen.

Zu einer These zugespitzt: Auf einem bewegten Objekt vergeht die Zeit relativ langsamer. Diese Erkenntnis widerspricht der newtonschen Mechanik. Die misst die Geschwindigkeit eines Objektes daran, wie schnell es sich im Raum bewegt. Entsprechend messen wir etwa die Geschwindigkeit eines Autos in Kilometern pro Stunde. Das heißt, wir messen das Tempo daran, welche Entfernung ein Fahrzeug in einer bestimmten Zeit zurückgelegt hat. Einstein wies in Experimenten nach, dass bei großen Geschwindigkeiten solche festen Bezugsgrößen ihre Relevanz verlieren. Die Zeit »dehnt« sich auf einem sich extrem schnell bewegenden Objekt. Dadurch kann das Objekt in – von außen objektiv gemessen – kürzerer Zeit größere Entfernungen zurücklegen.

Übersetzt auf die Problematik des unbekannten Objekts hieß das für mich: Ein Objekt, das alle bekannten Geschwindigkeiten übersteigt, bis hin zur Lichtgeschwindigkeit, muss über eine Raum-Zeit-Steuerung verfügen, die sich dieses Prinzip zunutze macht. Als ich so weit mit meinen Überlegungen gekommen war, legte ich meine Hypothese in Gedanken zur Seite, in der Annahme, dass ich in eine

Sackgasse geraten war. Ich konnte mir solch ein Objekt zwar theoretisch vorstellen, doch es blieb ein Konstrukt, etwas, was keine Entsprechung in der Wirklichkeit hatte – es sei denn, ich würde tatsächlich Phantasie mit der Realität verwechseln.

Möglicherweise hätte ich mich gar nicht weiter mit meinem ominösen Objekt beschäftigt, wenn nicht etwas äußerst Merkwürdiges passiert wäre. Inzwischen verbrachte ich mehrere Stunden täglich damit, mir im Internet immer wieder die Satellitenaufnahmen der Sonne anzusehen, auch ältere. Mir waren die Daten und Zeiträume, die mich interessierten, mittlerweile so vertraut, dass ich sie auswendig kannte. Sie betrafen jene unerklärliche Eruption, die ohne Sonnenflecken stattgefunden hatte.

Umso überraschter war ich, als plötzlich genau diese Aufnahmen fehlten. Wieder und wieder gab ich Tag, Stunde und Minute der entscheidenden Kamerabilder ein, doch es waren nicht jene, die ich in Erinnerung hatte. Sie existierten nicht mehr.

Fast erschrocken schloss ich daraus, dass die NASA diese Bilder aus dem Netz entfernt haben musste. Und, mehr noch: Man hatte die Aufnahmen von der Rückseite der Sonne durch andere, völlig unauffällige ersetzt. Wie gelähmt saß ich vor meinem Computer. Was war da los? Es war das gleiche Datum und die gleiche Uhrzeit, doch nichts wies mehr auf eine Anomalie hin. Weder auf Sonnenflecken, noch auf das Objekt, das ich mit eigenen Augen gesehen hatte.

Sofort begann ich zu überlegen, was der Grund für die Löschung gewesen sein mochte. Oder waren die Bilder gar nicht gelöscht, sondern nur noch auf Computern der NASA zugänglich? Sollte hier etwas vertuscht werden? War irgendjemand in der Forschungsabteilung der NASA der Meinung, diese Bilder seien zu riskant, um sie länger der Öffentlichkeit zu präsentieren? Sie werden meine Aufregung verstehen, als ich diese Möglichkeit erwog. Der Vorfall ließ mir keine Ruhe mehr. Nur das Originalbild hätte erklären können, warum die Sonne Masseauswürfe produziert hatte, ohne dass Anomalien auch auf der Vorderseite der Sonne zu erkennen waren. Nun begann ich, erst recht zu recherchieren. Zu offensichtlich war es, dass ich auf ein Ereignis größter Bedeutung gestoßen war – sonst hätte sich die NASA kaum die Mühe gemacht, die Bilder auszutauschen.

Stunden und Tage verbrachte ich mit den Kamerabildern. Dann fiel mir noch etwas anderes auf. Selbst wenn sich Sunflares nur auf der Rückseite der Sonne befunden hätten, so wären sie irgendwann auch von den anderen Kameras erfasst worden. Die Satellitenaufnahmen von EIT 304 stellen unsere Sonne durch Einzelaufnahmen so dar, dass sie schließlich von allen Seiten zu sehen ist – da die Sonne wie die Erde rotiert. In circa 25,4 Tagen dreht sich die Sonne rechtläufig einmal um die eigene Achse. Misst man die Rotationsgeschwindigkeit von der Erde aus, sind es 27,3 Tage. Diese Verschiebung ergibt sich aus der Tatsache, dass die Erde innerhalb eines Jahres selbst einmal die Sonne umrundet.

Allein schon wegen der Sonnenrotation also hätte auch die Kamera, die auf die Earthside gerichtet war, mit einer gewissen Verzögerung die Sonnenflecken zeigen müssen. Da Sonnenflecken relativ stabil und für mehrere Tage sichtbar sind, wären sie zwangsläufig in den Sichtbereich der Satellitenkameras gelangt.

Ich war sprachlos. Also stimmte meine These: Die großen Anomalien ereigneten sich ausschließlich auf der Rückseite der Sonne. Ich versuchte mich zu erinnern. Mit geschlossenen Augen rief ich mir die gelöschten Bilder in Erinnerung. Was hatte ich wirklich gesehen? Fest stand, dass dieses Objekt, was auch immer es war, die unterschiedlichen Sonnenaktivitäten auf Vorder- und Rückseite der Sonne schlüssig erklärte. Es dauerte einige Zeit, bis ich Gewissheit hatte. Wachsam geworden, konzentrierte ich mich ganz darauf, ob in der Nähe der Sonne irgendetwas Ungewöhnliches geschah. Täglich klickte ich die Website der NASA an. Der Durchbruch kam mit den Stereoaufnahmen (Stereo_A und _B H1) eines neuen NASA-Satelliten. Sie zeigten, dass auf der erdabgewandten Seite der Sonne kurzfristig ein Objekt auftauchte, um genau so rasch wieder zu verschwinden.

Einige meiner Kollegen sind heute der Ansicht, dass es sich bei diesem »Objekt hinter der Sonne« um den sogenannten Planeten X, möglicherweise Nibiru, handelt. Wenn Sie sich für Astronomie interessieren, kennen Sie ihn möglicherweise als den »zwölften Planeten«. Er wird schon in den astronomischen Schriften der Sumerer erwähnt, die voraussagten, er werde im Jahr 2003 in unser Sonnensystems eintreten. Viele Legenden ranken sich um den Himmelskörper. In der Überlieferung der Sumerer heißt es, dass dieser »Planet der Anunakis« ihre alten Götter beherberge. Er sei daher kein Planet wie jeder andere, sondern die »Heimat der Götter«. Und ein Gestirn, das über ein eigenes Antriebssystem verfüge. Diese Beschreibung wirkt ziemlich skurril, auf den ersten Blick jedenfalls. So sehr wir Grund haben, die alten Mythen neu zu deuten – klingt das nicht doch wieder nach wilden UFO-Gerüchten? Nach esoterischen Visionen eines versunkenen Volkes?

Wieder einmal waren es die Forscher der NASA, die meinen Überlegungen einen neuen Impuls gaben. Dafür musste ich in die jüngere Vergangenheit zurückgehen. Vor etwa anderthalb Jahrzehnten berichtete die NASA über Strahlenmessungen im Weltall, die auf ein unbekanntes Objekt hindeuteten. Sie zogen die Möglichkeit in Betracht, dass es sich um einen neuen Planeten unseres Sonnensystems handeln könnte. Sicher waren sie nicht. Denn die Messdaten, die ein NASA-Satellit zur Erde sendete, passten in kein Schema eines bekannten Planeten.

Unverständlicherweise veröffentlichte die NASA außer dieser Nachricht keine weiteren Informationen. Für mich aber steht außer Frage, dass die Lösung nicht mehr lange verborgen bleibt: Spätestens im Jahr 2012, sehr vermutlich sogar schon vorher, werden wir Gewissheit über den Charakter dieses unbekannten Gestirns haben. Jetzt schon lässt sich jedoch sagen, dass ein Zusammenhang mit den veränderten Sonnenaktivitäten sehr wahrscheinlich ist.

Ist der »zwölfte Planet« am Ende auch verantwortlich für das Ausbleiben der errechneten Sonnenaktivitäten? Hat er die Sonne in ihren unerklärlichen Ruhezustand versetzt? Und ist die momentane Inaktivität jene berühmte Ruhe vor dem Sturm, die manche Astrophysiker als Vorzeichen einer bevorstehenden Eruption unvorstellbaren Ausmaßes interpretieren? Dann wäre dieser Planet auch der Auslöser für jene gewaltigen Eruptionen oder sogar für den fatalen Sonnensturm, den die NASA für 2012 berechnet hat.

Nun ist die Redensart einer Ruhe vor dem Sturm in diesem Zusammenhang mehr als eine Metapher. Ein einfaches Beispiel kann Ihnen das vor Augen führen. Stellen Sie sich einen Schnellkochtopf voller Wasser vor, der auf einer Herdplatte immer stärker erhitzt wird. Um diesen Kochtopf vor einer Explosion zu bewahren, haben seine Erfinder ein Ventil eingebaut, durch das der überschüssige Dampfdruck entweichen kann. Ist dieses Ventil verstopft, erhöht sich der Druck innerhalb des Kochtopfs immer weiter, weil kein regulierender Dampf austritt. Bleibt die Hitzezufuhr konstant, wird der Topf irgendwann explodieren, weil sich der Wasserdampf so ausdehnt, dass das Material dem Druck nicht mehr standhält. Der aufgestaute Überdruck führt zur Explosion.

Ähnlich verhält es sich mit der Sonne. Auch in ihrem Inneren, in der Chromosphäre, herrschen extreme Temperaturen und ein äußerst hoher Druck, der durch Eruptionen – wie beim Ventil des Dampfdrucktopfes – reguliert wird. Je länger also Eruptionen ausbleiben, desto gewaltiger wird am Ende die Eruption sein, in der sich der aufgestaute Druck entlädt. Wenn wir eine außergewöhnlich geringe Sonnenaktivität beobachten, ist die Ruhe daher trügerisch. Je länger Eruptionen auf sich warten lassen, umso extremer wird die finale Eruption sein.

Die Prognose der NASA, dass der momentane Sonnenzyklus in einer Mega-Eruption mit verheerenden Folgen für die Erde enden wird, stützt diese Theorie und die Tatsache, dass der Abschluss des Zyklus zu der »größten denkbaren Naturkatastrophe« führen wird.[10]

Wenn es auf der Sonne zu den Tagundnachtgleichen im Frühjahr oder Herbst 2012 eine Eruption gäbe, so könnte sie ein Ausmaß wie jene von Carrington beobachtete im Jahre 1859 erreichen. In diesen Zeiträumen wird das Erdmagnetfeld, ausgelöst durch den Beschuss mit Ladungsträgern, unseren Planeten besonders angreifbar machen. Die Teilchen der Plasmawolken würden mit unvorstellbarer Wucht auf die Erde gelangen, den geschwächten Schutzschild durchdringen und die gesamten vom Menschen genutzten Elektrizitätsanlagen zerstören. Die Stromversorgung käme zum Erliegen, und die für elektrische Störfelder besonders anfällige Mikroelektronik wäre mit einem Schlag funktionsunfähig.[11]

Alles Leben kommt von der Sonne, das wissen wir. Dass die Sonne uns aber einen Kollaps bescheren könnte, an diesen Gedanken müssen wir uns erst gewöhnen. Doch die Indizien sind eindeutig. Die Masseauswürfe der Sonne und deren Auswirkung auf geomagnetische, elektrostatische und elektromagnetische Felder der Erde lassen keinen anderen Schluss zu. Eine Steigerung der Sonnenaktivitäten hat bereits begonnen, seit einigen Jahrhunderten verstärken sie sich mit jedem Zyklus. Nun aber steht ein überproportionaler Sprung bevor. Die NASA spricht sogar von einem um 50 Prozent höheren Aktivitätslevel des gegenwärtigen Zyklus im Verhältnis zum vorherigen. Was uns 2012 erwarte, sei in jedem Fall weit dramatischer als die Ereignisse des Jahres 1989 in Kanada, die letzthin von einem Sonnensturm ausgelöst wurden.

Es scheint ganz so, dass das Erdmagnetfeld eine zentrale Rolle für 2012 spielen wird und dass seine von der Sonne ausgelösten Schwankungen zunehmen. Dieser Effekt wird sich allerdings noch verstärken, aus Gründen, die mit dem geomagnetischen System unserer Erde zu tun haben.

Alarmstufe Nord war ein Artikel der Süddeutschen Zeitung überschrieben, in dem die Autoren Hubert Filser und Axel Bojanowski das komplexe Zusammenwirken magnetischer Kräfte erläuterten, die unsere Erde gegenwärtig verändern – und in Zukunft noch heftiger verändern werden. Die Autoren stellen darin Fakten zusammen, die sich wie Szenen eines Thrillers lesen. Auch sie konstatieren Unregelmäßigkeiten des Erdmagnetfelds. Ausgelöst würden die Schwankungen durch ein verändertes Verhalten des Geodynamo, der tief unter der Erdkruste unser Magnetfeld steuert. Es sei eine Entwicklung, die in einem einzigartigen Vorgang kulminieren werde: der Umkehrung der Pole. Bereits jetzt wandere der magnetische Nordpol in Richtung Russland, und das mit verblüffend rasantem Tempo. Noch dazu steigere sich seine Geschwindigkeit immens: Fußend auf Berechnungen des Geoforschungsinstituts Potsdam, sprechen sie von einer Zunahme von 10 auf 15 Kilometern pro Jahr. Das bedeutet, dass sich der geomagnetische Nordpol in 50 Jahren bis nach Sibirien verschoben haben wird.

Es mag reizvoll sein, dass wir dann in Deutschland das Schauspiel des Polarlichts beobachten werden können.

Doch die unerklärliche Wanderung hat eine bedenkliche Nebenwirkung: Mit ihr schwächt sich auch unser Magnetfeld ab. Kommt es zur Inversion der Pole, wird es möglicherweise kurzfristig ganz zum Erliegen kommen.

Die Folgen wären furchtbar: Der Van-Allen-Gürtel würde instabil, die Erde wäre völlig ungeschützt den hochenergetischen kosmischen Ladungsträgern ausgesetzt, die unsere Atmosphäre dann mühelos durchdringen. Auch die Ozonschicht würde angegriffen werden, mit den bekannten Folgen für strahlungsbedingte Krebserkrankungen. Die vermehrte Wolkenbildung, die überdies zu erwarten sei, würde zu einer deutlichen Abkühlung der Temperatur führen. Es ist ein wahrhaftiges Horrorszenario, das die Autoren ausbreiten, ganz abgesehen vom Ausfall sämtlicher Computer und anderer elektronischer Systeme. Diese heikle Pol-Umkehrung finde etwa alle 500 000 Jahre statt, die letzte habe sich allerdings schon vor 750 000 Jahren ereignet, so die Autoren. »Eine Entwicklung deutet sich an«, resümieren sie, »die bedeutende Auswirkungen auf das Leben der Menschheit haben könnte.«[12]

Wie schnell wird das alles passieren? Wenn das Geoforschungszentrum Potsdam mit seiner Berechnung der Wandergeschwindigkeit des geomagnetischen Nordpols recht hat, macht allein schon die Zunahme des Tempos betroffen.[13] Betrachtet man die ungeheuren Zeiträume, in denen unsere Erdgeschichte verläuft, ist allein der relativ rasche Intensitätsverlust des Erdmagnetfelds erstaunlich. Seit den ersten Messungen vor 170 Jahren hat seine Stärke um etwa zehn Prozent abgenommen. Derzeit funktioniert das Zusammenspiel zwischen Erdmagnetfeld und Van-Allen-Gürtel. Wie lange noch? Der Direktor des Geoforschungszentrums Potsdam (GFZ), Rolf Emmermann, ist vorsichtig mit genauen Datierungen. Sicher berechnen lasse sich nicht, wann die nächste Pol-Inversion stattfinde.[14]

Wird sie uns schneller überraschen, als wir denken? Immerhin ist eine neuerliche Umkehrung der Pole gewissermaßen überfällig, wenn man in Betracht zieht, dass der errechnete Rhythmus von 500 000 Jahren bereits um 250 000 Jahre überschritten ist. Das jedenfalls geht aus der Analyse magnetischen Gesteins hervor, aus dem sich zeitliche Bestimmungen über bereits erfolgte Pol-Umkehrungen gewinnen lassen.

Genauere Messdaten gibt es immerhin schon. Hubert Filser und Axel Bojanowski erwähnen hier den Satelliten mit dem schönen Namen Champ, den das Potsdamer Forschungszentrum vor drei Jahren ins All schickte, um das Erdmagnetfeld mit größerer Präzision zu vermessen, als es bisher möglich war. Anderthalb Tage braucht Champ, um die Erde einmal zu umrunden, alle drei Tage erstellt der Satellit einen Magnetatlas der gesamten Erdoberfläche. Den gewonnenen Daten zufolge nimmt die magnetische Feldstärke derzeit um 6,6 Prozent pro Jahrhundert ab – mit starken regionalen Abweichungen. Über dem Südatlantik, zwischen Kapstadt und Buenos Aires, hat das Magnetfeld schon jetzt eine eklatante Schwachstelle. »Dort ist es um fast 50 Prozent schwächer, als wir erwarten würden«, stellt Stefan Maus vom Potsdamer Institut fest.[15]

Geophysiker sprechen von der südatlantischen Anomalie. In solchen Zonen herrschen extreme Strahlenbelastungen, auf die Dauer werden dort elektronische Instrumente immer häufiger versagen, weil die kosmischen Plasmateilchen nicht mehr effektiv abgewehrt werden können. »Wir kommen mit unserer Technologie zunehmend in Bereiche, die von extraterrestrischen Phänomenen beeinflusst werden«, lassen die Autoren des Artikels denn auch den Physiker Frank Jansen zu Wort kommen.[16]

Drei Tage brauchen die Teilchen der Sonnenstürme, um zur Erde zu gelangen. Eine äußerst kurze Frist. Umso wichtiger ist es, effektive Frühwarnsysteme einzurichten, die die

Risiken durch Stromausfälle und versagende Computertechnik eingrenzen. Ob damit wirklich Schaden verhindert werden kann, weiß niemand zu sagen. Können Sie sich einen Tag ohne Strom, ohne Telekommunikationsnetze, ohne Internet, ohne Ampelschaltungen vorstellen? Wird es Chaos geben? Unruhen? Hubert Filser und Axel Bojanowski berichten, dass sich mittlerweile die ersten Versicherungsunternehmen mit solch einem Ernstfall auseinandersetzen und auf die Dringlichkeit einer besseren Vorhersagetechnologie hinweisen. In diesem Kontext zitieren sie das Statement einer Studie, die kosmische Einflüsse untersucht hat: »Space Weather – Gefahren aus dem Weltraum?«. Darin heißt es: »Information und Sensibilisierung sind Aufgabe der Versicherungswirtschaft. Für die Umsetzung der risikomindernden Maßnahmen sind hingegen die Versicherungsnehmer verantwortlich. Deshalb werden künftig Frühwarnsysteme, die außergewöhnliche Sonnenaktivität und Weltraumwetterstürme frühzeitig und genau erfassen können, entsprechende Bedeutung erlangen.«[17]

Nein, dies ist kein Wissenschafts-Thriller, dies sind erste Eindrücke von dem, was uns erwartet. Und es ist durchaus möglich, dass sich einschneidende Ereignisse dieser Art 2012 direkt vor unseren Augen abspielen werden. Wie werden wir das ertragen können? Sicher ist, das wir das Feld nicht einfach den Naturwissenschaftlern überlassen sollten. Oder, polemischer formuliert: Auch noch so präzise Datenmessungen sind nicht gleichbedeutend mit Prävention. Selbst dann, wenn wir drei Tage vorher erfahren, dass unser gewohntes Leben zusammenbrechen wird, ist damit noch kein adäquates Reaktionsmuster gefunden. Zumal wir ja bereits wissen, dass nicht nur auf der technischen Ebene Gefahr droht, sondern auch auf der physischen und psychischen Ebene.

Dieser Umstand erfordert mehr als einen ausgefeilten

Katastrophenschutzplan, dessen Nutzen ohnehin infrage steht. Naheliegend ist vielmehr eine Auseinandersetzung mit den geistigen Implikationen, die diese Informationen bereithalten. Unser Geist ist gefragt, Geistesgegenwart im wahrsten Sinne des Wortes. Daher verabschiede ich mich jetzt eine Weile von den naturwissenschaftlichen Erklärungen und wende mich unserem Bewusstsein zu.

3

Ist die Sonne unser Schicksal?

Ein neues Zeitalter bricht an. Wir beginnen gerade erst zu erkennen, wie schicksalhaft unser Leben mit der Sonne verknüpft ist. Das ist unbequem. Das löst Furcht aus. Es wäre daher nur allzu menschlich, wenn wir den Kopf in den Sand steckten, ganz nach der Devise: Nach mir die Sintflut. Sie kennen diesen fatalistischen Satz, bestimmt ist er Ihnen auch schon über die Lippen gekommen, wenn Sie nicht weiterwussten. Wenn Sie keine Idee, keinen Plan mehr hatten, wie Sie einer Herausforderung begegnen sollten. Zweifellos: Verdrängen hilft über den Augenblick des Entsetzens hinweg. Doch die Taktik des Verdrängens kann auch gefährlich werden. Es wäre jedenfalls naiv, die gemischten Gefühle beiseitezuschieben und allein Wissenschaft und Technologie zu vertrauen, wenn es um 2012 geht.

Die Gewissheit, dass irgendein Forscher die Probleme für uns löst, ist eine Illusion. So sinnvoll Frühwarnsysteme sein mögen, so exakte Vorhersagen sie auch machen werden, ausgeliefert werden wir den Veränderungen dennoch. Wir können ihnen nicht entfliehen. Aber wäre das überhaupt angemessen?

Am Beginn dieses Buches erwähnte ich die Chancen der Instabilität. Ein chinesisches Sprichwort sagt: »Eine volle Tasse kann nichts Neues aufnehmen, erst wenn wir die Tasse leeren, wird sie Raum für Neues haben.« Welch ein weiser Satz. Er sagt, dass Entwicklung Abschied bedeutet, oft auch Verlust. Jeder Verlust hat für uns zunächst das Gesicht einer Katastrophe. Wir wollen nicht loslassen, wir möchten festhalten an dem, was uns vertraut ist. Umso schmerzhafter sind die Anlässe, die uns tiefe Krisen bescheren. Oft aber sind sie der Auftakt einer heilsamen Transformation.

Diese Erfahrung musste ich schon in jungen Jahren machen: Durch einen Schicksalsschlag verlor ich an einem einzigen Tag meine Familie und mein gesamtes Vermögen. Mir blieb nichts außer dem, was ich am Leibe trug. Es war ein Verlust, der mich anfänglich schier um den Verstand brachte, nein, mehr noch: Es war eine Katastrophe, die mich völlig zu zerschmettern drohte. Ich trauerte, ich haderte, ich verzweifelte. Dann, plötzlich, ging eine bemerkenswerte Veränderung mit mir vor. Ich war wie ausgewechselt: Eine unbändige Lebensfreude ergriff mich, ein Optimismus und eine Vitalität, die ich nicht verstand. Was war geschehen?

Ich war ein anderer Mensch geworden. Während der Auseinandersetzung mit meiner persönlichen Katastrophe hatte ich mich zu einem spirituellen Menschen entwickelt – ohne dass ich es mir bewusst gewünscht hätte. Wie ein Geschenk nahm ich es an. Je öfter ich darüber nachdachte, desto klarer wurde mir: Wenn nicht das Schicksal grausam Regie in meinem Leben geführt hätte, so hätte ich stagniert. Ich hätte mich weiter an unwichtige Dinge geklammert, ohne die ich vermeintlich nicht leben konnte; all jene Details des Alltags, von der passenden Krawatte bis zum richtigen Auto. So aber fiel es mir verblüffend leicht, Ballast abzuwerfen und Wichtiges von Unwichtigem zu unterscheiden. Dadurch tat sich mir eine neue Welt auf. Und ich ahnte: Ohne meine tiefe Krise hätte ich nie erfahren, was wahrhaftige Freude ist. Ich hatte einen Bewusstseinswandel erfahren.

Sie werden sich jetzt fragen, was mein individuelles Transformationserlebnis mit 2012 zu tun hat. Nun, es ist eine Metapher dafür, was mit uns allen geschieht, wenn wir in Störfelder geraten, die uns zunächst ängstigen. Seien Sie zuversichtlich. Wenn Sie verstehen, welche Krise Sie 2012 durchmachen werden, dann können Sie das Licht am Ende des Tunnels erkennen, das auch diese globale Krise für Sie bereithält.

In welcher Form nun werden uns die Umwälzungen von 2012 erreichen? Was wird mit unserem Körper geschehen? Was mit unserer Seele? Eine etwas genauere Vorstellung davon können Sie gewinnen, wenn Sie sich vergegenwärtigen, wie einzigartig vernetzt wir Menschen mit unserem Umfeld sind.

Der Mensch in seiner physischen Gestalt scheint fest umrissen zu sein. Wir können die materielle Grenze zwischen uns und unserer Umwelt mit Leichtigkeit bestimmen, denn unsere äußere Hülle, die Haut, grenzt uns sichtbar ab. Was wir nicht sehen: Es gibt eine weitere Schicht, die uns umgibt, unsichtbar zwar, doch so individuell wie unser Fingerabdruck. Die Luft, die uns unmittelbar umgibt ebenso wie das Wasser, in dem wir vielleicht schwimmen, gehört zu unserem erweiterten Körperbereich. Ohne dass wir es wahrnehmen, strahlen wir ein ganzes Spektrum unterschiedlicher Felder aus. Durch bildgebende Verfahren ist es gelungen, diese Signale sichtbar zu machen. Am deutlichsten sind die körpereigenen Infrarotstrahlen zu erfassen, spezifische Wärmestrahlen also, die zu den elektromagnetischen Feldern gezählt werden.

Betrachten wir den Menschen unter diesem Gesichtspunkt, können wir beobachten, dass wir uns in einem permanenten Austausch befinden: Unser eigenes elektromagnetisches Feld kommuniziert mit Feldern der umgebenden Objekte. Wir stehen in permanenter Wechselwirkung mit anderen Menschen, mit Tieren, Pflanzen, sogar Gegenständen. Unabhängig von unserem Wünschen und Wollen, unabhängig von unserem bewussten Denken und Handeln, kommunizieren wir noch auf einer anderen Ebene mit unserer Umgebung. Wir sind also nicht fest umgrenzte Monaden, eigenständig und selbstgesteuert. Stattdessen sind wir in ein großes Ganzes eingebunden.

Was sich dabei abspielt, wiederholt sich auch im Mikrokosmos unseres eigenen Körpers. Betrachten wir etwa ein menschliches Organ wie die Leber, scheint sie zunächst ein in sich abgeschlossenes System zu sein. Dennoch wäre das Organ unabhängig vom umgebenden Körper völlig funktionslos. Ihre spezifischen Eigenschaften erschließen sich erst, wenn wir sie als Teil eines größeren Ganzen erkennen. Ohne das komplexe Wechselspiel mit anderen Organen wäre ihre Existenz ebenso unmöglich wie die des gesamten Körpersystems. Wird ein Organ wie die Leber dem Körper entnommen, so ist sie nichts weiter als ein Zellhaufen in einer Petrischale, der in kürzester Zeit abstirbt. Die Definition eines Organs erschöpft sich daher nicht auf eine isolierte Betrachtungsweise seiner materiellen Beschaffenheit. Erst die Einbindung in ein übergeordnetes System macht es wahrhaft zum Organ, zum »organon«, einem Werkzeug, wie das griechische Herkunftswort unseres Wortes »Organ« andeutet.

Was wir daraus lernen können, ist eine grundsätzliche Erkenntnis: Alles existiert nur durch seine Zugehörigkeit und qua Kommunikation mit einem höheren System. Sobald beispielsweise ein einzelnes Organ diesen Bezug verliert, etwa durch Funktionsstörungen oder durch anormale Zellwucherungen und Tumore, verhält es sich »asozial«. Ein solches Organ verliert den Bezug zum Kontext und ist zum Absterben verurteilt.

Verlassen wir jetzt das Binnensystem Körper und wenden wir uns dem Makrokosmos zu. Hier nämlich wiederholt sich die Funktionsbeziehung von Organ und Körper, übertragen auf Mensch und Kosmos. Kommuniziert wird dabei über

eine ganze Reihe von Feldern: E-, EM-, Magnet-, elektrostatische und geomagnetische Felder. In ihrer Gesamtheit nenne
ich sie einfach »Felder«, in einzelnen Beispielen werde ich
zwischen spezifischen Feldern differenzieren. Felder sind ein
unsichtbares Medium, das Informationen überträgt. Diese
Informationen beeinflussen die Eigenschaften und das Verhalten der beteiligten Objekte.

Es wird Ihnen nicht schwerfallen, sich eine Vorstellung
von Feldern zu machen. In der Physik spielen sie eine zentrale Rolle. Sie existieren sowohl im leeren als auch im stoff-
erfüllten Raum und haben messbare physikalische Eigenschaften, die jedem Raumpunkt zugeordnet werden können. Diese physikalischen Größen nennt man Feldgrößen.
Vielleicht erinnern Sie sich noch an die Experimente, die Sie
einst im Physikunterricht durchführten. Wenn Sie damals
einen Magneten in die Nähe von Eisenfeilspänen hielten,
richteten sie sich sofort entlang der Magnetfeld-Linien aus.
Eine Besonderheit der Magnetkräfte ist, dass sie Materie
durchdringen können: Papier, Holztische oder Glasplatten
sind kein Hindernis. Außerdem wirken sie selbst über riesi-
ge Entfernungen – andernfalls könnte eine Kompassnadel
nicht nach Norden zeigen. Da sie aber den Magnetfeldern
der Erde ausgesetzt ist, wird sie auf den geomagnetischen
Nordpol gelenkt.

Unabhängig von den geomagnetischen Feldern, die
durch Sonnenaktivitäten beeinflusst werden, stehen auch
die elektrostatischen Felder der Erde unter dem Einfluss der
Sonne. Treffen die Sonnenwinde mit ihren Ladungsträgern
unsere Ionosphäre – den Schutzschild vor kosmischen
Strahlen –, dann verändern die Ladungsträger die Feldstärke der Ionosphäre. Das hat weitreichende Konsequenzen.
Denn neben ihrer Schutzfunktion hat die Ionosphäre noch
eine weitere Eigenschaft: Sie ist maßgeblich an der Entwicklung allen Lebens auf der Erde beteiligt.

Bleiben wir noch für einen Moment bei der Ionosphäre. Zwischen der Ionosphäre und der Erdoberfläche existieren elektrostatische Felder, die variieren, je nachdem, wie viele Ladungsträger der Sonnenwinde von außen auf die Ionosphäre treffen. Erreicht die Spannung einen spezifischen Schwellenwert, so kommt es zur Entladung – zum Blitz. Rufen Sie sich ein Gewitter vor Augen. Ein Gewitter – sichtbar als Abfolge von Blitzen – entsteht durch elektrische Spannung. Blitze sind dabei nichts anderes als elektrische Kurzschlüsse. Die weltweiten Gewitter nun erzeugen durch Blitze permanent elektromagnetische Wellen, die sich rund um die Erde ausbreiten. In der Meteorologie spricht man von »Atmospherics« oder kurz »Sferics«. Sferics haben eine Intensität, die sich in Frequenzen von einigen Hundert Hertz bis zu maximalen Werten um 10 Kilohertz messen lassen.

Blitze erzeugen innerhalb ihrer kurzen Entladezeit unterschiedliche EM-Felder oder Sferics. Stößt die Sonne vermehrt Ladungsträger aus, die auf unsere Ionosphäre treffen, wird die Blitzhäufigkeit erhöht. Es gibt also einen unmittelbaren Zusammenhang zwischen kosmischer Strahlung und Gewitterhäufigkeit.

Das Aufregende ist: Sferics-Felder waren maßgeblich bei der Entstehung der ersten Bausteine des Lebens, der Aminosäuren, beteiligt. Umgekehrt ergaben Experimente in Räumen, die von nahezu sämtlichen natürlichen Feldern abgeschirmt waren, dass biologische Systeme ohne diese Felder nicht lebensfähig sind. Selbst unser Kosmos ist aus Feldern entstanden und wird von Feldern aufrechterhalten. Jedes Teilchen, sei es ein Elektron, ein Atom oder ganze Molekülverbände, sendet ununterbrochen Felder aus und empfängt andere. Felder sind das verbindende Medium des gesamten Kosmos. Auch wir Menschen senden Felder aus und empfangen sie. Durch diese Felder stehen wir mit dem Kosmos in ständiger Verbindung, nehmen Energie und Informationen auf. Wenn man das weiß, ist leicht zu verstehen, warum Sonnenaktivitäten und die dadurch verursachten Feldschwankungen starke Reaktionen in uns hervorrufen können.

Das Spektrum dieser Reaktionen umfasst unterschiedlichste Phänomene. Am bekanntesten ist der direkte Einfluss der Sonne auf unsere Psyche, wie er sich in Winterdepressionen zeigt. Diese jahreszeitlich bedingte Depression tritt verstärkt in nördlichen Ländern auf, wo ein Mangel an Sonneneinstrahlung zu großen Beeinträchtigungen des seelischen Haushalts führt. Dies ist ein eher einfaches und recht gut erforschtes Phänomen, bei dem Lichtmangel die entscheidende Rolle spielt. Weit komplexer dagegen sind die Auffälligkeiten, die durch solar bedingte Schwankungen des Erdmagnetfeldes hervorgerufen werden. Wir haben es hier mit einem ganzen Bündel unterschiedlichster Auswirkungen zu tun, von Störungen des Schlafrhythmus bis hin zu ernsten Gefährdungen wie einer verstärkten Suizidneigung. Ja, Sie haben richtig gelesen: Die Disposition zur Selbsttötung ist ebenso abhängig von geomagnetischen Feldern wie weniger dramatische Beschwerden, seien es Halluzinationen oder Stimmungsschwankungen. Die NASA-Forscher weisen darüber hinaus auf eine Korrelation von Magnetfeldabweichungen und Herzinfarkten, plötzlichem Kindstod sowie einer Reihe weiterer Funktionsstörungen hin.

Die Sonne wirkt also weitaus intensiver und komplexer auf uns ein, als wir vielleicht ahnen. Wir sind jedoch äußerst aufnahmefähig und damit in gewisser Weise auch abhängig von den Feldern, mit denen wir kommunizieren und die unsere eigenen Felder verändern.

Die Summe vieler einzelner Wirkungen, wie sie gerade beschrieben wurden, kann man durch die Auswertung von

Statistiken als übergeordnete Tendenzen beschreiben. Ich spreche dabei von Tendenzen, die sich aus Millionen einzelner Veränderungen ergeben, im Zusammenspiel von körperlichen und seelischen Faktoren. So unglaublich es klingen mag: Sie betreffen die gesamte Menschheit. Es gibt eine erkennbare Abhängigkeit unterschiedlichster gesellschaftlicher Krisensymptome von Feldanomalien. Ohne dass man sie sehen, schmecken, riechen oder tasten kann, steuern die global aktiven Felder unser gesamtes Sein, vom Herzmuskel bis zur Bereitschaft, einen Krieg zu führen. Gesundheit, Stimmung, Aufmerksamkeit, Psyche, all dies unterliegt den Feldern und ihren Schwankungen.

Spätestens an diesem Punkt werden Sie sich fragen, warum das alles nicht längst bekannt ist. Der Grund liegt in der Arbeitsteiligkeit unserer Wissensgesellschaft. Mit der Entstehung der modernen Naturwissenschaften haben sich die Einzeldisziplinen immer weiter spezialisiert. Einen Austausch gibt es selten. Jeder forscht in seinem Bereich, völlig fokussiert auf die eigene Aufgabenstellung. Übergreifende Verknüpfungen der jeweiligen Erkenntnisse aber gehören nicht zum wissenschaftlichen Alltag. So werden Forschungsergebnisse einzelner Disziplinen nicht ausreichend kommuniziert.

Astrophysiker beispielsweise registrieren die Ereignisse, die aus dem Weltall auf die Erde einwirken, sehr genau. Doch es ist nicht üblich, dass sie ihre Beobachtungen mit Ärzten, Therapeuten oder Gesellschaftswissenschaftlern austauschen. Es fehlt an übergeordneten Organisationsformen. Man bleibt unter sich, und so bleiben auch die Erkenntnisse isoliert. Zusammenhänge zwischen Forschungsergebnissen selbst weiter entfernt liegender Fachdisziplinen bleiben daher meist verborgen, selbst den Wissenschaftlern.

Für unser Thema bedeutet das, dass einzelne Forschungsabteilungen wertvolles Datenmaterial besitzen, das anderen wiederum nicht zugänglich ist. So kommt es zu einer gefährlichen Stagnation des Wissensstands, dabei könnte ein Abgleich des Datenmaterials verblüffende Erkenntnisse nach sich ziehen. Diese Neigung zu isoliertem Forschen ist keine Ignoranz der Wissenschaftler, sondern Ausdruck des hochspezialisierten Forschungssystems. Es führt zu einer Fragmentierung von Wissen.

Wie also soll etwa der Chefarzt einer psychiatrischen Klinik ein verstärktes Auftreten psychischer Erkrankungen anders bewerten, als dass es sich um eine zufällige Häufung handelt? Er wird sich zwar wundern, dass an bestimmten Tagen auffällig viele neue Patienten in seine Klinik eingeliefert werden, vielleicht sogar doppelt so viele wie an durchschnittlichen Tagen. Dennoch hat er keinen analytischen Schlüssel, mit dem er diese seltsamen Häufungen erklären könnte.

Ihm ist nicht bekannt, was der Geophysiker weiß, der die aktuellen geomagnetischen Felder misst und auswertet. Würden sich diese beiden Personen über ihre jeweiligen Erfahrungen mit Anomalien unterhalten, so würden sie sehr rasch über Zusammenhänge diskutieren können. Nehmen wir einmal an, zu diesem fiktiven Gespräch würde sich dann auch noch ein Forscher der NASA gesellen, der sich mit dem prognostizierten Mega-Sonnensturm im Jahre 2012 auseinandersetzt, so wäre schlagartig ein Erkenntnissprung möglich.

Wie gesagt, das Gespräch ist reine Fiktion. In der Realität tauschen sich Wissenschaftler und Spezialisten unterschiedlicher Fachgebiete äußerst selten aus, wenn überhaupt. Insofern ist meine eigene Arbeit untypisch für den Wissenschaftsbetrieb. Von Beginn an interessierte mich der Blick über den Tellerrand und die Frage, wie die starren Grenzen der Arbeitsteilung überwunden werden können. So übernahm ich die Leitung eines interdisziplinären Forschungsprojekts – elf Fachbereiche waren daran beteiligt.

Als Schwierigkeit erwies sich zunächst, eine gemeinsame Sprache zu entwickeln. Jede Disziplin hat naturgemäß eine eigene Fachsprache mit einer eigenen Begrifflichkeit. Sie ist jedoch nicht kompatibel mit der Wissenschaftssprache anderer Disziplinen. Also bestand die erste Aufgabe darin, diese gemeinsame Sprache für unser Team zu finden.

Einfach war das nicht. Doch als es endlich möglich war, dass Biologen, Psychologen und Physiker auf einem verbindenden Sprachmodus miteinander kommunizierten, konnten wir unsere Forschungsergebnisse vernetzen und auf einem höheren Level auswerten.

Damit leisteten wir Pionierarbeit, bis heute ist eine derartig vernetzte Forschung die Ausnahme. Wenn Sie sich also wundern, warum Sie in diesem Buch erstmals Dinge erfahren, die Sie noch nie gelesen haben, so ist die Erklärung ganz einfach: Seit meinen Erfahrungen mit dem innovativen Forschungsdesign unserer Projektgruppe arbeite ich ausschließlich interdisziplinär. Das heißt: Ich lege Erkenntnisse der verschiedenen Disziplinen – bildlich gesprochen – auf einen Tisch, vergleiche sie und werte sie nach besonderen Vorkommnissen aus. Hinzu nehme ich Unfallstatistiken, Dossiers von Gesundheitsministerien, Daten also aus den entlegensten Kontexten. So habe ich es aus der interdisziplinären Zusammenarbeit gelernt.

Sie hat mir entscheidende Impulse gegeben, um meine eigenen Erkenntnisinteressen weiterzuentwickeln. Und nicht zuletzt hat diese Arbeit mich in die Lage versetzt, Ihnen ein Wissen zu präsentieren, das bisher so nicht möglich war. Salopp formuliert: Ich zähle eins und eins zusammen.

Für mich als Biophysiker wurde zunächst der Austausch mit Vertretern der Geophysik besonders aufschlussreich. Das betrifft vor allem einen relativ neuen Forschungszweig, dessen Anfänge in Niemegk bei Potsdam stattfanden: die Erforschung des Erdbodenmagnetismus. Mein Erkenntnisinteresse war es, noch mehr Belege für den Zusammenhang zwischen Feldern und menschlichem Verhalten zu finden. Bald schon wurde ich tatsächlich fündig. Vorher aber gebe ich Ihnen einen kurzen Überblick über die Meilensteine der erdmagnetischen Forschung, damit Sie eine Vorstellung von diesem Fachgebiet haben.

Um 1950 beobachteten Wissenschaftler erstmals, dass sich bestimmte Variationen des Erdmagnetfeldes gegenläufig ereigneten. Der Geophysiker Otto Meier fand heraus,[18] dass dieser Effekt eine Folge von elektrischen Strömen im Erdboden ist. Horst Wiese, ein Kollege Meiers, erkannte überdies, dass sich der Effekt technisch nutzen ließ, und entwickelte die Methode der elektromagnetischen Tiefensondierung.[19] Was mich an all dem interessierte? Es war die Möglichkeit einer geomagnetischen Karte, aus der ich mir Aufschluss erhoffte. Heute gibt es diese Karte. Vor 1949 jedoch wusste man zwar einiges über Erdmagnetfelder, doch wo sie besonders stark oder besonders schwach waren, darüber gab es nur lückenhaft Auskunft. Jedes Land der Erde stellte außerdem seine Messungen mit anderen Methoden an, die sich nicht für eine Synopsis verwenden ließen.

Der Direktor des Geophysikalischen Instituts Potsdam, Julius Bartels, entwickelte dann 1949 als Maß für die geomagnetische Aktivität den sogenannten Kp-Index. Er wird mit einem standardisierten Verfahren aus den Daten von weltweit 13 Observatorien bestimmt und bis heute verwendet. Der Kp-Index ist von der »International Association of Geomagnetism and Aeronomy« (IAGA) als Messgröße anerkannt und wird seit 1997 in der Einheit Niemegk bestimmt – benannt nach jenem kleinen Ort nahe Potsdam, wo alles seinen Anfang genommen hatte.

Mit diesem neuen Index konnte man nachweisen, wie stark unser Erdmagnetfeld erheblichen Veränderungen unterliegt.

Um die Langzeit-Veränderungen genauer bestimmen zu können, wurden die einzelnen regionalen Vermessungen des Geomagnetfeldes mit anderen Stationen weltweit koordiniert. Zuvor fanden solche Messungen unabhängig in einzelnen Ländern statt, sodass es wegen starker Unterschiede der Datenqualität schwierig war, einheitliche magnetische Karten von Europa zu erstellen. Mit dem Kp-Index ließen sich fortan wissenschaftliche Magnetfeldstudien vergleichen und kombinieren.

Die neue Methode machte es darüber hinaus möglich, gemessene Schwankungen des Erdmagnetfeldes in Korrelation zu biologischen Veränderungen zu setzen. Der Schnittpunkt lag im Wissen, dass Tiere und Menschen von individuellen Magnetfeldern umgeben sind, beeinflusst von den Erdmagnetfeldern. Ein Abweichen von den Mittelwerten interpretiert der Körper neurobiologisch gesehen als Stress. Er äußert sich durch spezifische Symptome, die allesamt in unmittelbarem Zusammenhang mit Erdfeldanomalien stehen.

Eine neue Studie, die im New Scientist[20] veröffentlicht wurde, liefert genauere Ergebnisse zum Thema Gesundheit und Sonnenstürme. In dem Artikel berichtet Oleg Shumilov, der Leiter des russischen Instituts für industrielle Ökologie: »Erdmagnetische Felder wurden zwischen 1948 und 1997 untersucht. Hierbei fanden wir überraschenderweise heraus, dass es an Tagen, an denen die erdmagnetischen Felder ihre höchste Intensität aufwiesen, zu einer erheblichen Zunahme von Stimmungsschwankungen und Selbstmorden kam.«[21]

Die Studie verweist auch auf den unmittelbar physischen Grund: Psychische Reaktionen gehen wesentlich von der Zirbeldrüse aus. Die Zirbeldrüse ist längst nicht so bekannt wie etwa die Bauchspeicheldrüse, die im Zusammenhang mit einer Diabeteserkrankung oft genannt wird. Die Zirbeldrüse ist ein kleines Organ im Zwischenhirn, das sich in der

Region des Epithalamus lokalisieren lässt. Sie produziert das Hormon Melatonin – das unter anderem unseren Schlafrhythmus steuert. Möglicherweise haben Sie selbst schon synthetisches Melatonin geschluckt, da es als Medikament gern von Flugpassagieren eingenommen wird, um die Auswirkungen des Jetlags zu mindern. Weit weniger bekannt ist die Bedeutung der Zirbeldrüse für unsere Psyche. In westlichen und östlichen spirituellen Traditionen wird sie von jeher als Sitz der Seele oder auch als das »dritte Auge« bezeichnet.

Was in der Studie publiziert wurde, bestätigt dieses intuitive Wissen: Psychische Stimmungen hängen von der Intensität der Melatoninproduktion und damit von der Zirbeldrüse ab. Wie viel Melatonin die Zirbeldrüse aber produziert, wird durch das Erdmagnetfeld bestimmt. Dessen Schwankungen haben daher eine unmittelbare Auswirkung auf unseren seelischen Zustand.

Kelly Posner, Psychiater an der Universität von Columbia, erläutert in dem zitierten Artikel, auf welche Weise nun die Zirbeldrüse tätig wird. Interessanterweise hat sie besonderen Einfluss auf die Chronobiologie des Körpers, also auf rhythmisch verlaufende innere Vorgänge, die sich im Zeitraum von 24 Stunden ereignen. Ihr Aktionsmuster nennt man »zirkadiane« Rhythmen. Wie sie verlaufen, hängt von der Melatoninproduktion ab. Posner referiert, dass Magnetfelder die zirkadianen Rhythmen so stark beeinflussen, dass es zu beschreibbaren psychischen Abweichungen kommt.[22]

Da ich interdisziplinär arbeite, konnte ich diese Studie mühelos in die Erkenntnisse integrieren, die mir bereits aus anderen Fachbereichen vorlagen. Das Gesamtbild war eindrucksvoll: Eine Fülle körperlicher und psychischer Vorgänge ist unmittelbar an Änderungen der solaren und geomagnetischen Aktivität gebunden. Der Mensch ist also unmittelbar abhängig von Sonnen-Geomagnetischen Anomalien, S-GMAs genannt.

Nun legte ich die Messdaten nebeneinander. Es gab keinen Zweifel, so eindeutig waren die Zahlen: An Tagen mit starken atmosphärischen Störungen – beispielsweise durch eine erhöhte Sferics-Aktivität – stieg die Anzahl von Betriebsunfällen, Todesfällen, Geburten, die Anzahl von Verkehrsunfällen, die Beschwerden von Amputierten und Hirnverletzten signifikant an.[23] Bemerkenswert war zudem, dass sich bereits vor dem Ereignistag die Auffälligkeiten steigerten. Ebenso war in den Studien eine Nachwirkung zu erkennen.

Wie konnte das sein? Welche Kräfte wirkten da? Ich wollte es genauer wissen und begann, mich mit den Details auseinanderzusetzen. Was ich herausfand: Es gibt mehrere parallel verlaufende Wirkmuster. Schwankungen der Solaraktivität beeinflussen die geomagnetische Tätigkeit, die sogenannte Schumann-Resonanz-Frequenz, sowie die elektrische Feldstärke, die zwischen dem Erdboden und der Ionosphäre besteht. Wie Sie ja schon wissen, wird die Ionosphäre durch elektrische Ladungsträger, also durch Ionen, gebildet, die aus dem gesamten Kosmos, überwiegend jedoch von der Sonne stammen. Die Ionen/Elektronen-Konzentration bestimmt die elektrische Feldstärke unserer Erde und steht mit den geophysikalischen Prozessen in Verbindung.

Die elektrisch positiv aufgeladene Ionosphäre bildet einen Gegenpol zur negativ geladenen Erdoberfläche. Dazwischen herrscht ständig eine elektrische Spannung, die sich in Gewittern respektive Blitzen entlädt. Der Raum zwischen Erde und Ionosphäre wird mit dem Vokabular der Physik als Hohlraumresonator bezeichnet; er weist die oben erwähnten Schumann-Resonanz-Frequenzen auf. Als »Schumann-Resonanz« bezeichnet man das Phänomen, dass elektromagnetische Wellen einer bestimmten Frequenz »stehende Wellen« bilden. Die Schumann-Resonanzen erzeugen in Abhängigkeit von der weltweiten Gewittertätigkeit Feldstärkemaxima in den Frequenzen von 7,8 bis 35 Hertz, die sogenannten Schumann-Wellen.[24]

Warum ich Sie mit diesen doch recht speziellen physikalischen Details konfrontiere? Das werden Sie verstehen, wenn Sie erfahren, dass die Schumann-Wellen den menschlichen Gehirnwellen auffallend ähnlich sind. Sie stehen darüber hinaus in einer direkten Verbindung mit unseren Gehirnaktivitäten. Schönwetter-Sferics stimmen sowohl in ihrer Impulsform wie auch in ihrer Frequenz in frappanter Weise mit dem Alpha-Gehirnwellen-Rhythmus (8–12 Hertz) des Menschen überein. Noch spannender wird es, wenn man berücksichtigt, dass der niederfrequente Bereich der Alpha-Wellen perfekt dafür geeignet ist, dass ein Mensch unbewusst Informationen aufnimmt.

Diesen Vorgang kennt man lange schon aus der Hypnosepraxis: Wird ein Proband in einen schlafähnlichen Hypnosezustand versetzt, so sinkt die Alphawellen-Frequenz seines Gehirns auf niedere Werte. In diesem Zustand ist der Proband in der Lage, Botschaften aufzunehmen, die er später befolgt, ohne sich dessen bewusst zu sein. Gute Erfolge hat man mit dieser Methode etwa beim Nikotinentzug.

Elektromagnetische Signale, die im niederfrequenten Bereich liegen, breiten sich hauptsächlich in der wenig leitfähigen Atmosphäre zwischen dem elektrisch gut leitenden Erdboden und der gut leitenden Ionosphäre aus. Liegen die Signale in erhöhten Frequenzen von etwa 14,1 bis 20,3 Hertz, bewegen sie sich in einem Bereich, der dem aktiven Wachzustand unseres Gehirns entspricht und deckungsgleich mit jenen Frequenzen ist, auf denen unser Gehirn sendet und empfängt.

Wenn sich nun die Solaraktivitäten verstärken und größere Mengen von Ladungsträgern auf die Ionosphäre einwirken, vergrößern sich die Feldstärken. Das führt zu Schwankungen sämtlicher Erdfelder, die zusätzlich im Rhythmus der Tageszeiten moduliert werden. Denn auf der Nachtseite der Erde dehnt sich die Ionosphäre unter dem Einfluss der Sonnenwinde aus, während sie auf der Tagseite stark komprimiert wird.

Im Netz dieser unterschiedlichen Feldkräfte spielt schließlich noch eine weitere Kraft eine wahrhaft tragende Rolle: die Erdkruste. In ihr eingelagerte magnetische Materialien sind daran beteiligt, dass das bipolare System der Erde, also die Stabilisierung des Erdmagnetfeldes durch zwei Pole, in Bewegung geraten ist. Die regelmäßige Veränderung des Erdmagnetfeldes ist stark von der Tageszeit abhängig. In unseren Breiten ist die Intensität am geringsten während des höchsten Sonnenstands am Mittag. Da der Tagesverlauf von der Sonne beeinflusst wird, variiert er je nach geografischer Breite und dem relativen Stand der Erde zur Sonne in Abhängigkeit von den Jahreszeiten. Im Sommer, wenn die Sonneneinstrahlung am stärksten ist, sind die tageszeitlichen Schwankungen bis zu viermal höher als im Winter.

Sie sehen: Ich musste weit ausholen, um die Auswirkungen von Sonneneruptionen auf das Befinden des Menschen und aller anderen Organismen der Erde zu beschreiben. Doch mir ist wichtig, dass Sie auch als Laie, der Sie möglicherweise sind, zumindest einen Eindruck von den physikalischen Vorgängen erhalten, die schon jetzt auf uns wirken. Zu abenteuerlich klänge sonst mein Resümee in Ihren Ohren.

Ich fasse also noch einmal zusammen: In Jahren starker Sonnenaktivität kommt es zu irregulären Störungen des irdischen Magnetfeldes. Verfolgt man die erdmagnetischen Intensitätskurven in solchen Jahren, so fallen Daten mit extrem auffälligen Aktivitäten zusammen mit Daten, an denen es auch in gesellschaftlich relevanten Bereichen höhere Ausschläge gibt. Dazu gehört eine überproportional erhöhte Anzahl von Unfällen, akuter Erkrankungen, Herzrhythmusstörungen, Infarkten, Halluzinationen, Schlafstörungen und psychischer Störungen. Je stärker die magnetischen Schwankungen ausfallen, desto zahlreicher sind die psychischen und physischen Auffälligkeiten.

Diese Liste ließe sich beliebig verlängern, und in der Tat sind in letzter Zeit einige neue Beispiele hinzugekommen. So steht auch die Anzahl täglicher Anfälle von Epileptikern mit der durchschnittlichen täglichen Aktivität von Sferics in Beziehung.[25] Wenn man sich die Mühe macht, die einzelnen Fallstudien zu diesem Thema zu sammeln und zu vergleichen, erhält man immer weitere Beweise für den universalen, geradezu schicksalhaften Einfluss der Sonne auf unser Leben. Bezeichnenderweise war es ein fächerübergreifendes Projekt, das in jüngster Vergangenheit neue Fakten über psychische Anomalien bündelte und interpretierte. Der Physiker Robert O. Becker, der am Upstate Medical Center der University of New York lehrte, arbeitete zusammen mit dem Psychologen Howard Friedman an der Erforschung des Zusammenhangs zwischen dem Auftreten von Sonnenstürmen und den erhöhten Aufnahmezahlen in psychiatrischen Kliniken. »Natürlich handelte es sich hier um Menschen mit abweichenden Denkmustern, aber das klinische Erscheinungsbild ebendieser Abweichungen schien durch die Veränderungen der geomagnetischen Umgebung verschärft zu werden«, stellt Becker fest. »Es scheint«, so Becker weiter, »dass eine Umgebung, die entweder niedrigere oder höhere Feldstärken als normal oder keine Fluktuation bzw. zyklische Fluktuation bei uns ungewohnten Frequenzen aufweist, zu unerwünschten Verhaltensänderungen führen kann.«[26]

Besonderes Aufsehen erregten die erforschten Zusammenhänge zwischen sonnenabhängigen Feldanomalien und Herzinfarkten. Da der Herzinfarkt eine verbreitete Erkrankung ist und zu den häufigsten Todesursachen unserer westlichen Zivilisation gehört, war das öffentliche Interesse entsprechend groß. F. Halberg von der NASA berichtet: »Vor ungefähr einem Jahrzehnt werteten wir über 6 300 000 registrierte Notrufe mit den dazugehörigen Diagnosen von Patienten in Moskau aus. Diese Daten wurden in drei Jahren mit ungewöhnlich hohen Sonnenaktivitäten gesammelt (1. Januar 1979 – 31. Dezember 1981). Mithilfe computergestützter Rechenprogramme wurden Beziehungen gesucht zwischen einer Zeitreihe von Myokardinfarkten einerseits und Satellitenmessungen des interplanetaren Magnetfeldes. Es ging vor allem um die vertikale Komponente der magnetischen Schwankungen, die als Bz-Index bekannt sind, und den Schwankungen im irdischen Magnetfeld, Kp, gemessen an verschiedenen Orten auf der Erdoberfläche.«[27] Über Schwankungen des Erdmagnetfeldes und korrespondierende Notfälle bei Herzpatienten berichten auch andere Quellen mit übereinstimmenden Ergebnissen.[28]

Neben solchen gesundheitlichen Aspekten gerät zunehmend die Beobachtung geistiger Vorgänge in Abhängigkeit von Magnetfeldschwankungen in den Blick. Eine eklatante Wechselbeziehung existiert beispielsweise zwischen geomagnetischen Aktivitäten (GMA) und Gedächtnisleistungen sowie Aufmerksamkeitslevels.[29] Durch einen Vergleich mit diesen Aktivitäten und der Häufigkeit von Luftfahrtunfällen wurde offenbar, dass es einen kausalen Zusammenhang von menschenverursachten Flugzeugabstürzen und GMA-Zyklen gibt.[30] Dies wurde von verschiedenen anderen Studien bestätigt.[31]

Wird meine Aufmerksamkeit also regelmäßig durch solar bedingte Erdmagnetfeldschwankungen geschwächt?, werden Sie sich jetzt alarmiert fragen. Wie kann ich an solchen Tagen berufliche Höchstleistungen erbringen? Wird mein Kind an solchen Tagen beim Mathetest durchfallen?

Offen gestanden: Möglich ist das durchaus. Doch es könnte auch sein, dass Ihr Kind sich an einem Tag mit starken Magnetfeldschwankungen extrem gut konzentriert und beim Mathetest blendend abschneidet. Alles hängt davon ab, in welche Richtung die Schwankung ausfällt – ob sich das Erdmagnetfeld intensiviert, oder ob es schwächer wird.

In Experimenten, in denen die GMA künstlich verringert wurden, konnte die Synchronisierung des Alpha-Rhythmus im menschlichen Gehirn erhöht werden. Erhöhte GMA dagegen erzeugten eine Desynchronisierung des Alpha-Rhythmus, was beispielsweise bei Epilepsiepatienten zu erheblich häufigeren Anfällen führte. Auch Ratten, deren epileptische Symptome untersucht wurden, zeigten ein deutlich erhöhtes aggressives Verhalten während des GMA-Auftretens.[32] Die Neigung zu vermehrtem Beißverhalten bei Ratten ging entsprechend eindeutig mit GMA einher.[33]

Lassen sich solche Tierversuche auf das menschliche Verhalten übertragen? Leider ja, lautet die Antwort. Denn inzwischen gibt es Gewissheit: Eine Studie wies eine unübersehbare Verbindung zwischen überdurchschnittlichen GMA pro Jahr und der Wahrscheinlichkeit von Kriegen im selben Jahr nach.[34] Was all das für uns Menschen und unser Selbstverständnis bedeutet, lässt sich kaum ermessen. Wir meinten lange, Herr unseres Handelns zu sein, selbstbestimmt, mit freiem Willen. Doch offenbar sind wir Wirkungen ausgesetzt, die in unser persönliches Leben wie auch in gesellschaftliche Prozesse mit ungeahnter Dramatik eingreifen. Zwar haben wir akzeptiert, dass genetische, biografische und umweltbedingte Faktoren eine Rolle für unser Handeln spielen könnten. Dass allerdings die GMA uns derart steuern, dass sogar Kriege wahrscheinlicher werden, lässt uns zu Recht den Atem stocken.

Bedauerlicherweise ist das nicht die einzige erschreckende Erkenntnis. Auch der Hang zu kriminellen Handlungen bis hin zu Gewaltverbrechen gehört in diese Phänomenologie. Zusammenhänge zwischen Feldanomalien und Serienverbrechen wurden beispielsweise in den Jahren 1980 und 1990 in der UdSSR untersucht. 1995 werteten Statistiker zusätzlich 150 Kriminalfälle aus. Die Ergebnisse stimmten überein: Die meisten Verbrechen werden unmittelbar an bis höchstens drei Tage nach geomagnetischen Anomalien verübt, ausgelöst durch Sonnenaktivitäten.[35]

Die Anzahl der Auffälligkeiten erreicht ein nahezu schockierendes Ausmaß, sobald man sie im Rahmen einer Synopsis sammelt. GMA erhöhen demnach nicht nur Aggression, Unfallanfälligkeit und Einlieferungsquoten in psychiatrische Kliniken[36], sondern auch die Häufigkeit von Alterssklerose[37], Alzheimer[38], Senilität[39] und neuronalen Erkrankungen[40]. Es könnte durchaus sein, dass die Kombination psychischer und physischer Beeinträchtigungen dann selbstverstärkend zur extremen Zunahme von Selbstmorden führt.[41] Viele weitere Studien bestätigten die Clusterbildung von Symptomen.[42]

Welche Perspektive lässt sich aus diesen Erkenntnissen herauslesen? Wie geht es weiter? Bisher habe ich hauptsächlich von »Schwankungen« des Erdmagnetfeldes gesprochen – abgesehen von der beunruhigenden Wanderung des magnetischen Nordpols. Doch es spricht viel dafür, dass es momentan zu grundsätzlichen Veränderungen des Erdmagnetfelds kommt, zu Veränderungen also, die nicht nur innerhalb einer begrenzten Zeitspanne gelten. Das betrifft hauptsächlich die schon erwähnte Umpolung des Erdmagnetfeldes. Und die, so ergab es der berechnete Rhythmus dieses bemerkenswerten Vorgangs, steht sehr wahrscheinlich kurz bevor. Schon jetzt zeigen immer häufiger versagende Kompassnadeln an, dass das Erdmagnetfeld permanent verzerrt wird. Würde das Feld normale Werte aufweisen, zeigte die Kompassnadel wie gewohnt nach Norden.

Aparterweise brachte mich gerade die recht unspekta-
kuläre Kompassnadel auf einen grundsätzlich wirksamen
Mechanismus, der bei unserem Thema 2012 von größter
Wichtigkeit werden wird. Ich fragte mich nämlich, wie die
Kompassnadel ihre zuverlässige Nordausrichtung findet.
Die Antwort war eine Schulbuchweisheit: Die Kompassnadel besteht wie der magnetische Nordpol, an dem sie sich
orientiert, aus magnetischen Substanzen. Jetzt fiel mir ein,
dass ja auch Menschen und Tiere in ihren Gehirnen solche
magnetischen Substanzen besitzen. Es sind Magnetitkristal-
le. Sie ermöglichen den Tieren und auch manchen Menschen einen erstaunlichen Orientierungssinn. Ohne Karten,
ohne Kompass, ohne jede Navigation finden etwa Zugvögel
ihren Weg über Tausende von Kilometern hinweg. Und Völker wie die australischen Aborigine sind – falls sie nicht den
westlichen Lebensstil adaptiert haben – zu außergewöhnlich
langen, zielsicheren Wanderungen in der Lage, ohne sich ein
einziges Mal zu verirren.

Man muss nicht viel Phantasie aufbringen, um zu ermessen, was ein schwankendes, aber mehr noch ein grundsätzlich verändertes Erdmagnetfeld dann bedeutet. In der Tat
lassen sich die zunehmend auftretenden Irritationen bei
Mensch und Tier dadurch erklären. Wale beispielsweise
stranden, weil ihr Orientierungssinn sie nicht mehr sicher
leitet, Zugvögel verlassen ihre bewährten Routen, weil die
erdmagnetischen Parameter sich verändert haben. Und beim
Menschen tauchen immer häufiger Desorientierungen im
Sinne psychischer Instabilitäten auf. Diese Tendenz verstärkt sich zunehmend, und zwar in einem solchen Maße,
dass manche Geophysiker die prognostizierte Umpolung
der Pole für die unmittelbare Zukunft voraussagen: einen
sogenannten »Pole flip«, die Vertauschung von magnetischem Nord- und magnetischem Südpol.[43]

Ist das realistisch? Oder reine Mutmaßung? Die aktuellen Daten über Erdmagnetfeld-Intensitäten könnten als Indikatoren eines baldigen Polflip Gewissheit verschaffen. Doch seltsamerweise sind die einschlägigen Daten nicht öffentlich zugänglich. Warum sie zurzeit von den betreffenden geophysischen Instituten unter Verschluss gehalten werden, darüber kann ich nur spekulieren. Will man Unruhe unter der Bevölkerung vermeiden? Hält man die Öffentlichkeit nicht für reif genug, um die bevorstehenden Veränderungen zu verkraften? Werden Daten bewusst zurückgehalten, um den Zusammenhang zwischen regionalen Magnetintensitäten und auffälligen Gesundheitsbeeinträchtigungen zu verschleiern?

Welche Erklärung auch immer zutreffend ist – das, was an die Öffentlichkeit dringt, sind nur sachlich knapp gehaltene Statements von Wissenschaftlern, die kein Wort über die eigentliche Brisanz der Situation verlieren. Es ist mehr als wahrscheinlich, dass hinter verschlossenen Türen längst die Vorbereitungen für ein umfassendes Krisenmanagement begonnen haben. Offenbar wurde gewissermaßen »Geheimstufe rot« ausgerufen. Und wenn doch einmal eine Pressemitteilung den Weg aus den abgeschotteten Geheimberatungen in die Welt der medialen Öffentlichkeit schafft, wird kräftig tiefgestapelt. Da heißt es dann zum Beispiel: »Mit den gewaltigen Auswirkungen auf die Technik und den Menschen befasst sich eine letzte Woche von deutschen Wissenschaftlern gegründete Forschungseinrichtung. Das interdisziplinäre Zentrum für Katastrophenmanagement und -vorsorge trägt die Kurzbezeichnung CEDIM (für: Center for Desaster Management and Risk Reduction Technologies).«[44]

Wir alle kennen den Mechanismus der politisch gewollten Geheimhaltung, ob es sich nun um Terrorpläne oder defekte Atomkraftwerke handelt. So geschieht es auch hier: Wieder einmal wird die Bevölkerung im Unklaren darüber gelassen, was sich ereignet. Wichtige Informationen werden zurückgehalten, vermutlich in der Annahme, man müsse unbedarfte Zeitgenossen vor spontanen Panikreaktionen schützen. Ich bin da ganz anderer Meinung. Nur detaillierte, schonungslose Aufklärung über die bevorstehenden Veränderungen wird uns in die Lage versetzen, den Umwälzungen furchtlos ins Auge zu sehen. Nur dann, wenn wir alles darüber wissen, können wir sie als Chance, nicht als Bedrohung begreifen. Und ich spreche eine Prognose aus, die Sie vermutlich nachvollziehen können, wenn Sie meinen Ausführungen bisher gefolgt sind: Ich bin zutiefst davon überzeugt, dass wir über unsere außergewöhnliche Aufnahmefähigkeit für Felder aller Art mit den Problemen auch die Lösungen erhalten werden.

Die Argumente dafür sind mehr als stringent. Seitdem die Maya den Himmel beobachteten und ihre verblüffend genauen Vorhersagen trafen, haben sich die Menschen in schier unfassbarer Geschwindigkeit weiterentwickelt, Technologien erfunden, neue Arbeits- und Lebensformen auskristallisiert. Wir haben dadurch enorme Fortschritte machen können, uns aber gleichzeitig auch neue Probleme eingehandelt. Sie erinnern sich: Interessanterweise hängen bedeutende Innovationen immer mit geomagnetischen Anomalien zusammen. So wie auch Katastrophen, Kriege und Zusammenbrüche. Die Koinzidenz muss uns stutzig machen: Ja, wir erleben regelmäßig Kulminationspunkte, an denen Spitzenleistungen mit Gefährdungen und Chancen zusammentreffen. Es sind also ambivalente Kulminationspunkte. Sie können beschenken und gefährden. Sie können aufbauen und vernichten. Doch die Rolle des Menschen in diesem Szenario ist keine passive. Im Gegenteil: Es kommt darauf an, dass wir aktiv eingreifen, wenn wir spüren, wie stark die geomagnetischen Anomalien wirken.

Zunächst allerdings richtet sich unsere Aufmerksamkeit

naturgemäß mehr auf das, was uns ängstigt. Wenn wir etwa die Auswirkungen des veränderten Erdmagnetfelds auf den Orientierungssinn von Vögeln, Walen und Delfinen betrachten, wird uns zu Recht bang ums Herz. Sicher rührt es auch Sie an, wenn ein solch mächtiger Koloss wie ein Wal hilflos am Strand liegt, unfähig, den rettenden Rückweg ins Wasser anzutreten. Sie haben Mitleid. Nach der Lektüre dieses Kapitels aber haben Sie nicht nur Mitleid, sondern sehen auch in einen Spiegel: Werden wir bald so orientierungslos sein wie ein strandender Wal? Richten sich die spektakulären kosmischen Entwicklungen gegen uns? Keine Frage: Ein sterbender Wal scheint das perfekte apokalyptische Symbol zu sein.

An dieser Stelle müssen wir jedoch unbedingt berücksichtigen, dass neben den natürlichen Erdfeldanomalien auch die von Menschenhand geschaffenen, künstlichen elektromagnetischen Felder auf uns einwirken. Beide zusammen ergeben einen brisanten Cocktail. Meine langjährigen Beobachtungen haben mich zu folgender These geführt: Natürliche Felder – auch wenn sie sich uns als »Anomalie« darstellen – führen naturbestimmte und daher grundsätzlich sinnhafte Programme aus, künstlich erschaffene Felder dagegen können die naturbestimmten Programme empfindlich stören oder sogar behindern. Es ist also möglich, dass der Wal in der Tat durch das veränderte Erdmagnetfeld irritiert war. Es ist aber wahrscheinlich, dass er seinen Weg auf neue Weise gefunden hätte, wenn nicht andere, zivilisatorisch bedingte Einflüsse ihn daran gehindert hätten. Hierzu gehört vor allem die Sonartechnik des internationalen Schiffsverkehrs: künstliche erzeugte Geräuschwellen im Wasser, die als Navigationshilfe dienen. Für Meeresbewohner kommen sie einer akustischen Umweltverschmutzung gleich, und es ist bekannt, dass der Orientierungssinn der Wale darunter leidet.

Elektrostatischer Smog hat mittlerweile fast den ganzen

Planeten erobert. Noch werden die Auswirkungen kleingeredet – so wie immer wieder behauptet wird, das elektromagnetische Spektrum von Handys habe keinerlei Auswirkungen. Dabei arbeiten die vom Menschen geschaffenen elektromagnetischen Sendeanlagen überwiegend mit widernatürlichen, disharmonischen Frequenzen, die keiner natürlichen Frequenz entsprechen. Umso eklatanter sind die Eingriffe des Menschen in das naturwüchsige System der verschiedenen Felder. Allein die Menge dieser Eingriffe ist immens. Letztlich ist jeder stromdurchflossene Leiter auch ein elektromagnetischer Sender, vom Strommast, der auf einem Acker steht, über Handys und Autos bis hin zu großen industriellen Anlagen. Und jeder dieser Leiter beeinflusst die umgebenden biologischen Systeme, einschließlich aller Lebewesen, die sich darin befinden.

Diese Einflüsse sind, qualitativ gesehen, allesamt Störungen. Erinnern Sie sich daran, als ich von den Feldern als Kommunikationsmedium sprach? Die natürlichen Felder, denen wir ausgesetzt sind, vermitteln uns morphogenetische Informationen wie beispielsweise die Orientierung zum Nordpol hin. Doch es gibt auch weit komplexere Informationen, die wir erhalten – auf jenen Alpha-Wellen-Frequenzen, die unser Gehirn empfänglich für Hypnose-Botschaften macht. Auf diesen Frequenzen empfangen wir sehr wahrscheinlich lebenswichtige Informationen, die uns für das Jahr 2012 die richtigen Impulse geben könnten – wenn sie nicht durch künstliche Felder abgeschwächt würden. Die zivilisatorisch bedingten, künstlichen Felder stören und verhindern diesen Informationsfluss. Mehr noch: Während naturgegebene Felder einen rhythmisierenden, kalibrierenden Effekt auf Lebewesen ausüben, führen künstliche elektromagnetische Felder zu Konfusion.

Eine gewagte These? Nein, ein gut erforschtes Phänomen. Zwischen 1962 und 1965 führte das Max-Planck-

Institut für Verhaltensphysiologie in Andechs Experimente durch, bei denen gesunde Versuchspersonen von sämtlichen äußeren Feldern abgeschirmt wurden. Was übrig blieb, waren lediglich die Felder elektrischer Geräte, mit denen Blutdruck, Herzfrequenz und Gehirnstromaktivitäten gemessen wurden. Die Wirkung ließ nicht lange auf sich warten: Schon nach kurzer Zeit wurde bei allen Probanden eine komplette Desynchronisation festgestellt. Sämtliche biologischen Rhythmen begannen von den normalen Zeitwerten abzuweichen. Die »innere Uhr« versagte, die zirkadianen Vorgänge gerieten in Unordnung. Dabei blieb es allerdings nicht. Die nächste Stufe waren psychische Anomalien. Nach wenigen Tagen traten bei den Versuchsteilnehmern Halluzinationen auf. Von den meisten Betroffenen wurden sie als »unheimlich« eingestuft; sie hatten keine Erklärung für die Bilder und Stimmen, die spontan aufgetaucht waren, und hielten sie für Krankheitssymptome.

Hand aufs Herz – wie hätten Sie reagiert, wenn Sie ohne Vorwarnung »Erscheinungen« gehabt hätten? Keine Frage: Wenn im Wachbewusstsein ohne Ankündigung und Erklärung plötzlich »innere Stimmen« laut werden, wird diese Abnormität reflexhaft einer beginnenden psychischen Erkrankung zugeordnet. Nicht immer zu Recht. Die Pointe liegt darin, dass auch starke naturgegebene Felder psychische Auffälligkeiten nach sich ziehen können. Ihre Qualität ist allerdings eine andere als die einer Krankheit – es sind quasi Wachträume, in denen unverarbeitete kosmische Botschaften verarbeitet werden. Nach dem, was man heute weiß über den Zusammenhang von geomagnetischen Anomalien und – positiv zu bewertenden – Visionen, spielen sich regelmäßig Tragödien ab. Ein großer Teil der Patienten psychiatrischer Anstalten, die auf dem Höhepunkt solarer und somit geomagnetischer Aktivitäten eingeliefert wurden, ist vermutlich zu Unrecht in einer geschlossenen Abteilung gelandet. Oft handelte es sich um Personen, die nie auffällig geworden waren. Dann jedoch hatten sie plötzlich Erlebnisse, die so absonderlich waren, dass nur eine Erklärung zu greifen schien: eine unerklärlich schnell verlaufende psychische Deformation.

Deuten wir diese psychischen Auffälligkeiten jedoch als naturgegebene, vielleicht sogar evolutionär notwendige Ereignisse, so erkennen wir in ihnen ein ganz anders Muster: Offenbar gehören sie zu einem nie gekannten geistigen und seelischen Transformationsprozess. Machte man sich erst einmal mit dieser Erklärung vertraut, könnten Betroffene ganz anders auf »innere Stimmen« und Halluzinationen reagieren. Sie könnten das Ungewohnte annehmen und weiterentwickeln. Stattdessen werden sie routinemäßig mit Psychopharmaka ruhiggestellt, die Impulse verhallen, die Botschaften gehen verloren.

Und was passierte mit jenen Probanden, die man von jeglichen natürlichen Feldern abgeschirmt hatte? Keine Sorge – sämtliche aufgetrete Veränderungen konnten sofort rückgängig gemacht werden. Die Voraussetzung war, dass in den geomagnetisch isolierten Räumen künstlich Felder geschaltet wurden, die dem Idealzustand natürlicher Felder entsprachen.

Was damals herausgefunden wurde, machte sich übrigens sogleich die Weltraumforschung zunutze. Seither werden Astronauten auf ihren ausgedehnten Weltraumreisen künstlich erzeugten Erdfeldern ausgesetzt. Auf diese Weise will man die sogenannte »Raumkrankheit« verhindern, unter der die Astronauten der ersten Stunde litten. Denn die »innere Uhr« destabilisiert sich sonst im Weltraum, die zirkadianen Rhythmen entgleisen, Wach-Schlaf-Rhythmus, tageszeitabhängige Körpertemperatur, geregelter Cortison- und Melatonin-Spiegel – all das funktioniert nicht mehr, wenn der Einfluss des Erdmagnetfeldes fehlt.

Umso dramatischer wirkt vor diesem Hintergrund die Nachricht, dass sich unser Erdmagnetfeld seit Langem abschwächt und während eines Pole flip ganz zum Erliegen kommen könnte.

Wohlgemerkt geht es dabei um die Labilität natürlicher Erdmagnetfelder, hervorgerufen durch natürliche Einflüsse. Auf einer wesentlich anderen Ebene hingegen wirken die Einflüsse künstlich erschaffener, widernatürlicher Felder, wie sie von Maschinen, Geräten und Technologien erzeugt werden – letztlich von jedem elektrisch betriebene Gerät. Der Preis des technischen Fortschritts ist hoch. Denn was wir da ungewollt erzeugen, sind Felder, die problematische Bewusstseins- und Stimmungslagen hervorrufen. Völlig alltägliche Gebrauchsgegenstände senden EM-Felder aus, die tief in unsere neurochemischen Abläufe eingreifen.

Lassen Sie mich eine Hypothese aufstellen, die im Einklang mit meinen bisher referierten Forschungsergebnissen steht. Demnach wären die stärker werdenden, naturgegebenen Erdfeldanomalien ein Faktor, der zur Ausprägung einer neuen Spezies führen soll. Es ginge somit um einen »Aufstiegsprozess« des Homo sapiens, der ursächlich durch besonders stark Sonneneruptionen und den damit einhergehenden Kettenreaktionen gesteuert wird. Naturwissenschaftlich betrachtet, hält diese Hypothese allen Überprüfungen stand. Und was sagen die Wissenschaftler selbst dazu?

Die Professoren Herbert L. König[45], H. Fröhlich[46], Alexander Presman[47] und zahlreiche andere Kollegen gehen davon aus, dass EM-Felder eine entscheidende Rolle in der Evolution gespielt haben. Erhärtet wird dieses Urteil durch die Tatsache, dass auf den entsprechenden EM-Frequenzen sämtliche elektrischen Steuerungs- und Regelungsvorgänge bei Lebewesen stattfinden. Eingebettet in einen homogenen Raum verschiedener Felder, die als »stehende Welle« fungieren, können wir aktiv teilhaben am »Spiel des Universums«. Vorausgesetzt, wir verstehen die Wirkungsweisen und reagieren adäquat auf Veränderungen.

Das alles gilt auch für elektrostatische Felder, die sich zwischen Ionosphäre und Erdboden aufbauen – und sich, wie bereits erläutert, kurzfristig in Blitzen entladen. Da sie wie die geomagnetischen von den coronalen Masseauswürfen der Sonne beeinflusst werden, sollten wir ihnen einen zweiten Blick schenken. Denn auch ihre Wirkmacht ist enorm.

Lassen Sie mich ein eindrückliches Beispiel einführen. Eine europäische Patentanmeldung der ehemaligen Ciba-Geigy AG umfasste ein Verfahren, welches »mittels kurzfristiger Anwendung elektrostatischer Felder zu bleibenden, nützlichen und wünschenswerten Eigenschaften bei Fischen führt, die ansonsten überhaupt nicht oder nur mit erheblichem Mehraufwand erzeugbar sind«[48]. Wie es in dieser Patentanmeldung weiter heißt, wurde bei Fischen, die elektrostatischen Feldern ausgesetzt wurden, eine drastisch erhöhte Schlupfrate festgestellt. Sie lag zwischen 100 und etwa 300 Prozent über jener der Kontrollfische, die keinem zusätzlichen Feldeinfluss ausgesetzt worden waren. Ganz offensichtlich hatten sich die elektrostatisch »behandelten« Fische auffällig und äußerst positiv verändert: »Diese Jungfische machten einen wesentlich agileren und vitaleren Eindruck als die unbehandelten Vergleichsfische. Ganz signifikant ist ihre ausgesprochen hohe Überlebensrate, die sich nicht nur auf die ersten Lebenstage, sondern praktisch auf den gesamten Lebenszyklus erstreckt. Dies wird umso deutlicher, wenn man auf jede medikamentöse Behandlung verzichtet. Dann stellt man nämlich fest, dass die unbehandelte Kontrollgruppe (ohne statisches Elektrofeld) in den ersten Tagen und Wochen durch die nicht künstlich unterdrückte, natürlicherweise vorhandene Population von Krankheitskeimen mindestens doppelt so stark reduziert wird wie die Fische, die eine Behandlung im Elektrofeld erfahren haben.

Hinzu kommt, dass die behandelten Fische, bei gleicher Ernährung, wesentlich rascher an Gewicht und Größe zunehmen, deutlich früher das Erwachsenenstadium erreichen und damit in natürliche Gewässer überführt werden können oder für den Verkauf als Speise- oder Zierfische zur Verfügung stehen. Im Übrigen wurden keine nachteiligen Veränderungen bei der Nachkommenschaft dieser behandelten Fische beobachtet. Im Gegenteil, ein gewisser Teil der Vitalität scheint auf die Nachkommenschaft übertragbar zu sein. Alles in allem sind die elektrostatisch behandelten Fische wesentlich vitaler als die unbehandelten Vergleichstiere und erreichen früher das Erwachsenenstadium. Für den Fischzüchter bedeutet dies eine Reduktion hinsichtlich des Medikamenten- und Desinfektionsmittelverbrauchs bis hin zum totalen Verzicht auf derartige Mittel. Ein weiterer Vorteil ist eine deutlich effizientere Nutzung der eingesetzten Fischnahrung und eine verkürzte Aufzuchtphase. Insgesamt gesehen führt die Anwendung des erfindungsgemäßen Verfahrens überraschenderweise zu einer positiven Veränderung der Entwicklungs- und Wachstumseffizienz, der Morphogenese, wahrscheinlich der Genexpressionsmuster, der Stressanfälligkeit, der Resistenz gegen Krankheitskeime u.a.m.«[49]

Was da im nüchternen Ton einer Broschüre erläutert wird, kommt einer Sensation gleich. Und möglicherweise haben Sie auch schon den Sprung vollzogen und sich gefragt, wie dieses Verfahren wohl beim Menschen wirken würde. Auch ohne Humanexperimente wird gelten, was anschließende Studien belegten: Es existieren direkte Zusammenhänge zwischen spezifischen elektrostatischen Feldern und gehäuften genetischen Veränderungen. Mittlerweile kennt man den Grund. Es gibt Sicherheit darüber, dass elektrostatische Felder die sogenannte Transkriptionsrate in biologischem Material steigern – eine Voraussetzung für Mutationen.

Transkription ist ein Vorgang, der während der Vervielfältigung der DNA stattfindet und einzelne Gene gewissermaßen »überschreibt«, sie also verändert oder durch neue ersetzt. Ganz eindeutig nun führen bestimmte elektrostatische Frequenzen zu einer Transkriptionsteigerung.[50]

Das Beispiel der elektrostatisch manipulierten Fische hält noch eine weitere, nahezu sensationelle Überraschung bereit. Sie betrifft die auffällige Veränderung der Morphogenese, also der äußerlichen Erscheinungsform. Die nächsten Generationen hatten neben einem kräftigeren Körper und kräftigeren Farben ein wesentlich stärkeres Gebiss sowie einen verlängerten, nach oben gebogenen Unterkiefer. Außergewöhnlich daran war, dass dieses Erscheinungsbild deckungsgleich mit jenem war, das längst ausgestorbene Fische aufwiesen.

In der Forschungsabteilung der Ciba-Geigy AG gelangen zwei Mitarbeitern[51] weitere höchst spektakuläre Versuche. Durch elektrostatische Felder, die auf Fischeier, Samen von Pflanzen und Bakterien einwirkten, kamen ebenfalls längst ausgestorbene Arten wieder zum Vorschein: Forellen mit eigentümlichen Maulhaken beispielsweise, die seit 200 Jahren als ausgestorben galten; Weizen und Maispflanzen, die als Wildpflanzen und Vorläufer unserer gezüchteten Arten identifiziert werden konnten – und gegen heute bekannte Schädlinge resistent waren; Farne, die innerhalb einer einzigen Vegetationsperiode ihre Chromosomenzahl änderten; und schließlich Bakterien, die vor einigen Millionen Jahren existiert hatten – nun wurden sie erneut zum Leben erweckt.

Weiterführende Experimente bestätigten die beobachteten Vorgänge. Es gab vergleichbare Auswirkungen elektrostatischer Felder auf verschiedenste Lebensformen wie Kresse, Weizen, Mais, Farn, Mikroorganismen, Bakterien im Frühstadium. Und immer fiel die Veränderung der Morphogenese auf, der äußeren Formentwicklung des Organismus. Kein Wunder, dass das neu entdeckte Verfahren vom Konzern zum Europapatent angemeldet wurde.[52] Allein die Tatsache, dass die Experimente bei Pflanzen und Tieren die gleichen Effekte hervorriefen, zeigte die enorme Relevanz für die biologische Forschung. Offenbar war ein grundlegender Evolutionsmechanismus mit den elektrostatischen Feldern gefunden worden, ein bis dahin völlig unterschätzter Faktor.

Diese Ergebnisse warfen neue, ungewohnte Fragen auf. Waren die Informationen für die Formgebung von Lebewesen ausschließlich auf der DNA gespeichert und abrufbar? So jedenfalls lautete der übliche wissenschaftliche Konsens. Oder war die elektrostatische Aufladung der Atmosphäre ein Faktor, der die gesamten verfügbaren Informationen und ihre Materialisierung entscheidend mitbestimmte?

Mit diesen Fragen finden wir uns in einer der spannendsten wissenschaftlichen Debatten der Gegenwart wieder. Immer mehr Naturwissenschaftler vertreten inzwischen die Auffassung, dass der eigentliche genetische Bauplan nicht innerhalb der DNA-Struktur zu finden ist. Doch wo findet sich dann dieser Bauplan? Und: Wird damit ein Zweck verfolgt? Gibt es eine intelligente Strategie hinter der Evolution, gar eine Art »genetischen Masterplan«?

Nehmen wir einmal an, dass es solch einen universalen Plan gäbe. Dann würde er auch die Existenz sogenannter »morphogenetischer Felder« erklären, mit deren Postulierung der Wissenschaftler Rupert Sheldrake einige Berühmtheit erlangte. Sheldrake war nämlich aufgefallen, dass sich Evolutionssprünge nicht nur regional ereigneten, sondern zeitgleich rund um den Globus. Das betraf Formen und Eigenschaften, Fähigkeiten und Überlebensstrategien. Wie konnten solche Dinge synchron ablaufen?, fragte er sich. Wie konnte man erklären, dass evolutionäre Entwicklungssprünge nicht durch Reproduktion und Vererbung verbreitet wurden? So verfiel er auf die Idee einer globalen Kommunikation allen Lebens. Was sich beispielsweise in Südamerika ereignete, konnte daher qua Informationstransfer mit geringster Verzögerung auch in Europa geschehen, von veränderten Pflanzenformen bis hin zu menschlichen Erfindungen. Lernprozesse wurden offenbar weitergegeben wie auf einer Datenautobahn.

So entwickelte Sheldrake die Theorie der »morphogenetischen Felder«. Sie sind seiner Meinung nach das Medium, in dem der Masterplan kommuniziert wird, mit unvorstellbarer Geschwindigkeit und unabhängig von Entfernungen. Angenommen, diese Felder steuern tatsächlich die Morphogenese aller Organismen – wer lenkt dann die Felder? Musste man nicht notwendigerweise eine transzendente Seins-Ebene annehmen, einen Hyperraum, in dem »Entscheidungen« über evolutionäre Entwicklungen getroffen werden? Schließlich waren die morphogenetischen Felder weder sinnlich wahrnehmbar noch mit einem bekannten Instrumentarium messbar.

Folgt man Sheldrakes Überlegungen, ergibt sich eine überzeugende Logik der Abläufe. Demzufolge hätte der immaterielle Masterplan die Funktion, dass er als Kopiervorlage für alle Organismen der materiellen Seins-Ebene dient. Unterstützung erfährt Sheldrake mittlerweile aus dem Lager der Biophysiker. Denn es gilt als gesichert, dass »genetische Informationen elektromagnetisch fernwirkend auf Zellkerne übertragen werden« können.[53] Die Konsequenz für die Materie dieses Buches ist revolutionär zu nennen: Das würde bedeuten, dass natürliche Felder wie das geomagnetische Feld nicht nur Einflussgrößen, sondern auch Informationsspeicher sind. Ein universales Gedächtnis gleichsam, das nach einem übergeordneten Plan Informationen abgibt. Doch wie genau läuft der Informationstransfer ab?

Alles Leben auf der Erde besteht aus kleinsten Bausteinen, aus Atomkernen und Elektronen. Beide Grundformen treten immer zusammen mit Ladungen auf. Grundsätzlich gilt, dass diese Ladungen eine Quelle sogenannter Potentiale sind, die für Zellteilungsprozesse im Rahmen der Reproduktion eine Schlüsselrolle spielen. Elektronen und Protonen tragen neben Ladungen auch Masse, sind also Materie. Unterschiedliche Ladungsansammlungen erzeugen unterschiedliche Potentiale. Wenn unterschiedliche Potentiale nebeneinander existieren, entstehen Gradienten – Zustandsverteilungen in fließenden Übergängen.

Potentialgradienten erzeugen die elektrischen und elektromagnetischen Feldkräfte. Feld-Energie und Potential sind seit 15 Milliarden Jahren präzise mit entsprechenden Ladungen korreliert. Ihre Energie versorgt das gesamte Universum. Ladungen und Ladungsverteilungen mit ihren dazugehörigen Feldern und Potentialen treiben sämtliche chemischen Prozesse an, die damit letztlich physikalische Prozesse werden. Im Grunde haben wir es hier mit dem Phänomen eines Perpetuum mobile zu tun: Ohne Energieeinwirkung von außen bleibt das System immer in Bewegung, denn Ladung kann mithilfe ihres eigenen Feldes arbeiten. Die Energie dafür ist unerschöpflich.

Woher aber kommt der kontinuierliche Nachschub der Energie?

Die Physik tut sich nach wie vor schwer mit einer schlüssigen Antwort, wie folgende Feststellung zeigt: »Die Verbindung zwischen Feld und seiner Quelle war immer schon und ist immer noch das schwierigste Problem in klassischer und Quanten-Elektrodynamik.«[54] Setzen wir die Grundlagen der Quanten-Elektrodynamik in Bezug zur praktischen Anschauung. Aus diversen Experimenten ist bekannt, dass

Wasser ein hervorragender Informationssprecher ist. Wenn unsere Meere, die immerhin etwa zwei Drittel der gesamten Erdoberfläche einnehmen, als eine Art Zwischenspeicher für Informationen dienen, dann müsste sich die schwankende und tendenziell zurückgehende Erdmagnetfeldstärke auffällig äußern. Eine plausible Folge wäre der Verlust von gespeicherten Informationen. Diverse Studien von Wissenschaftlern aus Novosibirsk, Moskau und Großbritannien scheinen dies zu belegen.[55] Verlieren wir durch das geschwächte geomagnetische Feld womöglich unseren Zugang zur morphogenetischen Datenbank?

Was passiert, wenn wir abgekoppelt werden von morphogenetischen Feldern und deren Speichermedien, erfuhren die ersten Astronauten. Im All hatten sie keinen Zugang zu Feldern, sie lebten frei flottierend jenseits aller Felder, wie wir sie von der Erde kennen. Das betraf sichtbar das Gravitationsfeld, dessen Fehlen sich als schwereloses Schweben äußerte. Das betraf aber auch unsichtbare Felder wie erdmagnetische und elektrostatische Felder. Abgekoppelt von der irdischen Datenbank, litten die ersten Raumfahrer schon bald unter psychischen Anomalien – so wie die Versuchspersonen im Andechser Max-Planck-Institut. Sie klagten vor allem über Konzentrationsstörungen und depressive Verstimmungen. Was ihnen fehlte, waren die rhythmisierenden, kalibrierenden und orientierenden Effekte der gewohnten Feldeinflüsse. Die Folge war eine umfassende Desynchronisation.

Verweilen wir noch einmal kurz bei jenen Lebewesen, deren Aktivitäten wesentlich von Feldern gesteuert werden: Zugvögel und Wale. Ihre aktuelle Desorientierung gibt immer mehr Biologen zu denken. Die Bilder gestrandeter Wale erschüttern nicht nur, sie brachten alarmierte Biologen auch auf die Idee, experimentell mehr über offenbare störende Einwirkungen zu erfahren. Setzt man beispielsweise Zugvögel in Käfige, die von elektrischen Spulen umgeben sind, geraten diese künstlich erzeugten Felder mit den natürlichen geomagnetischen Feldern in Konflikt. Die Tiere erhalten widersprüchliche Botschaften, die sie in Verwirrung stürzen. Sie können ihren inneren Kompass nicht mehr zuverlässig ablesen und fliegen in die falsche Richtung – treten also im Herbst nicht etwa die überlebenswichtige Reise nach Süden an, sondern die tödliche Reise nach Norden. Ein weiteres Beispiel: Heftet man Brieftauben kleine Magnete ins Gefieder, finden sie wesentlich schwerer den Heimweg.

Sie werden kaum verblüfft sein zu erfahren, dass an Tagen mit extremen Erdfeldanomalien die Orientierungsstörungen der Tiere signifikant zunehmen. Im April 2005 berichtete das ORF-Fernsehen darüber mit der Zeile: »Sonnenstürme treiben Pottwale an die Nordseeküste«.[56] Anlass der Sendung war eine kurz zuvor erschienene Studie, die auffällige Zusammenhänge zwischen Sonnenstürmen und dem Fehlverhalten von Pottwalen aufzeigte. Es wurde gleichzeitig daran erinnert, dass die großen Meeressäuger bereits seit Jahrhunderten fehlgeleitet werden, wenn starke Sonneneruptionen das Magnetfeld auf der Erde stören. An der Nordsee etwa wurden Walstrandungen schon vor Jahrhunderten als besondere Ereignisse in Kirchenbüchern und Chroniken vermerkt. In der vom ORF erwähnten Studie verglichen ein Physiker und ein Geologe 97 Strandungen mit insgesamt 217 verendeten Pottwalen; sie konzentrierten sich dabei auf einen Zeitraum von 1712 bis heute – da ungewöhnliche Sonnenaktivitäten seit 1712 wissenschaftlich aufgezeichnet werden. Und tatsächlich: Die meisten Wale kamen zu Zeiten erhöhter Sonnenaktivität von ihrem Weg ab. Da sie sich als »Tiefseewanderer« nicht an Küstenlinien orientieren, brauchen sie »ein Navigationssystem mit universellem Charakter, das auch bei Dunkelheit und unter Wasser funktioniert«.[57]

Man kann so weit gehen zu sagen, dass es sich bei der Orientierung am geomagnetischen Feld um eine der ältesten instinktiven Verhaltensweisen überhaupt handelt. Denn unser Planet war in der erdgeschichtlichen Frühzeit, vor etwa 2,5 Milliarden Jahren, völlig mit Wasser bedeckt. »Frühe Erde war eine Wasserwelt«,[58] übertitelten denn auch zwei australische Wissenschaftler die Erkenntnisse, die sie mithilfe von Computersimulationen gewonnen hatten. Alles irdische Leben ist aus dem Wasser entstanden, Wasser kann daher als Urmedium des Lebens verstanden werden.

Kehren wir noch einmal zu der entscheidenden Frage zurück: Welchen Anteil hatten elektrostatische und EM-Felder an der Entstehung ersten Lebens auf der Erde? Bereits 1953 konnte Stanley Miller in legendär gewordenen Versuchen eine Uratmosphäre im Labor erzeugen. Dafür setzt er eine wässrige Flüssigkeit elektrischen Feldern und zahlreichen Entladungen aus. Recht schnell entstanden verschiedene organische Verbindungen, unter anderem Aminosäuren – bekannt als Bausteine für Proteine, welche die Urbausteine allen Lebens sind. In der frühen Phase der noch unbelebten Erde vollzog sich so etwas wie ein biologisches Wunder: Organische Moleküle lagerten sich zu größeren Strukturen und Verbänden zusammen und fingen an, sich selbst zu reproduzieren.

Es waren gerade mal 700 Millionen Jahre vergangen – erdgeschichtlich ein Wimpernschlag – nachdem der Planet sich überhaupt gebildet hatte. Dennoch begannen schon in dieser Frühphase die ersten einzelligen Organismen – Bakterien – mit der Eroberung des Planeten.

Im Labor von Stanley Miller wurden diese Urzeitbedingungen folgendermaßen simuliert: In einen Glaskolben, der mit Methan, Ammoniak und Wasserstoff gefüllt war, leitete er Wasserdampf und setzte diese künstliche, der irdischen Uratmosphäre nachempfundene Mischung elektrischen Entladungen von 60 000 Volt aus. In einer Kühlfalle sammelte er die entstandenen verflüssigten Reaktionsprodukte und analysierte wenige Tage später das Testat. Er fand folgende Zusammensetzung vor:

Diverse Karbonsäuren	13,0 Prozent
Glycin	1,05 Prozent
Alanin	0,85 Prozent
Glutaminsäure	Spuren
Asparaginsäure	Spuren
Valin	Spuren

Je nach Zusammensetzung seiner anfänglichen Uratmosphäre erhielt Stanley Miller eine Fülle von Aminosäuren, Kohlehydraten, Fettsäuren und anderen chemischen Verbindungen. So wurde er Initiator und Zeuge eines experimentell nachgestellten Schöpfungsvorgangs: Aus einfachen anorganischen Molekülen hatten sich unter Einwirkung von elektrischen Entladungen komplexe organische Verbindungen gebildet, Keimzellen gleichsam für spätere Lebensformen. Gläubige Menschen würden sagen, er habe Gott über die Schulter gesehen.

Jeder einzelne evolutionäre Schritt, das ging aus Millers Versuchsanordnung hervor – von der Entstehung der ersten Aminosäure bis zum Auftritt des Homo sapiens – wurde begleitet und gesteuert von Blitzentladungen. Das also war es, das Geheimnis des Lebens: Wasser in Verbindung mit elektrostatischen Feldern.

Hinzu kamen Einflüsse, die Sie bereits hinlänglich kennen: das EM-Spektrum der Sonne, das Erdmagnetfeld und die Schumann-Resonanz-Frequenzen. Zunächst jedoch war das elektrostatische Feld zwischen Ionosphäre und Erdkruste von höchster Bedeutung, und damit die Spannungs-Potentiale. Bis heute sind sie in der Lage, genetische Baupläne aus der Vergangenheit abzurufen, um neues Leben entstehen zu lassen. Potentiale sind für Organismen lebenswichtig. Jeder Organismus hat als Gesamtkörper, als Gewebe, als Organ, als Zelle, als Molekül bis zum Proton und Elektron spezifische Ladungsgehalte und somit spezifische Potentialgrößen. Alle wichtigen Funktionen innerhalb unseres Körpers sind an bestimmte Potentiale gebunden: Aktionspotential, Ruhepotential, Zetapotential, Verletzungspotential, um nur einige zu nennen. Verletzungspotentiale beispielsweise leiten Heilungsprozesse ein. Bei diesem Vorgang werden Zellmembranen teilweise zerstört und dann durchlässig für Ionen. Als Folge tritt lokal eine zur übrigen Membran inverse Spannung auf. An der Grenze zur intakten Membran löschen sich die gegenläufigen Gradienten aus. Das ist der strategisch entscheidende Prozess für die Stimulierung von zeitgesteuerten Reparaturprozessen.

Jedes elektrostatisch geladene Objekt weist eine ganz spezifische Spannung und ein eigenes Feld auf. Denn in dem jeweiligen Objekt gib es eine Fülle von geladenen Massepartikeln, Elektro-Neutrinos, die gewaltige Bewegungen ausführen. Eine statische Ladung hätte umgekehrt kein elektrostatisches Feld. Aus Forschungsreihen der Vierzigerjahre geht hervor, dass inhomogene Gleichfelder von wenigen Gauß zu einer statistisch signifikanten Abnahme der Wachstumsrate von Hefezellen führen können. Starke homogene Felder von 11 000 Gauß dagegen beeinflussen die Wachstumsrate nicht. Man folgerte daraus, dass messbare Wirkungen auf der Inhomogenität des Feldes beruhen.[59]

1978 führte der Physiker Robert O. Becker Versuche durch, in denen er die Wirkung elektrostatischer Felder auf wachsende Krebszellen untersuchte.[60] Becker pflanzte Mäusen Krebszellen ein und setzte die Mäuse dann mehrere Wochen lang einem inhomogenen Gleichfeld aus. Er arbeitete parallel mit zwei verschiedenen Versuchsanordnungen. Bei

91

der einen Gruppe von Versuchstieren richtete er das Feld horizontal, also parallel zur Erdoberfläche aus, bei der anderen vertikal, also im rechten Winkel zur Erde. Verblüffenderweise ergab sich ein eklatanter Unterschied: Bei horizontaler Ausrichtung des Feldes waren die Chromosomen der Krebszellen deutlich abnorm, während sie bei vertikaler Ausrichtung keinerlei Abweichung vom normalen Muster zeigten.

Bei der horizontalen Gruppe fand Becker Chromosomenbrüche, Austausch von Chromosomenteilen zwischen verschiedenen Chromosomen, die Bildung von ringförmigen Chromosomen und winzige Fragmente, die von anderen Chromosomen abgebrochen waren. Derartig schwere Chromosomenmissbildungen führen gewöhnlich dazu, dass keine Zellteilung mehr stattfinden kann, sodass die Zelle entweder abstirbt oder aber eine neue, mutierte Zellgeneration entsteht. Becker stellte fest, dass die Krebszellen mit den Chromosomenmissbildungen starben, weil sie die Fähigkeit zur Replikation verloren hatten.

Diese Experimente konnten unter Laborbedingungen zeigen, wie wirkmächtig Felder sind und dass sie selbst auf der genetischen Ebene aktiv evolutionäre Prozesse bestimmen. Was bedeutet das für 2012? Wie werden sich die zu erwartenden Feld-Anomalien auf uns und auf alle anderen lebenden Organismen auswirken? Ich hoffe, dass ich mit dem Hinweis auf die erschaffende Kraft von elektrostatischen und geomagnetischen Feldern einige Ihrer Besorgnisse ausräumen konnte. Wir werden uns verändern, sehr drastisch sogar, körperlich, psychisch, auf einer leicht sichtbaren Ebene genauso wie auf der molekularen. Dennoch kann und will ich nicht verschweigen, dass wir es 2012 mit einem janusköpfigen Ereignis zu tun haben werden. Bevor ich Ihnen also weitere Details zur aufbauenden, transformierenden Energie des Mega-Sonnensturms präsentiere, wende ich mich den zerstörerischen Facetten zu.

Die Katastrophenszenarien richten ihr Augenmerk zunächst auf das sehr wahrscheinliche Erliegen jeglicher strombetriebenen Infrastruktur, vom häuslichen Elektro-Equipment bis hin zu global vernetzten Steuerungs- und Informationssystemen. Wie starke Sonneneruptionen der jüngeren Vergangenheit belegen, sind Stromausfälle eine zu erwartende Folge. Nicht immer wird das offiziell bestätigt wie nach dem schwedischen Zwischenfall, von dem ich eingangs berichtete. Damals war es der Stromversorger selbst, der den Zusammenhang herstellte. Die Regel ist solch eine offene Informationspolitik leider nicht. Zuweilen hat man sogar den Eindruck eines Verstecksspiels, mit dem die Öffentlichkeit getäuscht werden soll.

Für aufmerksame Leser wissenschaftlicher Publikationen jedoch sind die Ereignisse der letzten beiden Jahrzehnte leicht rekonstruierbar. Selbst seriöse Online-Dienste weisen immer wieder mal auf einschlägige Vorkommnisse wie den berühmt gewordenen Stromausfall in Kanada hin, der einer extrem starken Sonneneruption und den entsprechenden Feldanomalien folgte. Ausführlich beschrieb 3sat-online das Zusammenbrechen des Stromsystems: »Mehrere Transformatoren brannten nach Überhitzung ab, die Elektrizitätsversorgung der Provinz war neun Stunden lang lahmgelegt.«[61] Und: »Immer dramatischer wirkt sich das Teilchenbombardement auf Menschen, Tiere, Pflanzen und Technik aus: Es drohen Computer-Crashs, Energieausfälle, Satellitenabstürze – und neue Krankheiten. Auch das Klima wird in Mitleidenschaft gezogen: Naturkatastrophen häufen sich.«[62]

Um prognostische Sicherheit über das Jahr 2012 zu erlangen, sollten wir uns das Sonnensturm-Maximum genauer anschauen, das am 13. März 1989 registriert wurde. Eine hochenergetische Plasmawolke prallte damals auf die Ionosphäre und veränderte das Magnetfeld der Erde. Der USamerikanische Astrophysiker Robert Hoffman beschrieb die Wirkung mit den Worten: »Es war, als ob die Erde von einem Hammer getroffen würde.«[63] Tatsächlich presste die Druckwelle dieses Sonnensturms das Erdmagnetfeld um ein Drittel zusammen. Blitzartig erhöhte sich am Himmel die Stromstärke um eine Million Ampere, was dem Zehn- bis Einhundertfachen eines Gewitterblitzes entspricht. Hierdurch wurden Ströme innerhalb der leitenden Erde hervorgerufen, die einen Super-GIC bewirkten: die extreme Ausprägung eines geomagnetischen Chaos.

Für die Bewohner Ostkanadas war jedoch zunächst etwas anderes von Bedeutung: An diesem 13. März brach ein 735-Kilowatt-Kraftwerk zusammen, sechs Sekunden darauf folgte der 2000 Megawatt starke Churchill-Falls-Komplex. Kompassnadeln funktionierten nicht mehr. Ausläufer der entstandenen Wellen erreichten sogar das weit entfernte Japan und führten dort unter anderem zu brennenden Transformatoren in Kernkraftwerken. »Für kurze Zeit«, so wurde anschließend berichtet, »herrschte die Gefahr einer nuklearen Katastrophe.«[64] Der Leiter des Atmosphären-Forschungsprogramms, Richard Behnke, orakelte nach diesen Erlebnissen: »In nächster Zeit dürften schlimmere Dinge passieren.«[65] Und John Kappemann von der Universität Minnesota ergänzte 1990: »In Zukunft werden die Sonnenschäden Ausmaße annehmen, die für uns heute noch nicht vorstellbar sind.«

Wir müssen aber gar nicht erst den Super-GAU beschwören, um in Furcht und Schrecken zu geraten. Allein schon der durch Sonnenstürme verursachte Verlust von Satelliten hat sofort und unmittelbar Konsequenzen für uns Menschen. Während des letzten Sonnenaktivitäts-Maximums am 11. Januar 1997 wurden binnen Sekunden der Satellit »Galaxy-4« und der AT&T-Satellit »Telestar-401« zerstört. An diesem Tag waren Millionen von Menschen schlagartig von jeder technisch gestützten Kommunikation abgeschnitten. Selbst der von der NASA eingesetzte Satellit SOHO, der seit 14 Jahren Bilder von der Sonne sendet, ist immer häufiger funktionsunfähig – und zwar immer genau dann, wenn sich auf der Sonne extreme Anomalien ereignen.

Auf der anderen Seite der Bilanz stehen allerdings die konstruktiven Aspekte, die sich ergeben, wenn man auf der rein biophysikalischen Ebene argumentiert. Sie haben in diesem Kapitel einiges über die Basisfunktionen der Felder erfahren, was evolutionäre Perspektiven erlaubt, bis hin zur Vorhersage eines Evolutionssprunges.

Zusammenfassend kann man sagen: Erdmagnetfelder, Schumann-Resonanzfrequenzen sowie das elektrostatische Erdfeld waren zusammen mit der Sonnenstrahlung für die Entstehung allen Lebens auf der Erde verantwortlich. Magnetfelder allgemein und speziell unser Erdmagnetfeld sind mit großer Sicherheit für informelle Speichereffekte im Wasser verantwortlich – Magnetfelder sind somit das Medium, in dem Informationen gespeichert werden. Infolge eines schwächeren oder gänzlich ausfallenden Erdmagnetfelds könnte die gesamte terrestrische Datenbank gelöscht werden. Solange jedoch solche Informationen existieren und abrufbar sind, werden sie von elektrostatischen Feldern aktiviert. Diese Felder bestimmen auch die Funktionsweise unserer Nervenzellen und ermöglichen eine interzelluläre Kommunikation. Felder, die von außen auf unser Gehirn einwirken, greifen intensiv in die entsprechenden elektrochemischen Prozesse ein. Solche Feldeinwirkungen können unseren psychischen Status stark beeinflussen, im negativen Sinn als Depression und Desorientierung, im positiven Sinn jedoch als Förderung unserer Intuition.

Da sich die Häufigkeit extremer Feldeinwirkungen durch veränderte Sonnenaktivitäten seit längerem stetig erhöht, müssen wir künftig mit folgenreichen Veränderungen unserer Psyche und unseres Bewusstseins rechnen. Ob wir das als destruktiv erleben, oder ob wir diesen Bewusstseinswandel als qualitativen Sprung empfinden werden, hängt wesentlich von unserer Haltung diesen Ereignissen gegenüber ab. Deshalb ist es jetzt an der Zeit, dass ich Ihnen einige Modelle vorstelle, nach denen strukturelle Veränderungen ablaufen könnten – als umfassender Neubeginn. Die gute Nachricht also lautet: Die Karten werden neu gemischt. Und Sie haben die Chance, zum aktiven Mitspieler zu werden.

4

Die Entstehung neuer Strukturen

2012 wird ein Schicksalsjahr werden. Die Auswirkungen der geomagnetischen Anomalien werden wir sehr wahrscheinlich als eine harte Prüfung erleben – als eine Prüfung allerdings, die wir durchaus bestehen könnten. So gern wir drohende Krisen verdrängen mögen, so vehement wir uns großen Veränderungen verweigern: Niemand wird den stark veränderten Feldern entgehen können. Doch in der Reaktion darauf wird auch die Entscheidung gefällt, ob wir zu den Siegern oder zu den Verlierern von 2012 gehören werden.

Die Demarkationslinie zwischen beiden Lagern ist schon jetzt deutlich erkennbar: Die einen versinken angesichts der aufziehenden Krisen in Angst und Depression und verhärten ihre Strukturen; die anderen jedoch bereiten sich innerlich auf einen Paradigmenwechsel vor. Sie machen sich darauf gefasst, dass sie alte Denkstrukturen hinter sich lassen müssen und dass sich an ihrer Stelle neues Denken und neues Bewusstsein etablieren wird.

Wie könnten sie aussehen, die neuen Strukturen? Nun, Sie alle haben schon an kleinen Beispielen erlebt, wie aus Instabilität neue Denk- und Handlungsmuster erwachsen können. Kollektive Notsituationen beispielsweise schweißen Menschen zusammen und ermöglichen ungekanntes solidarisches Handeln. Eine zerbrechende Ehe mündet meist in andere, der jeweiligen Lebensphase angepasste Strukturen. Selbst das Artensterben innerhalb der irdischen Fauna hat einen verborgenen Sinn, weil es Lebensräume für neue evolutionär entstandene Arten schafft.

Diese Dinge sollten sie sich immer vor Augen führen, wenn Ihnen jemand begegnet, der die populäre Angst vor 2012 schürt. Instabilität ist nur vordergründig zerstörerisch – in Wahrheit ist Instabilität die wichtigste Voraussetzung für die Entstehung neuer – oft besserer – Strukturen. Nachweislich sind es nicht Symmetrie, Ruhe, Ausgeglichenheit und Stabilität, die das Überleben qua Wandel und Anpassung sichern, sondern Symmetriebrüche, Grenzsituationen und Auflösungsprozesse.

Der Nobelpreisträger Ilya Prigogine erläutert sehr plastisch, dass diese Erkenntnisse auch für physikalische und chemische Systeme gelten: Erst jenseits eines thermodynamischen Gleichgewichts würden sie »kreativ«. Deshalb entzaubert er unsere Vorstellung einer harmonischen Balance als Stagnationsgefahr: »Fern vom Gleichgewicht können wir zum Beispiel das Auftreten von chemischen Uhren beobachten, von chemischen Reaktionen, die ein kohärentes, rhythmisches Verhalten zeigen. ... Wir möchten hervorheben, dass dieses Verhalten etwas Unerwartetes ist ... Mit einer gewissen Vereinfachung können wir sagen, dass bei einer chemischen Uhr alle Moleküle ihre chemische Identität gleichzeitig in regelmäßigen Zeitintervallen ändern ... Es ist eine neue Art von Ordnung eingetreten. Eine Kommunikation zwischen den Molekülen kann nur unter gleichgewichtsfernen Bedingungen entstehen ... Die Art der hoch geordneten (dissipativen) Strukturen hängt darüber hinaus entscheidend von den Entstehungsbedingungen ab. Äußere Felder, wie etwa das Gravitationsfeld oder auch das Magnetfeld der Erde, können bei der Selektion eine wesentliche Rolle spielen ...«[66]

Doch wie anpassungsfähig sind wir eigentlich? Besteht die Gefahr einer Überdehnung unserer physischen und psychischen Fähigkeiten, wenn uns die zu erwartenden geomagnetischen Schwankungen ins Trudeln geraten lassen? Ich persönlich schätze diese Gefahr eher gering ein. Oft wird übersehen, dass wir sogar extrem anpassungsfähig sind. Wir besitzen einen vorbiologischen Anpassungsmechanismus, ohne es bewusst verinnerlicht zu haben. Dieses Talent zur Anpassung hat zugleich eine enorm wichtige Alarmfunktion: Erst unter gleichgewichtsfernen Bedingungen beginnt die Materie, Unterschiede in der Außenwelt (wie etwa schwache Gravitations- oder elektrische Felder) wahrzunehmen, die sie unter Gleichgewichtsbedingungen nicht spüren könnte.

Wie die Physiker H. Haken[67] und F. R. Krüger[68] dargelegt haben, ist das Paradigma der Gleichgewichtsferne eine unentbehrliche Voraussetzung für qualitativ positive Entwicklungen. Das gilt für die menschliche Kreativität ebenso wie für soziale Verbände. Wir sind eben nicht »tote« Materie, sondern ein fließendes Gebilde, das seine Gestalt wandeln kann – und muss. Im Übrigen zeigt der Blick auf die instabile charakterliche Struktur der meisten Genies, wie eng Instabilität und Kreativität miteinander verwoben sind.[69]

Die Conclusio, die diese Vorbemerkungen nahelegen, werden Sie jetzt innerlich schon gezogen haben: Wenn wir Instabilitäten essenziell brauchen, dann ist es für das Schicksal von uns Menschen überlebenswichtig, dass die Sonne immer wieder als Impulsgeber für einen qualitativen Wandel fungiert. Die solaren Eruptionen sind keine Bedrohung, sondern eine Energiebrücke zwischen Sonne und Erde. Auch diese Eruptionen sind Produkte von Ungleichgewichten. Sie erinnern sich: Sunflares entstehen auf der instabilen Grenze zwischen magnetischen Feldern in komplexen Sonnenfleckengruppen. Solche Protuberanzen münden in

Eruptionen, wenn sie durch übermäßige Verzerrungen coronarer Magnetfelder instabil werden.[70] Durch den anschließenden Masseausstoß und die Ladungspartikel, die auf unsere Ionosphäre treffen, importieren wir gleichsam die solare Instabilität.

Als Teil eines universalen Masterplans interpretiert, könnte man daraus folgern: Die Sonne sorgt gerade durch ihre eigene produktive Instabilität dafür, dass die Weiterentwicklung irdischen Lebens gewährleistet ist.

Insofern müssen wir davon ausgehen, dass die Schwankungen des irdischen Magnetfeldes auch die elektrisch gestützte Aktivität des menschlichen Gehirns stimuliert, da eingefahrene Abläufe aus dem Gleichgewicht gebracht werden. Das Gleiche gilt für das Hormon- und das Immunsystem, die mit den zerebralen Vorgängen gekoppelt sind. Die Mechanismen solcher biologischen Steuersysteme und ihre Abhängigkeit von solaren Geschehnissen sind inzwischen gut erforscht.[71] Wir sollten uns jedoch nicht davon irritieren lassen, dass bisher vor allem negative Auswirkungen im Sinne von Krankheitsbildern untersucht wurden. Die Erforschung der positiven geistigen Effekte steht erst am Anfang – also etwa die Korrelation von geomagnetischen Abweichungen und kreativen Spitzenleistungen als Folge intensiver solarer Eruptionen.[72]

Wir haben daher keinen Grund, in jene unbewusste Verteidigungshaltung zu verfallen, die wir bei Veränderungen so gern einnehmen. Was wir dann nämlich als beruhigende mentale Festigkeit erleben, ist in Wirklichkeit eine gefährliche Trägheit des Denkens.[73] Und die, das sei in aller Deutlichkeit gesagt, können wir uns nicht mehr leisten. 2012 steht buchstäblich vor der Tür. Wer diese Tür von innen vernagelt und nichts über 2012 erfahren will, wird sehr wahrscheinlich scheitern. Der Volksmund hat ein eindringliches Sprachbild für diese verzweifelte Defensive gefunden: Jemand missachte »die Zeichen der Zeit«. Ich möchte hinzufügen: Wer sich vor der kommenden Instabilität fürchtet, will nicht begreifen, dass Instabilität unser Lebensprinzip ist. Selbst die Atmung bedeutet Instabilität, da im Ein- und Ausatmen jeweils wieder Ungleichgewichte entstehen. Wer sich jedoch weigert, zu atmen, wird ersticken.

Wagen wir also den Umkehrschluss. Er lautet: Eine umfassende kosmische Stabilität würde unser Lebensprinzip der evolutionären Wandlung durchkreuzen. Wir würden nie entdecken, welche Potenziale noch in uns schlummern, welche Fähigkeiten wir entwickeln können, welche Eigenschaften auf ihre Förderung warten.

Der Mensch wird durch die destabilisierenden Einflüsse der Sonne also nicht etwa fremdbestimmt, sondern angeregt, von seinem individuellen Schaffenspotential Gebrauch zu machen.

Erweitern wir den Gegenstand unserer Überlegungen und betrachten wir jetzt Gruppen von Menschen oder gar ganze Völker, so lässt sich leicht beobachten, dass gesellschaftliche Prozesse ebenfalls nach den Gesetzen rhythmisch variierender Perioden von Stabilität und Instabilität verlaufen. Beispiele aus dem Bereich der Wirtschaft oder auch aus der Politik gibt es zuhauf.

Das Besondere an diesen Rhythmen ist, dass selbst vermeintliche Rückschritte zum allgemeinen Entwicklungsprozess gehören. Denken Sie an den französischen Absolutismus und seinen Sturz durch die Grande Révolution. Wenige Jahre später krönte der Revolutionär Napoléon sich selbst zum Kaiser – doch es gelang ihm nicht, den Absolutismus damit für immer zu zementieren. In der Pendelbewegung von Fortschritt und Rückschritt, Stabilität und Instabilität, Chaos und Ordnung ereignet sich in der Summe stets eine Weiterentwicklung. Wir stehen gerade an der Schwelle eines solchen Entwicklungssprungs.

In gewisser Weise spielen Instabilität und Stabilität dabei die gleiche Rolle wie »Aktivator« und »Inhibitor« in der modernen Biologie: Sie können das Reaktionsvermögen steigern oder aber hemmen. Daher liegt es in der Hand des Menschen, ob er von seiner Erkenntnis- und Entscheidungsfähigkeit Gebrauch machen will. Bejaht er die Situation und sehnt sich nach Entwicklung, kann er mit kräftigem kosmischem Rückenwind rechnen – und sich zugleich gegen widrige Winde wappnen, mit denen er ebenso umgehen können muss.

Es ist ungeheuer wichtig, sich immer wieder vor Augen zu rufen: Unser primäres Wahrnehmungs- und Reflexionsorgan, das Gehirn, verfügt aufgrund seiner einzigartigen Struktur über alle erforderlichen Ressourcen, um uns zu einem völlig neuen Menschen zu formen – ein leidvolles Beispiel dafür sind die sehr effektiven Methoden der Gehirnwäsche. Wir sind gleichsam darauf angelegt, dass wir uns, wenn nötig, neu programmieren oder neu programmieren lassen.

Die Realität allerdings sieht meist etwas anders aus: Unsere wunderbaren Kontingente blieben ungenutzt, unser Potenzial wird nur zu einem Bruchteil ausgeschöpft. Dabei sind Lernprozesse und Neuprogrammierungen in jedem Alter möglich. Allerdings ist die Entwicklung des Gehirns zum großen Teil von den Eindrücken und Erfahrungen abhängig, die ihm über die Sinne angeboten werden.

Selbstverständlich gehören kindliche Prägungen zu den stärksten. Was wir hier erfahren und was uns in dieser biografischen Phase beigebracht wird, entscheidet über die späteren Denk- und Wahrnehmungsprozesse. Doch das muss nicht so bleiben. Man hat bei Menschen, die älter als sechzig Jahre waren und noch ein Instrument erlernten, Erstaunliches beobachtet: Die Gehirnregionen, die für die feinmotorische Koordination der Finger zuständig waren, wuchsen. Ebenso jene Regionen, in denen die Noten decodiert und in Anweisungen für die Hände umgesetzt wurden.

Es wird Ihnen daher einleuchten, dass selektive persönliche Erfahrungen, die zu den entsprechenden Verschaltungen des Gehirns führten, nur einen verschwindend kleinen Teil jener Optionen nutzen, die der Kosmos für uns bereithält. Würden wir beispielsweise von Kindheit an über unser tatsächliches Potenzial aufgeklärt werden, könnten wir uns bewusst der kosmischen Datenbank bedienen – so wie es in sehr abgeschwächter Form die Tiere tun, wenn sie über ihre Instinkte agieren. Heute wissen wir: Instinkte sind letztlich nichts weiter als Wahrnehmungen und Erfahrungen, die sich in den Archiven der kosmischen Datenbank befinden; übertragen werden sie durch morphogenetische Felder, im Rahmen eines beeindruckenden Datentransfers.

Ich bin davon überzeugt, dass wir uns gegenwärtig in einem Prozess der Umstrukturierung unserer neuronalen Verschaltungen befinden. Ausgelöst wird dieser Prozess durch eben jene extremen Sonneneruptionen, vor denen sich viele so sehr fürchten. Doch es spricht alles dafür, dass wir erstmals das nahezu unfassbar große Potenzial unseres Gehirns nutzen werden. Zum ersten Mal in der Geschichte der Menschheit überhaupt.

David Samuels vom Weizmann-Institut in Haifa errechnete, dass allein zur Aktivierung der Basisleistungen unseres Gehirns in jeder Minute zwischen 100 000 und eine Milliarde verschiedene elektrochemische Reaktionen stattfinden. In einem durchschnittlichen menschlichen Gehirn befinden sich zehn Milliarden individueller Neuronen. Diese Zahl ist noch bemerkenswerter, wenn man weiß, dass jedes Neuron mit vielen weiteren in Verbindung steht. 1974 kamen Neurophysiologen zu dem Ergebnis, dass die Zahl der wechselseitigen Verbindungen in einer Größenordnung von zehn hoch achthundert liegt (10^{800}). Um sich vorzustellen, wie groß diese Zahl ist, kann man sie mit einer mathematischen Größe des Universums vergleichen: Die kleinste Einheit im

Universum ist das Atom, die größte das Universum selber. Die Zahl der Atome im Universum beträgt Schätzungen zufolge 10^{80}. Die Zahl der Wechselwirkungen in einem Gehirn lässt demnach sogar die Zahl der Atome im Universum vergleichsweise klein erscheinen.

Der Physiker Pyotra Anokin von der Universität Moskau gab zu bedenken, dass die oben aufgeführten Zahlen der Verbindungsmöglichkeiten noch zu gering seien.[74] Seiner Berechnung nach ist die Zahl der Strukturbildungsmöglichkeiten im menschlichen Gehirn so groß, dass man beim Aufschreiben in normalen Ziffern eine Linie von 10,5 Millionen Kilometern Länge benötigte. Offenbar haben wir noch gar nicht begonnen, das wundersame Paket unseres Gehirns auch nur auszupacken. Wir wohnen, bildlich gesprochen, in einem riesigen Schloss und nutzen doch nur einen Bereich von Staubkorngröße.

Wird also eine bessere Nutzung unseres Gehirns uns in die Lage versetzen, adäquat auf 2012 zu reagieren? Zunächst einmal sollten wir festhalten, dass Gehirn nicht gleich Geist ist. Der Geist ist zwar fähig, Gehirnaktivitäten und vegetative Prozesse mit unvorstellbarer Suggestion zu beeinflussen – am frappierendsten sind hier die meditativ geschulten Buddhameister, die ihr Gehirn willentlich in Ruhephasen bringen, das Schmerzempfinden auslöschen und sogar den Herzstillstand hervorrufen können.

Für alle anderen gilt: Unser Gehirn ist ständig aktiv, im Wachzustand und im Schlaf, in Ruhepausen und während hoher geistiger Anstrengung. Es sucht nach Intensität, nach Neuem und nach Verknüpfungen von hoher Beständigkeit. Werden unserem Gehirn neue Eindrücke vermittelt sowie ein fortwährender geistiger und emotionaler Anreiz angeboten, so prägen sich in ihm neue Synapsen aus – Kontaktstellen zwischen den Nervenzellen.

Das Gehirn schwingt sozusagen im ekstatischen Gleichklang, sobald ihm nur der richtige Reiz angeboten wird. Das elektrochemische Gesetz dazu heißt: Alles oder nichts. Das ist die Grundvoraussetzung für eine elektrochemische Kommunikation zwischen den Neuronen und in unserem Kontext auch den bisher ungenutzten Bereichen unseres Gehirns.

Andererseits wäre es auch mehr als verwunderlich und geradezu unsinnig, wenn wir mit einem Gehirn ausgestattet wären, dessen Potenziale nie völlig ausgeschöpft werden. Fast scheint es so, als habe dieses brachliegende Wunderwerk nur auf eine Chance wie 2012 gewartet, um endlich seine Leistungsfähigkeit zu beweisen.

Neben der elektrochemischen Informationsverarbeitung existieren noch mehr Prozesse, die an unserer Bewusstseinsbildung beteiligt sind. Der Physiker und Bewusstseinsforscher Evan Harris Walker, der in Cambridge arbeitet, weist auf einen weiteren Funktionsmodus hin. Er stellt fest, dass Geist und Bewusstsein keine physikalisch messbaren Quantitäten seien. Bewusstseinsprozesse seien nicht etwa chemischer Natur, sondern auf einen quantenmechanischen Tunnelprozess zurückzuführen. Walker stimmt mit dieser Interpretation mit einer stetig wachsenden Gruppe von Quantenphysikern und Gehirnforschern überein. Und er legt überzeugende Beweise vor, dass in den Synapsen quantenphysikalische Phänomene stattfinden.[75] Modelle für diese Art der Kommunikation arbeiteten bereits David Bohm und B. Hiley aus.[76] Sie berichteten über verblüffende Ähnlichkeiten zwischen dem Quantenpotential und den neuronalen Verbindungen des Gehirns.

Dabei geht es längst nicht so wohlgeordnet zu, wie man meinen könnte. Vielmehr ist Chaos ein Grundelement der Selbstorganisation des Gehirns. Dieses Chaos, ein wahres Gewitter diffuser Reizverarbeitungen, ist die Vorstufe für einen kohärenten Gleichgewichtszustand auf höherer Ebene. Bei der Erforschung von Kreativität wurde Vergleichbares beobachtet – der kreative Geist lässt zunächst völlig unsystematische, ja, widersprüchliche Ideen und Gedanken zu, bis er sie in der Spätphase des kreativen Prozesses zu ordnen und zu stabilisieren beginnt. Grundsätzlich verläuft die Entwicklung gegen das Gesetz der Ordnung (Entropie) in Richtung Instabilität (Negentropie). Dieser Prozess ist möglich und auch sinnvoll, weil sich die Evolution in einem »offenen System« ereignet – mit dem Ziel, neue Informationen und höchste Anpassungsfähigkeiten zu erlangen.

Ilya Prigogine sah es daher als erwiesen an, dass jedes organisierte System in einer dynamischen Spannung zwischen Entropie und Negentropie, zwischen Chaos und Ordnung arbeitet. Je komplexer ein System sei, so Prigogine, umso größer sei seine potenzielle Instabilität – und umso leichter lasse es sich verändern und entwickeln. Genau dies trifft auch auf das Gehirn zu.

Wo aber nun ist der Sitz des Geistes, jener rätselhaften Selbstbewusstheit, in der Intellekt, Gefühl, Intuition und Verstand sich amalgamieren? Ihn zu lokalisieren, überlasse ich im Moment den Neurologen – später werden Sie mehr darüber erfahren. Zunächst jedoch widme ich mich dem lebendigen geistigen Selbsterfindungs-Prozess. Die Entwicklung unseres Geist-Gehirn-Systems entsteht aus einer Reihe von Matrix-Wechseln. Die erste übergeordnete Matrix, in der wir uns bewegen, ist gewissermaßen die Quelle, aus der alles Leben entstanden ist. Ein harmonischer Matrix-Wechsel beinhaltet für das kleinkindliche Gehirn »das Kennenlernen immer neuer Quellen der Kraft, der Möglichkeiten und der Sicherheit, sodass sich daraus Fähigkeiten entwickeln können«.[77]

Den im Anfang äußerst konkreten Matrizen – stets rückbezogen auf die wahrnehmbare Realität – folgen im Laufe der Zeit immer abstraktere, bis hin zur Matrix des reinen kreativen Denkens. Jeder Übergang zu einer neuen Matrix bringt unbekannte und nicht vorhersehbare Erfahrungen mit sich – die Voraussetzung für eine Steigerung der Intelligenz. »Jeder von uns vererbt einen vorcodierten Entwurf zukünftiger Organismen, die sich vom gegenwärtigen Menschenstamm – und von den meisten anderen Formen des Menschseins – stark unterscheiden«, schreibt Timothy Leary.[78] Und Michael Hutchison prophezeit: »Das Gehirn hat in den letzten zehn Jahren mehr über sich selbst gelernt als in seiner ganzen Geschichte zuvor. Von nun an wird sich die Evolution der Intelligenz in Quantensprüngen vollziehen.«[79]

Über die Einflüsse natürlicher und technisch erzeugter Felder auf das Gehirn habe ich bereits das Wichtigste gesagt. Körpereigene Rhythmen beispielsweise, die von der Zirbeldrüse gesteuert werden, sind durch äußere elektromagnetische Felder zu beeinflussen, mit signifikanten Auswirkungen auf Schlaf- und Wach-Rhythmus, Stimmung und Aktivitätsmuster. Doch es gibt noch mehr zu entdecken.

Vor über zwanzig Jahren beteiligte ich mich an mehreren Versuchsreihen, die im Rahmen eines klinisch-experimentellen Forschungsprojektes durchgeführt wurden. Dabei wurden regelmäßig die Gehirnströme der Versuchspersonen durch ein EEG gemessen. Bei der Studie wirkten – für die Probanden unbemerkt – in sporadischen Abständen bestimmte EM-Felder auf ihr Gehirn ein. Zu den außergewöhnlichsten Ergebnissen zählte der Nachweis, dass wir durch äußere Felder die Gehirnwellen der Probanden beeinflussen konnten. Als ob dieses Ergebnis nicht bereits sensationell genug gewesen wäre, stellten wir außerdem fest, dass wir durch äußere EM-Felder die Gehirnwellen der Probanden sogar gezielt steuern konnten.

Lassen Sie mich ein Beispiel erläutern. Eine Versuchsperson, deren vorherrschende EEG-Grundfrequenz bei etwa 10 Hertz lag, steigerte diese Frequenz auf 12 Hertz, sobald wir die 10 Hertz durch unsere exogenen Felder zum

Einsatz brachten und die Frequenz langsam auf 12 Hertz steigerten. Dies war nicht etwa ein Einzelfall, sondern die Regel. Unsere Schlussfolgerung: Ein körpereigener – endogener – Rhythmus folgt zuverlässig einem äußeren – exogenen – Rhythmus.

Seither standen für mich die Wechselwirkungen zwischen körpereigenen Zellen und elektromagnetischen Feldern außer Frage. Es mag zusätzlich einer der Gründe gewesen sein, warum ich das Buch schrieb, das Sie gerade in Händen halten. Schließlich hatte ich mit eigenen Augen Vorgänge gesehen, die für mein Forschungsgebiet eine unentbehrliche Basis bedeuteten. Ich hatte Beweise dafür, dass Anomalien der EM-Felder und Erdmagnetfelder unmittelbar die Gehirnaktivitäten beeinflussten.

Bald stieß ich auf ein weiteres Phänomen, das mich fortan nicht mehr losließ: Bestimmte Felder und Feldintensitäten bewirkten Wahrnehmungen, die sonst nur durch die Verabreichung psychoaktiver Substanzen hervorgerufen wurden. Ein normales Erdmagnetfeld hält unser normales Wachbewusstsein aufrecht – wozu auch unsere gewohnte Zeitwahrnehmung gehört. Ein ausbleibendes oder erheblich abgeschwächtes Erdmagnetfeld führt entsprechend zu psychischen Veränderungen und zu einer Verzerrung der Zeiteinschätzung. Abweichungen des Feldes lassen sich in ihren Auswirkungen also durchaus mit Drogeneinflüssen vergleichen.

Das klingt kühn, ist es aber nicht. Psychische Veränderungen gehen auf der neurochemischen Ebene einher mit der Produktion psychoaktiver Substanzen, die auch als körpereigene Halluzinogene bezeichnet werden. Was bei den Probanden unter dem Entzug oder durch die Einwirkung von geringsten Erdfeldern zu psychischen Anomalien führte, waren eben diese halluzinogenen Substanzen, die ihr Gehirn vermehrt selbst produzierte. Das Gehirn ist in der Lage, unter bestimmten Bedingungen Stoffe zu produzieren und auszuschütten, die wir synthetisiert auf der Liste für verbotene Substanzen wiederfinden. Was unter »normalen« Gegebenheiten nur infolge langwieriger geistiger Exerzitien wie Meditationen auftritt, geschieht ebenso durch das Einwirken elektromagnetischer Felder, also von außen angeregt: durch Verabreichung der entsprechenden »Drogen« in Form von anormalen Feldbedingungen.

Sicherlich sind Sie jetzt neugierig geworden auf diesen feldgesteuerten Rausch. Was genau geht da vor? Kann man diese Einflüsse etwa genießen? Oder schaden sie uns auf die Dauer – machen sie uns gar süchtig?

Tatsächlich ist das Gehirn in der Lage, für jedes Gefühl, zu dem wir fähig sind, ein entsprechendes Molekül zu erstellen. Zu diesem Thema schrieb die Biochemie-Professorin Candace Pert von der John Hopkins University das vielbeachtete Buch *Moleküle der Gefühle*. Was nun die ominösen erweiterten Bewusstseinszustände betrifft, geht es um eine spezifische Molekülfamilie. Der grundsätzliche Unterschied zwischen unserem Tages- und Wachbewusstsein und dem Zustand des Schlafes und Träumens liegt im Grad unseres Bewusstseins. Während der Schlaf- und Traumphasen sind wir uns unseres Seinszustandes nicht bewusst; wir verfügen also über keinerlei Erinnerung an unser wachbewusstes Leben. Das Gegenteil ist im Wachbewusstsein der Fall. Auf einen Nenner gebracht: Der Schlafzustand ist ein Synonym für die Sphäre der Unbewusstheit, der Wachzustand ein Synonym für Bewusstheit. Jenseits dieser Dichotomie existiert jedoch ein weiterer Bewusstheitsgrad, der uns noch lange beschäftigen wird: Er wird als Erleuchtung oder Satori bezeichnet. Allen drei Phasen ist gemeinsam, dass bestimmte Moleküle für sie zuständig sind, die als Neurotransmitter bezeichnet werden.[*]

---

[*] Referenzen zu diesem Thema siehe Anhang.

Einer der wichtigsten Neurotransmitter ist das Serotonin. Es hält uns im Wachzustand, daher ist auch unsere
Zeitwahrnehmung mit diesem Neurotransmitter verknüpft.
Befinden wir uns unter Serotonineinfluss – dessen Intensität
sich schon durch leichte Umarmungen steigern lässt –, fühlen wir uns entspannt und wohl. Ein akuter Mangel an Serotonin dagegen führt zu depressiven Stimmungslagen, bis
hin zur manischen Depression. Ein deutlicher Serotonin-
überschuss dagegen erzeugt euphorische, zuweilen regel-
recht ekstatische Zustände.

Serotonin reguliert also unsere Stimmungslagen. Zwischen diesem Wachbewusstseinsmolekül und der bewusstseinserweiternden Droge »Psylocibin« besteht kaum ein
Unterschied, was den chemischen Aufbau dieser »psychoaktiven Droge« betrifft. Psylocibin findet sich in einem
Pilz, der in frühen Kulturen traditionell bei heiligen Ritua-
len verabreicht wurde. So bezeichneten die Maya ihn res-
pektvoll als »Maya-Pilz«, die Derwische als »Sufi-Pilz«.
Eingeweihte sprachen diesem heiligen Pilz Eigenschaften
zu, die sie als »Frucht der Erkenntnis von Gut und Böse«
deuteten – nicht unähnlich der Frucht vom Baum der Erkenntnis, wie sie im Alten Testament anlässlich des Sün-
denfalls geschildert wird.

In seiner synthetischen Form ist Psylocibin als LSD bekannt. LSD ist eine psychoaktive Substanz, die von dem
Chemiker Albert Hofmann erstmals 1938 während seiner
Forschungsarbeiten über das – giftige – Mutterkorn herge-
stellt wurde. Dessen halluzinogene Wirkung entdeckte Hofmann durch Zufall, nachdem er den Stoff versehentlich
durch die Haut absorbiert hatte. Er wiederholte dieses Erlebnis durch die Einnahme von 250 Mikrogramm LSD. Das
entsprach der kleinsten für ihn denkbaren wirksamen Dosis
eines Halluzinogens, verglichen mit dem damals stärksten
bekannten Halluzinogen Meskalin. Es stellte sich jedoch he-

raus, dass diese Menge bereits dem Fünffachen der normal wirksamen Dosis von LSD entsprach.

Rufen wir uns die Aufstellung der unterschiedlichen Bewusstseinsebenen noch einmal in Erinnerung – Schlafzustand korreliert mit Unbewusstheit, Wachzustand mit Bewusstheit –, so sollten wir die dritte Bewusstseinsebene noch einmal näher betrachten: die Erleuchtung, oder, anders gesagt: das Hyper-Bewusstsein.

Alle drei Seinszustände sind an Substanzen gekoppelt, die den jeweiligen Bewusstseinszustand hervorrufen. Diese Substanzen haben etwas gemeinsam: Sie sind auf einer besonderen Benzolringstruktur aufgebaut, Neurochemikern als Tryptamine bekannt. Unser Gehirn ist in der Lage, diese unterschiedlichen Bewusstseinsmoleküle ineinander umzuwandeln, je nach Anlass und Auslöser. Wie uns Serotonin ins Wach- oder Tages-Bewusstsein versetzt, so existiert ein weiterer Neurotransmitter, der für das Schlaf- bzw. Traum-»Bewusstsein« zuständig ist: Melatonin. Es begegnete Ihnen bereits im Zusammenhang mit der Zirbeldrüse. Im direkt proportionalen Verhältnis zu unserer aufkommenden Müdigkeit wandelt sich Serotonin zu Melatonin um, und zwar so lange, bis wir in den Zustand des Schlafens und Träumens sinken. Während der tieferen Schlafphasen wandelt sich nun das Melatonin in einen weiteren Neurotransmitter um, in DMT (Dimethyltryptamin). Durch Erkenntnisse der Schlafforschung, der Bewusstseinsforschung und der Neurochemie ist bekannt, dass dieser psychoaktive Wirkstoff während unserer Tiefschlafphase und in Zuständen der Erleuchtung im Gehirn produziert wird. DMT zählt also zu den stärksten psychoaktiven Drogen überhaupt.

Bedauerlich scheint nur, dass wir diesen fulminanten und doch völlig legalen Drogenrausch im wahrsten Sinne des Wortes verschlafen. Wir sind uns also unseres erleuchtungsähnlichen Zustandes gar nicht bewusst. Das heißt: Wir erfahren ihn einfach, aber ohne Bewusstsein, daher auch ohne Erinnerung. Vergleichen wir den Neurotransmitter DMT mit Psylocibin, so können wir feststellen, dass beide Wirkstoffe zur gleichen chemischen Familie gehören. Gelänge es uns, diesen erhöhten Bewusstseinszustand bewusst zu erfahren, könnten wir seine tatsächlichen bewusstseinserweiternden Qualitäten wahrnehmen. Beides scheint sich jedoch auszuschließen. Ausnahmen sind uns durch Erfahrungen bekannt, die spirituelle Meister im Zustand ihrer Erleuchtung erfahren. Offenbar sind die Unvorbereiteten unter uns noch nicht für diesen besonderen Seinszustand reif.

Erst eine entsprechende Geisteshaltung, die im einfachsten Sinne als »harmonikal« bezeichnet werden kann – in Harmonie befindlich mit allem, was ist –, ermöglicht den Zugang zu jenen Seinsebenen. An dieser Stelle rückt das künstlich aufgeblähte Ego in den kosmischen Reigen zurück und wird eins mit allem, was ist. Im Schlaf- und Traumzustand sind wir von unserem Ego abgekoppelt, erinnern uns nicht an unser Tagesbewusstseins-Ego. Auch aus diesem Grund wird es uns in den tieferen Schlafphasen ermöglicht, einen erleuchtungsähnlichen Zustand zu erfahren, unbeschwert von egoistischem oder gar narzisstischem Pychoballast.

Erwiesen ist, dass Erdmagnetfeldanomalien an besonderen Tagen bewirken, dass unser Gehirn auch im Zustand unseres Wachbewusstseins psychoaktive, bewusstseinserweiternde Substanzen produziert. Eine Folge sind die Halluzinationen, die vermehrt in Zeiten auftreten, in denen bestimmte Erdmagnetfeldbedingungen vorherrschend sind. Mediziner verstehen unter einer Halluzination die Trugwahrnehmung eines Sinnesgebietes, eine Wahrnehmung also, die ohne eine Reizgrundlage vorliegt. Das bedeutet zum Beispiel, dass Objekte gesehen werde, die nicht existieren, oder Stimmen gehört werden, ohne dass jemand spricht.

Halluzinationen können alle Sinnesgebiete betreffen. Das Besondere daran ist: Eine Halluzination hat gemäß ihrer Definition für den Halluzinierenden absoluten Realitätscharakter und kann nicht von der Wirklichkeit unterschieden werden – sie unterscheidet sich damit vom Tagtraum.

Vergleichen wir die prognostizierten Prozesse von 2012, wie sie der Kosmos für uns bereithält, mit der Wirkung von LSD, das uns heimlich – also für uns nicht erkennbar – ins Wasserglas geschüttet wurde. Vorgekommen sind solche ungewollten Rauschzustände durchaus schon. Im Mittelalter traten in ländlichen Gebieten regelmäßig plötzliche Anfälle von Hysterie auf, hervorgerufen durch Halluzinationen. Die Betroffenen wussten nicht, dass in dem Brot, das sie gegessen hatten, Mutterkornalkaloid enthalten war – jener Wirkstoff, der später von Albert Hofmann zu LSD synthetisiert wurde. Damals waren die halluzinogenen Zusammenhänge unbekannt; die Betroffenen konnten ihre Geistesverwirrung nicht deuten, es sei denn als bedrohliche Krankheit.

Zählen Sie eins und eins zusammen? Nicht unwahrscheinlich ist es, dass wir 2012 neben irritierenden auch höchst angenehme psychische Zustände erreichen werden, ausgehend von Feldanomalien. Auch wenn ein Begriff wie Erleuchtung Ihnen suspekt sein mag, wäre es durchaus ratsam, bereits jetzt zu meditieren, um später empfänglich für diese Zustände zu sein. Wir werden verändert werden – umso besser, wenn Sie schon jetzt selbsttätig mit der Veränderung beginnen.

Das, was dabei geschieht, kann als ein kosmischer Eingriff gedeutet werden. Die Auswirkungen erfahren wir persönlich. Unsere Zeitwahrnehmung verändert sich – die Zeit läuft quasi immer schneller. Psychische Auffälligkeiten nehmen im Verhältnis mit den Erdfeldanomalien zu – die »Leichen im Keller« dringen ins Bewusstsein. Nervosität, Aggressivität, Depressionen und Euphorie wechseln sich ab. Es

113

scheint, als ob der Prozess, den ein Mensch auf dem Weg zur Erkenntnis erfährt, gegenwärtig durch eine Art »kosmisch induzierter Korrektur« vorgenommen würde. Durch Einflüsse, die unter anderem über die Erdfelder wirken, erfahren wir Menschen eine Bewusstseinserweiterung, die an unsere individuelle Geschichte und an unsere momentane Geisteshaltung gebunden ist.

Zwischen 1983 und 2002 veröffentlichte der Hirnforscher Michael Persinger 240 Untersuchungen, die sich nahezu ausschließlich mit einem einzigen Thema befassen: »Bewusstseinserweiternde Wahrnehmungen durch Magnetfelder«.

Die Versuche wurden folgendermaßen durchgeführt: Licht- und schallisoliert, nahm der Proband auf einem Stuhl Platz und wurde gebeten, einen umgebauten Motorradhelm aufzusetzen. Im Inneren des Helms waren seitlich vier Magnetspulen angebracht. Diese örtlich fixierten Magnetspulen sendeten sehr schwache EM-Felder in das Gehirn des Probanden, wobei die elektromagnetischen Felder nur etwa einem Zwanzigstel des Erdmagnetfeldes entsprechen.

Dr. Persinger, der seine Forschungsarbeit auch in den Dienst der NASA stellte, sagte in einem Interview: »Wir können dabei das Gehirn als seinen eigenen Verstärker benutzen und das Muster der Hirnströme zurückspielen, die wir zuvor mit dem EEG aufgezeichnet haben.«[80] Tatsächlich bewirken die EM-Felder ganz außergewöhnliche Effekte. »So spüren viele Versuchspersonen«, berichtet die ZEIT, »unter Persingers Motorradhelm eine eigentümliche ›Präsenz‹, so als ob plötzlich noch jemand in der Kammer sei.«[81] In anderen Veröffentlichungen heißt es, dass einige Probanden absolut davon überzeugt waren, dass sie engelähnliche Wesen oder eine gottesähnliche Präsenz wahrgenommen hätten. Andere wiederum flohen entsetzt und wurden von negativ empfundenen Gefühlen geradezu überwältigt.[82] Auch dies zeigt uns – über den Beweis für die Wirkung der Magnetfelder hinaus –, dass es an der Neigung oder dem Energiefeld des Einzelnen liegt, ob er im angstbesetzten Denken verbleibt oder sich einer neuen Wahrnehmung öffnet. Der eine mag vor einer unerklärlichen Präsenz in seinem Wahrnehmungsfeld fliehen, der andere deutete es als Bewusstseinsanteil, ein Dritter schließlich kann den Dialog mit der mysteriösen Präsenz aufnehmen und sich inspirieren lassen.

Eine andere Versuchsreihe lieferte wertvolle Details über Gehirnaktivitäten während der Meditation. Professor Newberg untersuchte hierzu acht tibetische buddhistische Mönche und acht christliche Franziskaner-Nonnen während ihrer Meditation. Die Probanden wurden aufgefordert, während ihrer Meditation möglichst ihre gewohnten Praktiken beizubehalten. Prof. Newberg wählte eine Schnur als Signalgeber, um die Meditierenden möglichst wenig abzulenken.

Sobald die Versuchspersonen der Meinung waren, dass sie den Zustand der Meditation erreicht hatten, zupften sie an der Schnur. Daraufhin injizierte Newberg eine radioaktive Substanz intravenös in den Blutkreislauf. Bekanntlich lagern sich die radioaktiven Partikel an die am stärksten durchbluteten Gehirnzellen an. Nach der Meditation wurden die Versuchspersonen in die SPECT(Single Photon Emission Computed Tomografy)-Röhre geschoben. SPECT ist ein Messverfahren, bei dem die radioaktiven Partikel sichtbar gemacht werden. Das Messergebnis konnte während der Meditation eine stärkere Durchblutung in bestimmten Hirnregionen nachweisen.

Der Bereich, der in einem direkten Zusammenhang mit der meditativen Erfahrung steht, ist das Orientierungs-Assoziations-Zentrum im Scheitellappen, das durch den andauernden Informationszufluss der Sinnesorgane eine klar definierte Abgrenzung zwischen Körper und Umwelt und darüber hinaus ein Gefühl für Zeit schafft. Aus anderen Versuchen an der Ludwig-Maximilians-Universität München wiederum ist bekannt, dass genau dieses Assoziations-Zentrum durch geomagnetische Felder beeinflusst werden kann.

Durch das »Abschalten« dieser Gehirnregion, schlussfolgert Newberg, konnte bei den meditierenden Versuchspersonen eine gewisse Verschmelzung mit der Umwelt erreicht werden. Die Grenzen von Raum und Zeit waren für sie nicht mehr fassbar. Die Buddhisten interpretieren diese Wahrnehmung als ein Auflösen im Nichts, im Nirwana. Die untersuchten Nonnen hingegen formulierten die Erfahrung als ein Einswerden mit Gott. Es sieht also ganz so aus, dass in diesem Zustand eine bewusst wahrgenommene Ankopplung an den Hyperraum stattfindet – einer übergeordneten Dimension also, deren Existenz jenseits von Science-Fiction und Esoterik bereits von Max Planck bewiesen wurde.

In der beschriebenen Phase der Meditation jedenfalls verschwimmen die Grenzen zwischen dem Selbst und der Welt – hier scheint genau das zu geschehen, was wir leicht schwärmerisch als »Einsein mit allem, was ist« bezeichnen. Professor Newbergs Kommentar: »Wenn man weit genug geht, löst sich das Selbst komplett auf, und man spürt ein Gefühl der Einheit, der unendlichen Grenzenlosigkeit.«[83] Er fasst seine Forschungsergebnisse folgendermaßen zusammen: »Mystische Erfahrung ist biologisch real und naturwissenschaftlich wahrnehmbar.« Wir Menschen seien eben »von Natur aus Mystiker, Wesen mit einer angeborenen Gabe zur mühelosen Selbsttranszendenz«.[84]

Zwar reduziert er anhand seiner Ergebnisse die Religion auf Meditation und Gebet, auf die mystische Erfahrung. Doch dürfte Religion für die meisten mehr sein, ein Versprechen oder der Glaube, dass eine höhere Macht über das Schicksal entscheidet. Viele Kollegen Newbergs haben diese

Ansicht kritisiert, so beispielsweise der Hirnforscher und Philosoph Detlef Linke, der mit seinem Buch *Religion als Risiko. Geist, Glaube und Gehirn* unter die Neurotheologen gegangen ist. Sein Fazit: »Die Neurotheologie bringt Naturwissenschaft und Religion nach langer Feindschaft wieder zusammen. Und sie wird in Zukunft die biologischen Vorgänge des Glaubens sicher noch besser erforschen. Doch erklären kann sie die Religion nicht. Selbst wenn der Mensch das Tier sein sollte, das lieber glaubt, als dass es sich der Rationalität und Aufklärung bedient, ist sicher: Einen Gottesbeweis wird die Neurotheologie nicht liefern. Denn sollte Gott existieren, ist er überall, nicht nur im Gehirn.«[85] Immerhin: Der Neurologe Vilayanur Ramachandran von der University of California in San Diego identifizierte eine Region im Gehirn, die er als »Gottes-Modul« bezeichnet. Es steht seiner Meinung nach in enger Verbindung mit spirituellen Gedanken.[86]

Es ist gut möglich, dass Sie nach diesen Exkursen eine andere Vorstellung vom Begriff der Instabilität bekommen haben. Ja, Sonnenanomalien können Instabilitäten innerhalb biologischer Systeme hervorrufen, vor allem im menschlichen Gehirn, das besonders empfindlich auf EM- und Magnetfelder der Erde reagiert. Doch eine Instabilität ist ebenso sicher nichts, wovor man sich grundsätzlich fürchten müsste. Bedenken wir, dass etwas Altes erst in die Instabilität gebracht werden muss, bevor es sich zu etwas Neuem ausprägt.

Den Einfluss solarabhängiger Felder auf Psyche, Wahrnehmung und Bewusstsein hat sich übrigens ein medizinischer Forschungszweig zunutze gemacht, der mit austherapierten Patienten arbeitet. Dort behandelt man die »hoffnungslosen Fälle« mit naturidentischen EM-Feldern. Die Erfolge dieser Mega-Wave-Therapie sind immens: Immer wieder kommt es zu außergewöhnlichen Heilungserfolgen, weil die Patienten erstmals die Ursache ihrer Krankheit erkennen. Es ist also nicht ein grob mechanistisches Verfahren, sondern eng an einen ausgelösten Bewusstseinsprozess gekoppelt.

Wie bei den Motorradhelmversuchen wurden die Impulsgeber für die EM-Felder dicht am Kopf der Patienten appliziert, sodass die Frequenzen tief ins Gehirn eindringen konnten. Rückwirkend ließ sich feststellen, dass von außen induzierte EM-Felder zu psychosomatischen Auflösungen geführt hatten.

Setzt man dagegen klinisch unauffällige, also gesunde Menschen den gleichen Therapiefrequenzen aus, wird übereinstimmend von Bewusstseinserweiterungen gesprochen. Dabei wurden Formulierungen benutzt, dass die »Dinge der Welt« in einem größeren Zusammenhang gesehen werden konnten – sprunghaft, unerklärlich, glückhaft. Ist das Schwindel?, werden Sie vielleicht wissen wollen. Sind die durch EM-Felder hervorgerufenen Wahrnehmungen nicht reine Einbildung? Eine subjektiv empfundene Illusion? Handelt es sich bei diesen Wahrnehmungen womöglich um peinliche Pseudo- Erlebnisse?

Die Beantwortung dieser Frage steht und fällt mit der Objektivierbarkeit der von außen herbeigeführten Erfahrungen. Setzt man diesen Fragen aber die Therapieerfolge schwerstkranker Patienten gegenüber, könnte man sagen, dass der Zweck die Mittel heilige. Darüber hinaus sind Bewertungen schwierig. Man könnte allerdings die feldverstärkten Bewusstseinserweiterungen als gutes Training für jene mentalen Zustände bezeichnen, die uns 2012 ganz ohne Versuchsanordnungen erwarten.

Dieser Gedanke erinnert daran, dass wir in naher Zukunft mit kosmischen Einflüssen kommunizieren werden. Was bedeutet das auf der biologischen Ebene? Ich beschäftige mich nun schon lange mit den Wirkungen elektromagnetischer Felder auf biologische Systeme. Meine ersten Grundlagenforschungen, die ich 1980 durchgeführt habe, ließen mich bereits vermuten, was ich später auch beweisen konnte: Die Zellen unseres Körpers kommunizieren miteinander, und körpereigene elektromagnetische Felder steuern diese lebensnotwendigen Zellkonferenzen. Ich forschte damals an einfachen Zellsystemen und fand heraus, dass bestimmte EM-Felder, denen ich Zellen in der Petrischale aussetzte, offenbar einen regulierenden und steuernden Effekt hatten.

Ich konnte darüber hinaus nachweisen, dass stabile Zellsysteme, die beabsichtigt desynchronisiert wurden, durch entsprechende EM-Felder wieder in ihren stabilen Ausgangszustand überführt werden konnten.[87] Es gelang mir, diese Versuchsergebnisse mehrfach zu wiederholen und statistisch abzusichern. Erklärend möchte ich anmerken, dass derartige Effekte bis zu jenem Zeitpunkt nicht »Stand der Technik«[88] waren, also nicht zum allgemein vermittelten Lehrgut der Universitäten zählten. Weil ich dies alles so erstaunlich fand, meldete ich 1982 ein Deutschlandpatent[89] und 1983 ein Europapatent dafür an, welches mir 1986 erteilt wurde.

Die Erteilung meiner Patente bestätigte mir quasi *de jure*, dass es sich bei meiner Entdeckung um eine ernst zu nehmende wissenschaftliche Neuheit handelte.[90] Im Grunde genommen verdanke ich dieser Entdeckung meine ungewöhnliche Laufbahn als Visionär, Wissenschaftler und Spezialist auf dem Gebiet der Frequenzforschung. Sie verschaffte mir direkten Zugang zu jenen Universitäten, die auf diesem Gebiet zu den führenden zählten. Unter anderem war ich Projektleiter eines Forschungsprojektes des Bundesministeriums für Forschung und Technik. In dieser Position durfte ich ein interdisziplinäres Forschungsteam aufstellen.[91]

Unsere Forschungsergebnisse, die veröffentlicht und auf

119

Symposien und internationalen Kongressen vorgestellt wurden, prägten mein Verständnis für das Thema, das diesem Buch ein solides Fundament gibt. Zu den maßgeblichsten Ergebnissen zählten für mich jene, die wir mit klinisch unauffälligen, also gesunden Probanden gewannen. Wir fanden heraus, dass die EM-Felder, denen wir sie aussetzten, den Resonanzfrequenzen der menschlichen DNA sowie der Erdresonanz-Frequenz entsprachen. Faktisch handelte es sich um eine Grund- bzw. Trägerfrequenz von 150 MHz, was einer Wellenlänge von zwei Metern entspricht, auf der eine Frequenz von 8 Hz aufgeprägt wurde.

Seit 2002 wissen wir, dass unsere entspiralisierte DNA eine Gesamtlänge von zwei Metern hat. Die Effekte bei Menschen traten nur auf, wenn wir ebendiese DNA-Resonanzfrequenz von 150 MH eingesetzt hatten und auf dieser Trägerfrequenz weitere Frequenzen aufmodulierten, die wir auch in der Natur vorfanden. Empörend ist es jedoch, wenn andere, widernatürliche EM-Frequenzen an Menschen herangeführt werden. Wer ausgiebige Patentrecherchen durchführt, wird irgendwann sicherlich einige erteilte Patente finden, die zu völlig anderen Zwecken eingesetzt werden sollen. Hierbei handelt es sich um bestimmte EM-Frequenzen, die als Waffe fungieren können. Findige Rechercheure werden feststellen, dass gewisse Felder Menschen in Angst und Panik versetzen können.

Wer nun meint, einer Verschwörungstheorie aufgesessen zu sein, wird sich allein durch eine Veröffentlichung eines Besseren belehren lassen können, die erst vor kurzem durch die Medien ging: In der Londoner City waren Landstreicher durch bestimmte EM-Felder vertrieben worden. Sie bekämen Beklemmungen und Angstgefühle, wurde berichtet, sobald sie diesen Feldern ausgesetzt würden, sodass sie fluchtartig ihre alte Lagerstelle verließen.[92] Ich erwähne diese düstere Geschichte deshalb, um nicht den Eindruck zu erzeugen,

EM-Felder seien grundsätzlich förderlich und heilend. Allein Frequenz und Intensität entscheiden über die Wirkung.

Bei sämtlichen Probanden in meinem oben erwähnten Versuch wurden die Gehirnströme (EEG) gemessen, während sie mit geschlossenen Augen entspannt auf dem Rücken lagen. In Kopfnähe wurden, unter einem Kissen versteckt, Antennen postiert, von denen genau definierte EM-Felder ausgingen. Gehirnstromsensoren (EEGs) zeichneten während der gesamten Versuchsreihe sämtliche Gehirnströme der Versuchspersonen (Vps) auf. Sobald die Antennen EM-Felder aussendeten, leiteten die Kopfelektroden Signale an die Aufzeichnungsquelle weiter: Die Gehirne, das heißt, die Neuronen der Versuchspersonen sendeten unter dem Einfluss von EM-Feldern Signale aus, die ohne EM-Einfluss nicht zustande gekommen wären.

In unseren Versuchen zeigten die Probanden eine feldinduzierte Alpha-Wellen-Aktivität, die bis zu mehreren hundert Prozent über der normalen Aktivität lag – ein Ergebnis, das uns alle, Forscher wie Versuchspersonen, in Erstaunen versetzte. Alpha-Wellen kennzeichnen schließlich einen halbschlafähnlichen Zustand. Diese Frequenz dominiert beispielsweise dann, wenn wir beim Einschlafen in den Schafzustand überwechseln, und umgekehrt, wenn wir aus dem Schlaf in den Wachzustand gleiten.

Wie weiter oben erwähnt, ist bekannt, dass Heiler ihre heilenden Fähigkeiten erst im Alphazustand zum Einsatz bringen. Natürlich wird dieser Zustand bei ihnen ohne äußere Feldeinwirkungen hervorgerufen. Wahrhaftige Heiler sind eigenständig in der Lage, diese Felder hervorzurufen, bei ihnen reicht ihre Überzeugung und Willenskraft, zu heilen, aus.

Der Alphazustand, der als Schwelle zwischen Bewusstsein und Unterbewusstsein gedeutet wird, kann durch meine Erfindung therapeutisch genutzt werden.[93] Die Patienten werden mit EM-Feldern im Alphabereich (und der DNA-Resonanzfrequenz) beeinflusst und so in den Zustand einer erweiterten Selbst-Wahrnehmung versetzt. Hierdurch wird ein therapeutischer Effekt eingeleitet, der sich unter anderem daraus ergibt, dass der Patient die Ursache seiner Krankheit erkennt, die im Inneren als Trauma abgelegt ist.[94] Dieses Erkennen wird offenbar dadurch begünstigt, dass der Patient nicht nur kurzfristig in den Alphazustand geführt wird, sondern auch in diesem Zustand bleibt, solange der Einfluss der EM-Felder konstant ist.

In dem Moment, in dem Bewusstsein und Unterbewusstsein zusammenarbeiten, findet das statt, was gemeinhin als »Spontanheilung« oder »Wunderheilung« bezeichnet wird. Im Alphazustand, frei von Angst und kreisenden Gedanken, steht dem Menschen plötzlich seine gesamte Selbstheilungskraft zur Verfügung, wobei diese Heilungskräfte erst mobilisiert werden, wenn die tatsächliche Ursache der entsprechenden Krankheit erkannt wird.

Im finalen Stadium eines unheilbaren Leidens wurde einmal ein Patient dem Einfluss naturadäquater Magnetfelder ausgesetzt. Dabei erschienen vor seinem geistigen Auge einige extrem traumatische Bilder. Zunächst war der Patient zwar geneigt, sich der Konfrontation zu entziehen, doch nach einer weiteren Behandlung stellte er sich diesen Bildern und erkannte, wie seine eigene Geschichte seine Krankheit verursacht hatte. Diese Erkenntnis leitete den Heilungsprozess ein.

Natürlich lassen sich diese Forschungsergebnisse ebenso auf unsere derzeitige Situation übertragen. Betrachten wir die weltweiten Krisen als Symptome einer Krankheit, können wir durch eine tiefe Innenschau die tatsächlichen Ursachen hierfür erkennen. Dass diese Ursachen etwas mit unserer egoistischen Selbstbezogenheit zu tun haben, dürfte kaum verwundern. Sofern wir unsere Rettungsversuche auf die Symptome richten, wird kein lang anhaltender Heilungserfolg einsetzen. Eine wirkliche und nachhaltige Rettung unserer Erde kann nur erfolgen, wenn als Erstes die wahrhaftige Ursache ihrer Erkrankung erkannt wird. Eine solche Erkenntnis könnte durch induzierte EM-Felder gewonnen werden.

Würden beispielsweise alle Menschen ähnlichen Feldern ausgesetzt werden, wie sie in der oben beschriebenen Therapie erfolgten, könnte – so phantastisch es auch klingen mag – eine kollektive Erkenntnis der Menschheit einsetzen. Und was, wenn diese Felder bereits auf die Menschen einwirken würden? Sofern sie sich dieser Feldeinwirkung nicht bewusst wären, würden sie zunächst an ihrer geistigen Gesundheit zweifeln. Sie gehörten dann zu jenen psychisch auffälligen Patienten, die sich sogar freiwillig in die Psychiatrie einliefern lassen. Sie würden meinen, sie hätten den Verstand verloren.

Und sie hätten Angst. Angst jedoch blockiert alle Zugänge zu unseren höheren Wahrnehmungen. Wenn wir uns hingegen in den Zustand der inneren Ruhe und Gelassenheit begeben, also uns in den Alphazustand versetzen, werden wir die höheren Zusammenhänge erkennen und hieraus eine Befreiung erfahren.

Kosmisch induzierte Wahrnehmungsveränderungen werden anfänglich nicht für jeden erkennbar sein; man wird sie zunächst für »eigene« Phantasien halten. Aus eigener und beruflicher Erfahrung weiß ich jedoch, dass die persönliche Bereitschaft, sich den intuitiven Eingaben zu öffnen, eine Voraussetzung für den Erfolg ist. Dieses unter »Set und Setting« bekannte Wirkungsprinzip ist der Psychologie entnommen. Ohne Vorinformationen könnten wir zu denen gehören, die unter den negativen Erscheinungen der geomagnetischen »Anomalien« zu leiden haben.

Wissen ist in diesem Fall das Tor für positive Erfahrungen. Von zahlreichen Betroffenen ist bekannt, dass sie an Tagen besonderer geomagnetischer Auffälligkeiten große, außergewöhnliche Ideen hatten. Entsprechendes konnten Forschungsversuche der NASA-Wissenschaftler nachweisen. Der Physiker Michael Persinger entdeckte als Erster, dass Versuchspersonen, auf die bestimmte Magnetfelder einwirkten, plötzlich zu höchst spirituellen Erkenntnissen kamen. Diese Ergebnisse sind umso erstaunlicher, als dass selbst hartnäckige Atheisten von gottesähnlichen Erfahrungen berichteten, sobald die Magnetfelder auf sie einwirkten.[95]

In Anbetracht der Tatsache, dass elektromagnetische Felder dazu beitragen können, dass ein erkrankter Mensch die eigentliche Ursache seiner Krankheit erkennt, ist es nicht abwegig, sich vorzustellen, dass die aus dem Kosmos stammenden Felder ein gesamtes Volk in eine ähnliche Lage versetzen können. An dieser Stelle möchte ich darauf hinweisen, dass die physikalischen Voraussetzungen dafür existieren, dass wir in unsere inneren Welten geführt werden. Wir alle könnten erkennen, welche psychischen Altlasten auf uns lasten und wie wir sie auflösen könnten. Die Voraussetzungen für eine Bewusstseinserweiterung sind gegeben.

5

Der kosmische Erlebnisraum des Menschen

Unser Universum entstand vor etwa 13,7 Milliarden Jahren durch den sogenannten Urknall – so postulieren es jedenfalls die Astrophysiker. Interessanterweise ist man heute in der Lage, die kosmischen Entwicklungsprozesse bis zu ihrem Anfang zurückzuverfolgen. Die Anfangsbestimmung reicht jedoch nur bis wenige Bruchsekunden nach dem Entstehungsereignis zurück. Was vorher war, liegt im Dunkeln.

Einer Sache sind sich die Forscher sehr sicher: Als alles begann, befand sich unser Universum in einem Zustand, der durch keine bekannten physikalischen Gesetze definiert war. Eine Hypothese besagt, dass die Zeit »vor« der sogenannten Planck-Zeit (eine 10^{-43}stel Sekunde) ihre Eigenschaft als Kontinuum verlor, sodass Aussagen über einen gedachten Zeitraum zwischen einem Zeitpunkt null und einer 10^{-43}stel Sekunde später physikalisch bedeutungslos sind.

Beginnt also wirklich erst mit dem Urknall die kosmische Uhr zu ticken? Sicher ist, dass sich von diesem explosiven Augenblick an unser Universum mit sehr großer Geschwindigkeit ausgedehnt hat.

Haben Sie sich schon einmal ernsthaft die Frage gestellt, was diesen Urknall verursacht haben könnte? Zwar sagen uns die Physiker, dass es ein »Davor« nicht geben könne, doch diese Meinung basiert lediglich auf einem Mangel an entsprechenden Beschreibungsmodellen. Lassen Sie uns nun gemeinsam dieser Frage nachgehen; Sie werden sehen, dass uns gegenwärtig einige plausible naturwissenschaftliche Modelle zur Verfügung stehen, um uns einer Beantwortung der ungelösten Fragen zumindest zu nähern. Nach der Theorie Burkhard Heims und einigen seiner Kollegen, ist ein Urknall ein gesteuertes Ereignis der höheren Dimensionen. Seinen Berechnungen nach gab es nicht nur einen Urknall, sondern eine ganze Serie – das würde bedeuten, dass an einem bestimmten Zeitpunkt ein wahres kosmisches Feuerwerk einsetzte.

Den Berechnungen Heims zufolge wurde unser Universum darauf angelegt, Lebewesen hervorzubringen, die im Laufe ihrer evolutionären Entwicklung immer komplexere Geistes- und Wissensträger werden. Er hypostasierte eine Schöpferkraft auf einer höheren Seinsebene, die bereits vor der Prämaterie existiert habe – mit dem Telos, das Universums respektive viele Universen zu erschaffen.

Natürlich müssen wir uns hüten, unerklärlichen Phänomenen vorschnell einen Sinn zu verleihen, der uns schmeichelt. Waren wirklich sämtliche physikalischen Gesetze und Konstanten so präzise geplant und abgestimmt, um unsere Existenz zu ermöglichen? Eine minimale Schwankung, selbst geringste Abweichungen im Millionstelbereich in der gigantischen Explosion des Urknalls – und dieses Universum würde nicht existieren. Zumindest wäre Leben, wie wir es kennen, nicht denkbar.

Die Wahrscheinlichkeit, dass Heims Annahme zutreffend ist, ist in der Tat geringer als die Wahrscheinlichkeit, ein Jahr lang jeden Samstag im Lotto zu gewinnen. Auch verwundert nicht, dass sich Theologen und Philosophen mit der Frage nach dem »Sinn des Seins«, mit dem »Woher« und dem »Wohin« beschäftigen. Der Philosoph Jean Guitton beispielsweise stellte sich die Fragen: »Warum ist das Universum erschaffen worden? Was hat den Schöpfer veranlasst, das Universum hervorzubringen, so wie wir es kennen?«[96]

Die allgemeine naturwissenschaftliche Lehrmeinung liefert keine geeigneten physikalischen Grundlagen, um dieser Frage nachzugehen – vor der Planck'schen Zeit existierte nichts. Es herrschte zeitlose, unstrukturierte Totalität, die vollkommene Ungeteiltheit, die absolute Symmetrie – der zeitlose Webstuhl der Ewigkeit, wie Heim es einmal formuliert hat. Nur das Urprinzip war da, im Nichts: eine unendliche, grenzenlose Kraft, ohne Anfang und ohne Ende. Wären wir mit diesen Metaphern zufrieden, so könnten wir unsere Spekulationen an dieser Stelle beenden. Doch es liegt in der Natur menschlicher Wissbegier, dass wir uns nicht einfach mit dem Unerklärbaren abfinden. Oder stellt sich uns die Sinnfrage aus der puren Notwendigkeit, dass es unserer Meinung nach etwas Sinnhaftes geben muss? Der Nobelpreisträger Max Planck bemerkt hierzu: »Aus nichts lässt sich nichts erschließen.« Allein der Logik folgend, sollte es eine Ursache für das materielle Sein, für unseren Kosmos geben.

Aufgrund der neuesten Erkenntnisse aus Quantenphysik, Biologie und Astrophysik sind allerdings Mutmaßungen über sinngerichtete Vorgänge nicht länger der Mystik zuzuordnen. Vielmehr sind sie mittlerweile wissenschaftlich und intellektuell satisfaktionsfähig geworden. Das Ursächliche liegt freilich in höheren Dimensionen, auf Ebenen außerhalb jeder Zeitlichkeit. Mit diesen höheren Dimensionen sind wir untrennbar und unsichtbar verbunden. Sie existieren jenseits von Zeit und Raum, kennen kein Vorher, kein Nachher, weder Oben noch Unten. Unfassbar sind sie – und doch vorhanden. Ohne sie würden wir uns gar nicht jene Fragen stellen, deren Beantwortung uns an die Grenzen unseres Verstandes führen.

In diesem gedanklichen Kontext ist die Aussage des Biologen Grichka Bogdanov zu verstehen: »Es gibt so etwas wie ein kontinuierliches Grundgewebe, das das Unbelebte, das Präbiologische und das Lebendige miteinander verbindet, wobei die Materie ihrer Konstruktion nach dahin tendiert, sich zu strukturieren, um lebendige Materie zu werden.«[97] Prigogine, den die Allgegenwart dieser dem scheinbaren Chaos der Materie zugrundeliegenden Ordnung sehr verwirrte, sagte einmal: »Erstaunlich ist, dass jedes Molekül weiß, was die anderen Moleküle zur selben Zeit und über makroskopische Entfernungen hinweg tun werden. Unsere Experimente zeigen, wie die Moleküle miteinander kommunizieren. Jeder akzeptiert diese Eigenschaft bei lebendigen Systemen, aber dass auch nichtbelebte Systeme sie aufweisen, ist zumindest unerwartet.«[98]

Tatsächlich ist die alte Unterscheidung von organischer und anorganischer Chemie, von belebter und unbelebter Materie im strengen Sinn der Physik hinfällig geworden. Die Materie besitzt die Eigenschaft, sich selbst zu organisieren, von niederen zu immer höheren Strukturen. Die moderne Quantenphysik belegt überdies, dass in jedem kleinsten Elementarteilchen Bewusstseinskeime existieren. So sieht es auch Guitton: »In jedem Teilchen, jedem Atom, jedem Molekül, jeder Materiezelle lebt und wirkt, allen unbekannt, eine Allgegenwart.«[99]

Aus philosophischer Sicht hat diese Bemerkung weitreichende folgenschwere Konsequenzen. Sie behauptet nämlich, dass das Universum eine Achse habe, einen Sinn. Dieser tiefe Sinn läge dann in ihm selbst, in Form einer transzendenten Ursache. Wenn das Universum eine rekonstruierbare »Geschichte« hat, die wir bis zum Urknall zurückverfolgen können, dann liegt der Gedanke nahe, dass es in der Tiefe des Universums selbst eine Ursache für die Harmonie der Ursachen gibt; mit anderen Worten: eine übergeordnete Intelligenz. Damit wäre für Guitton die Annahme ausge-

128

schlossen, dass sich das Universum mit seinen Lebensformen durch reinen Zufall entwickelt habe.

Zu diesem Ergebnis gelangte auch der Mathematiker Roger Penrose. Er befasste sich mit dem Problem, wie genau der Schöpfer die Ursprungsbedingungen des Urknalls, also der Entstehung des Universums, festlegen musste, damit sich eine ähnliche Welt wie die unsere entwickeln konnte. Ein abgeschlossenes physikalisches System, das sich selbst überlassen bleibt, strebt höchstmögliche Entropie – also Chaos – an. Ganz so, wie ein Kinderzimmer, in dem gespielt wird, irgendwann aufgeräumt werden muss, wenn die Unordnung nicht überhandnehmen soll. Wenn auf der Straße eine Bombe explodiert, steigt die Entropie sprunghaft an. Die Grundvoraussetzung für Leben ist – gemäß dem zweiten thermodynamischen Hauptsatz – jedoch ein möglichst niedriger Grad an Entropie. Ein Lebewesen braucht eine Umgebung niedriger Entropie, die es mit den Sinnen aufnehmen, verstehen und bewerten kann, um zu überleben.

Nun verursacht beispielsweise ein Ereignis wie eine Explosion einen Zustand hoher Entropie. Im kosmischen Maßstab betrachtet, wäre bei dem Urknall ein Grad höchstmöglicher Entropie zu erwarten gewesen. Wir wissen heute, dass das Gegenteil eingetreten ist. Professor Penrose kommt bei seinen Berechnungen auf die Zahl von 1 zu 10^{123} – sie drückt die Wahrscheinlichkeit aus, dass aus einem Ereignis wie dem Urknall ein geordnetes Universum hervorgeht, mit einer Struktur, wie wir sie heute vorfinden. Professor Penrose kommentiert seine Wahrscheinlichkeitsrechnung, die ja im Grunde eher eine Unwahrscheinlichkeitsrechnung ist: »Das ist eine außergewöhnliche Zahl. Man könnte sie in der gewöhnlichen Dezimalnotation nicht einmal vollständig ausschreiben. Sie wäre eine 1, gefolgt von 10^{123} Ziffern! Selbst wenn wir auf jedes einzelne Proton und auf jedes einzelne Neutron im Universum eine ›0‹ setzen würden – wir könnten sogar noch obendrein sämtliche übrigen Teilchen dazu verwenden –, würden wir unser Ziel, die erforderliche Zahl auszuschreiben, weit verfehlen.«[100]

Studieren wir zusätzlich die Forschungsergebnisse von Heim und seinem Kollegen Dröscher, so ergibt sich unabhängig von der berechenbaren Unwahrscheinlichkeit, dass unser Kosmos aus Zufall entstanden ist, eine bestechende Logik des Gegenteils. Nein, unser Kosmos ist kein Produkt des Zufalls – zumindest unter der Voraussetzung, dass wir uns auf die materielle Seinsform beschränken. Die Evolution der Materie scheint perfekt dazu ausgelegt zu sein, um bei einem bestimmten Entwicklungsschritt der Materie dem Geist eine Hülle zu geben.

Existiert also eine »kosmische Absicht«, die das Szenario hervorrief?

An dieser Stelle möchte ich auf ein Prinzip hinweisen, welches sich für unsere Suche als hilfreich erweisen könnte. Es handelt sich hierbei um das sogenannte »anthropische Prinzip«. Dieses Prinzip (abgeleitet von griechisch *anthropos* = Mensch) besagt, dass das Universum, das wir beobachten, für die Entwicklung intelligenten Lebens geeignet sein muss, da wir andernfalls nicht hier wären und es auch nicht beobachten und physikalisch beschreiben könnten.

Das anthropische Prinzip – letztlich ist es ein anthropozentrisches Prinzip – weist ausdrücklich darauf hin, dass die gesamte Entwicklung auf den Menschen zuläuft. Das wiederum impliziert, dass mit dem Auftauchen des Homo sapiens der Zielpunkt erreicht wurde. Ich bezweifle, dass diese Hypothese den Vorwurf der Anthropozentrik einlöst. Man könnte ebenso gut von einem biotischen Prinzip sprechen, weil der Kosmos offenbar so beschaffen ist, dass sich Leben entwickeln kann. Eine andere Erklärungsvariante wäre das »cognizability principle« oder Erkennbarkeitsprinzip, weil es im Kosmos erkennende Wesen gibt.

Der Kosmologe Brandon Carter verfasste 1973 ein entsprechendes Modell. Das anthropische Prinzip verknüpft die Eigenschaften des beobachtbaren Universums mit der Notwendigkeit der Existenz eines bewussten Beobachters, der dieses Universum auch zu erkennen vermag. Anthropische Prinzipien erlauben es, analytische Instrumentarien für Eigenschaften des Universums anzubieten, die mit zufälligen Erscheinungen nicht hinreichend erklärbar sind. Vielmehr geht es ja um die Suche nach Ursachen für ein teleologisches, also zweckgerichtetes System.

Auch der Physiker John Archibald Wheeler argumentierte damit, dass es einen eingeplanten Beobachter des Universums geben müsse. Nach Wheeler wird beispielsweise eine Messung als Beobachtung eines bewussten Wesens interpretiert; die damit verbundene Reduktion der Wellenfunktion wird als »Realisation« der Welt in einem endgültigen Zustand aufgefasst. Der Beobachter wäre demnach ein wesentlicher Bestandteil der physikalischen Beschreibung der Welt – erst durch seine Beobachtung würde die Welt »Realität« annehmen.[101]

Das anthropische Prinzip ist später in drei Bereiche aufgeteilt worden. Man unterscheidet seither zwischen allgemeinem, schwachem und starkem anthropischen Prinzip (AP).

Das allgemeine anthropische Prinzip besagt: »Was wir zu beobachten erwarten können, muss eingeschränkt sein durch die Bedingungen, welche für unsere Gegenwart als Beobachter notwendig sind.« Für das schwache anthropische Prinzip gilt: »Wir müssen vorbereitet sein, die Tatsache in Betracht zu ziehen, dass unser Ort im Universum in dem Sinne notwendig privilegiert ist, dass er mit unserer Existenz als Beobachter vereinbar ist.« Das starke anthropische

Prinzip tritt dem gegenüber mit weit größerer Verve auf: »Das Universum (und deswegen die fundamentalen Parameter, von welchen es abhängt) muss derart beschaffen sein, dass es die Entstehung von Beobachtern in ihm in manchen Phasen erlaubt.«[102]

Das starke anthropische Prinzip sieht das Bewusstsein als Ziel des Universums. Ein Universum ohne bewusst denkende Beobachter wäre demzufolge nicht vorstellbar. Deshalb sollten das Universum und die Naturgesetze gezielt so gemacht sein, dass es die Entstehung von Beobachtern in ihm in manchen Phasen erlaubt. Gerade vor dem Hintergrund des starken anthropischen Prinzips drängt sich unweigerlich die Frage auf, ob der Homo sapiens wirklich die einzige intelligente Lebensform in den Tiefen des Kosmos ist, die im Zuge einer lang währenden Evolution herangereift ist.

Müsste es in den vielen Universen vor Leben wimmeln? Ist es nicht wahrscheinlich, dass auch anderswo alle notwendigen Randbedingungen herrschen, die auch auf der Erde zur Entstehung organischen Lebens geführt haben? Alle stellaren, planetaren und geologischen sowie biologischen Körper, die unser Dasein bedingen, müssten infolge des kosmologischen Prinzips überall dieselben sein. Sind nicht alle Universen dem großen Knall entsprungen und daher Kinder ein- und derselben »Ur-Eizelle«?

Das schwache anthropische Prinzip erklärt uns, unser Universum sei so beschaffen, dass denkende Wesen entstehen können. Das starke anthropische Prinzip dagegen behauptet, dass denkende Wesen hätten entstehen müssen. Eine erweiterte, »superstarke« Version geht gar einen Schritt weiter: Sie geht davon aus, dass keine anderen Eigenschaften als die unseres Universums zwingend zu denkenden Wesen führen.

Die letzte Version entspricht sehr wahrscheinlich der

Wirklichkeit, wenn man sie um den Satz ergänzt: Welten mit anderen Eigenschaften sind überhaupt nicht möglich. Um das näher zu begründen, sollte man zunächst einige Beispiele der »wunderbaren« Anpassung der Physik an das Leben und umgekehrt aufzählen.

– Das Elektron nimmt teil an der Bildung von Atomen, Molekülen usw. Wenn die Masse des Elektrons nur um 50 Prozent größer wäre, könnten keine Atome existieren. Die Zahl der Photonen ist im Universum 109-mal größer als die Zahl der Protonen. Wenn dieses Verhältnis zehnmal größer oder geringer wäre, könnten sich keine Galaxien und Sterne bilden.

– Die Gravitation ist etwa 1039-mal schwächer als die starke Kernkraft. Wäre sie »nur« 1038-mal schwächer, würden die Sterne sich viel schneller verändern, und die Zeit ihres relativ beständigen Strahlens wäre zu kurz für die Entwicklung des Lebens auf Planeten.

– Wenn die starke Kernkraft nur um fünf Prozent geringer wäre, könnte sie die Protonen im Atomkern nicht zusammenhalten, sodass also keine Atome existieren könnten.

– Katastrophale Folgen hätten auch kleine Veränderungen der Hubble'schen Konstante* (im Urknallmodell).

– Die Atmosphäre hat genau die richtige Zusammensetzung und Konzentration, damit auf der Erdoberfläche weder zu hohe noch zu niedrige Temperaturen herrschen.

Natürlich ließe sich die Reihe solcher Beispiele noch weiter fortsetzen, heute sind bereits über 26 bekannt. Warum ha-

---

* Die Hubble'sche Konstante, benannt nach dem amerikanischen Astronomen Edwin Powell Hubble, gründet auf der von ihm 1929 entdeckten Rotverschiebung von Spektrallinien bei fernen Galaxien, abhängig von ihrer Entfernung – was zu der Deutung führte, dass unser Universum expandiert.

ben die physikalischen Parameter der Welt fast keinen »Spielraum« und sind so »perfekt« auf unsere Existenz ausgerichtet? Kann das alles nur ein phantastischer Zufall sein? Um es mit den Worten Burkhard Heims zu sagen: »Das, was wir als Materie bezeichnen, unterliegt einem Wirkprozess, der von den geistigen Dimensionen gesteuert wird. Von der Entstehung bis zur Steuerung der materiellen Welt entspringt alles den geistigen Dimensionen.«

Wenden wir uns vom kosmischen Erlebnisraum nun seinem Bewohner, dem Menschen, zu. Bekanntlich setzt sich ein Organismus aus mehreren Organen zusammen. Diese bestehen aus verschiedenen Gewebearten, die von den Zellen gebildet werden. Der Mensch besitzt etwa 250 verschiedene Zellsysteme. Von diesen sind derzeit zehn bezüglich Struktur, Aufbau und Entwicklung erforscht. Ein Lebewesen beginnt mit einer befruchteten Eizelle. Nach den ersten Zellteilungen besteht es aus multipotenten Stammzellen, was bedeutet, dass aus jeder einzelnen dieser Zellen noch alle anderen Zellen des Organismus entstehen können. Diese multipotenten Stammzellen differenzieren sich schon in der Embryonalentwicklung zu spezifischen Stammzellen, aus denen dann nur noch ganz bestimmte Zellen hervorgehen können. Bei der Geburt besitzt der Mensch keine multipotenten Stammzellen mehr.

Die Stammzellen können sich am Beginn ihrer Existenz teilen, weshalb sie in dieser Phase »mitotische« Zellen genannt werden (die Teilung von Körperzellen nennt man »Mitose«). Nach einer bestimmten Anzahl von Teilungen verlieren sie diese Fähigkeit, sie sind jetzt in der »postmitotischen« Phase.

Der Biochemiker Bayreuther beschäftigt sich hauptsächlich mit Fibroblasten, weil sie die wichtigsten Zellen des Körpers sind.[103] Der menschliche Organismus besteht etwa zu einem Drittel aus Fibroblasten. Diese sind für die Bildung von etwa 180 verschiedenen Zellsystemen zuständig. Im Laufe des Lebens verändert sich die Zusammensetzung des Körpers bezüglich des Anteils von mitotischen und postmitotischen Zellen.

Interessant ist nun, dass die Zellen sowohl in ihrer mitotischen als auch in ihrer postmitotischen Phase verschiedene Differenzierungsstadien durchlaufen. Erst am Ende dieser Phasen und nicht etwa schon nach Verlust der Teilungsfähigkeit sind sie zu »terminal-differenzierten Endzellen« geworden, die absterben.

Im Fall der Fibroblasten durchlaufen die Zellen sechs verschiedene Stadien, drei in der mitotischen und drei in der postmitotischen Phase. In einem Organismus befinden sich aber nicht etwa alle Zellen im selben Stadium. Vielmehr ist der Organismus ein Gemisch aus Zellen, die sich in verschiedenen Differenzierungsstadien befinden, wobei sich das Verhältnis im Lauf des Lebens immer mehr zu den späteren Stadien hin verschiebt. Befinden sich die Fibroblasten eines Neugeborenen überwiegend in der Phase 1, wenige in der Phase 2 und keine in den Phasen 3 bis 6, so besitzt dagegen ein sehr alter Mensch keine mehr in den Phasen 1 und 2, wenige in der Phase 3 und die meisten in den Phasen 4 bis 6.

Gesteuert werden die Übergänge zwischen den Phasen durch Proteine, die nach noch nicht analysierten genetischen Zählmechanismen zu ganz bestimmten Zeitpunkten von den Zellen produziert werden. In der mitotischen Phase gibt es einen molekularen Zellteilungszähler. Bei der Ratte teilt sich ein neuer Fibroblast der Phase 1 im Durchschnitt 18-mal, bevor er zu einer Zelle der Phase 2 differenziert wird. Nach weiteren zehn Teilungen gelangt er in die Phase 3, um dann nach nochmals acht Teilungen in die Phase 4, der ersten postmitotischen Phase, seine Teilungsfähigkeit zu verlieren. Menschliche Lungenfibroblasten teilen sich 50-mal.

In der postmitotischen Phase gibt es ebenfalls genetische Zähler, die zu bestimmten Zeitpunkten die Synthese von Proteinen veranlassen – diese befördern gewissermaßen die Zellen von einem Stadium in das nächste. Professor Bayreuther vermutet, dass hier Zyklen des Stoffwechsels oder des »endogenen Rhythmus« wirksam werden, also die Anpassung des Organismus an die wechselnden Verhältnisse eines Tages.

Bei der Teilung der Fibroblasten wurde beobachtet, dass sie sich zuerst in zwei Zellen desselben Stadiums teilen. Später teilen sie sich in eine Zelle desselben und eine des nächsten Stadiums und schließlich in zwei Zellen des nächsten Stadiums. Durch bestimmte chemische Substanzen, UV-Licht, Röntgenstrahlen und elektromagnetische Felder konnte die Zeitspanne zwischen den Stadien erheblich verkürzt werden. Es konnten sogar mitotische Zellen der frühen Phasen direkt zu postmitotischen umgeschaltet werden. Verlangsamen ließ sich der Prozess durch Substanzen, die freie Radikale unschädlich machen.

Sind die Fibroblasten am Ende ihrer sechsten Phase angelangt, kommt es zu verschiedenen nahezu suizidalen Auffälligkeiten. Ein Teil der Zellen zerfällt spontan. Andere produzieren allergenartige Substanzen, sodass sie vom Immunsystem angegriffen und abgebaut werden. Der größte Teil durchläuft den Vorgang der »Apoptosis«: In den Zellen wird – verursacht durch ein Protein, das »pünktlich« produziert wird – die DNA umgebaut und in kleinere Einheiten zerlegt. Dies ist für Bayreuther der eigentliche Alterungsvorgang, im Gegensatz zu den vorangegangenen Phasen der Differenzierung. Die DNA wird in immer kleinere Abschnitte zerlegt, bis schließlich die Proteinsynthese gestört ist und der Stoffwechsel zusammenbricht.

Erythroblasten, die Bildungszellen für Blutzellen, altern in einer normalen Lebensspanne nicht. Sie behalten sogar ihre Fähigkeit, verschiedenartige Blutzellen zu bilden, bis zum Lebensende bei. Bei Transplantationsversuchen mit Mäusen hat man allerdings festgestellt, dass sie nach vier Lebensspannen diese Fähigkeit schließlich verlieren. Fibroblasten haben die Fähigkeit, verschiedene Zellen zu bilden, bei der Geburt verloren. Im Lauf des Lebens verlieren sie ihre Teilungsfähigkeit, um als postmitotische Zellen ihrem Zelltod entgegenzusehen. Neuroblasten, die Bildungszellen für Nervenzellen, können sich bereits bei der Geburt nicht mehr teilen. Ihr gesamtes Leben verbringen diese Zellen im postmitotischen Stadium: Sie sterben fortwährend ab.

Dieser kursorische Überblick mag genügen, um eine Vorstellung von den komplexen Vorgängen in unseren Zellen zu geben, die das Altern und das Sterben steuern. Der Schlüssel zum Verständnis der Todesursachen scheint in der zeitlichen Abfolge des genetischen Differenzierungsprogramms zu liegen. Vom Zeitpunkt unserer Zeugung an rollt dieses Programm ab. Erst durch den Aufbau der verschiedenen Zellsysteme, dann durch deren Veränderung im Laufe des Lebens und schließlich durch ihre ebenfalls programmierte Zerstörung. Dem Wesen des hierfür zugrunde liegenden Mechanismus ist man bereits auf der Spur. Anschließend muss man ihn im menschlichen Genom lokalisieren, um schließlich eine Methode zu entwickeln, um die Zellen lebender Menschen so zu verändern, dass deren Lebensspanne erhöht wird. Professor Bayreuther konnte mit seinen Forschungsergebnissen verdeutlichen, dass noch umfangreichste Forschungsarbeiten vor der Beseitigung des natürlichen Todes liegen.

Er hat aber auch aufgezeigt, dass der Weg über Molekularbiologie und Gentechnologie ein gangbarer Weg ist. Unser physischer Tod mag genetisch auf der Hardwareebene angelegt sein, jedoch entscheiden in erster Linie die geistig gesteuerten Programmebenen darüber. Wenn eine geistige Dimension für die Erschaffung des Lebens verantwortlich war, muss man sie theoretisch auch aktivieren können, um das Leben der Zellen zu verlängern. Gelänge dies, so könnte man die Körperlichkeit und Verweilzeit der individuellen Existenz selber bestimmen.

Auch hier wirken Felder auf die Entwicklung des Menschen und die seiner Zellen. In weiteren Versuchen entdeckte man, dass Schwankungen des schwachen Erdmagnetfeldes genetische Mutationen in den Zellen hervorrufen können, wenn sie sich gerade im Stadium der Zellteilung befinden. Im Jahre 1984 führte A. R. Liebhoff vom Naval Medical Research Institute in Bethesda, Maryland, Experimente an menschlichen Zellen durch, an Fibroblasten.[104] Liebhoffs Versuche ergaben, dass Änderungen des umgebenden Magnetfeldes die DNA-Synthese in den Zellen beeinflussen. In den Zellen können sich also Mutationen vollziehen, wenn sie einem variierenden Magnetfeld – einem Wechselfeld – ausgesetzt werden. Und das selbst dann, wenn dieses schwächer als das natürliche Erdmagnetfeld ist.

Selbstverständlich stellt sich jetzt die Frage, warum es diese Wechselfelder gibt und vor allem, welche Bedeutung sie für uns haben. Sind sie notwendig oder nur ein Beiwerk, möglicherweise ein »Abfallprodukt« wie die Wärme, die beim Stoffwechsel auftritt? Die Tatsache, dass man diese Felder in allen untersuchten Zellarten, von Bakterien bis zu Säugetierzellen, gefunden hat, dass sie sich also einige Milliarden Jahre durch die Evolution erhalten haben, spricht für eine Notwendigkeit. Da die Schwingung der Felder während der Zellteilungsphase besonders stark auftritt, ist zu vermuten, dass eine Vermehrung von Zellen nur dann stattfinden kann, wenn ein umgebendes Wechselfeld aufgebaut wird.

All diese Forschungsergebnisse entsprechen dem kosmologischen Modell, das von Physikern wie Burkhard Heim und Walter Dröscher oder J. E. Charon entwickelt wurde.

Wie wir im folgenden Kapitel sehen werden, vereinigt dieses zwölfdimensionale Weltmodell sämtliche Aspekte des Seins – Geist und Materie und auch die vier Dimensionen unserer Raum-Zeit.

Zu den ungeklärten Phänomenen in der Genetik zählt das Auf- und Abwickeln der DNA. Diese Spiralisierungs-vorgänge werden Transkriptionsphase genannt. Hier vollzieht sich die komplette Umschreibung des genetischen Programms. In bisher ungeklärter Weise vollzieht die DNA diesen »Wunderakt« in kürzesten Zeiteinheiten, ohne dabei einen Fehler zu machen. Ihre spezielle »Örtlichkeit«, die sogenannte »Raum-Zeit-Blase«, könnte eine Erklärungsmöglichkeit hierfür sein.

Wie es scheint, ist die DNA zum Teil bereits in den Bereich der höheren Dimensionen eingebettet. Ähnlich einem Elektron, das nur einen Teil seines Seins in unserer Raum-Zeit aufscheinen lässt – wobei seine andere Hälfte im Hyperraum verweilt.

Erinnern wir uns: Seit 2001 wurde öffentlich[105], dass die eigentliche Gen-Information nicht in der DNA enthalten ist. Aus der Perspektive der reellen Photonen bzw. unserer »realen« Beobachtungswelt laufen Prozesse außerhalb unserer dreidimensionalen Raumzeit absolut anders ab. Speziell die zeitlichen Prozesse verlaufen in eine gespiegelte Richtung, also in rückwärtiger Weise. Dieser gespiegelte Ablaufprozess vollzieht sich jedoch außerhalb unserer vertrauten Raum-Zeit. Im Grunde genommen ereignet sich dieser Vorgang in der fünften und sechsten Dimension Heims (wo gegenüber chaotischen geordnete Prozesse ablaufen). Genau das mag der eigentliche Grund dafür sein, dass sich diese Ereignisse unseren Messungen entzogen haben. Mit anderen Worten: Gelten innerhalb unserer dreidimensionalen Realität die entropischen, also chaotischen Gesetze, so sind es in den Raum-Zeit-Blasen negentropische, also geordnete Gesetze.

Biologische Systeme treten über ein sehr breites Spektralband in Resonanz mit der Umwelt. Ultraschwache elektromagnetische Felder regeln nicht nur den Stoffwechsel und Informationsfluss zwischen den Zellen, sondern steuern auch die Transkription der DNA während der Eiweißsynthese.[106] Bereits Professor Gurvic vermutete, dass die Quelle der von ihm 1923 entdeckten mitogenetischen Strahlung* aus dem Zellinnern ein »morphogenetisches Feld« sei.[107] Es handelt sich dabei um eine globale stehende Dichtewelle der Materie – des Äthers bzw. des sogenannten physikalischen Vakuums; Kristalle, Quarz beispielsweise, bilden stehende Wellen. Indem die DNA eine globale stehende Dichtewelle erzeugt, ist sie quasi über den Hyperraum mit dem gesamten Universum verbunden.

Wie der Physiker Dr. H. Müller berechnen konnte,[108] steht diese stehende Welle im logarithmischen Raum der Maßstäbe und sorgt dafür, dass solche physikalischen Kräfte wie Gravitation, Elektrizität, Magnetismus, Kernfusion und Kernzerfall überhaupt erst entstehen können. Die globale stehende Dichtewelle verdrängt mit ihren Schwingungsbäuchen Materie und erzeugt einen Materiefluss in Richtung Knotenpunkte, den wir zum Beispiel als Erdanziehung (gravitative Erscheinung) wahrnehmen. Das globale morphogenetische Feld bestimmt die Eigenschaften der gravitativen Wechselwirkung sowie die Eigenschaften elektromagnetischer Felder. Da sich die »Örtlichkeit« der »morphogenetischen Datenbank« außerhalb unserer dreidimensionalen Raumzeit befindet, besteht demzufolge eine Verbindung zwischen der DNA und einer Ebene des Hyperraums.

---

* Während der Zellteilungsphase, der Mitose, sendet die Zelle besondere Strahlen aus, die als mitogenetische Strahlen (oder Felder) bezeichnet werden.

Die Gebrauchs- bzw. Nutzfunktionen der DNA werden offenbar erst, hierarchisch betrachtet, in zweiter (Wirk-) Folge durch elektromagnetische Felder durchgeführt, entsprechend den Prioritätsdaten aus der morphogenetischen Datenbank. Wie es aussieht, scheint das bevorzugte Medium zu den Ebenen des Hyperraums die Gravitation zu sein.

Im Jahre 2001 publizierte die dpa einen Artikel mit der spektakulären Überschrift »Forscher schalten Erbsubstanz per Radiowellen ein und aus«. In diesem Artikel hieß es weiter: »Forscher um Joseph Jacobson vom Massachusetts Institute of Technology (MIT) ist es gelungen, einzelne DNA-Moleküle mittels Radiowellen aus- und wieder einzuschalten.«[109]

Dieser Bericht steht in Zusammenhang mit einer Veröffentlichung des Fachmagazins Nature, die bereits 1990 erschien.[110] Hierin wird beschrieben, dass EM-Felder im Radiowellenbereich die Gen-Transkription und die -Expression beeinflussen. Die Gen-Transkription stellt den Vorgang der Vervielfältigung einer Zelle dar und die Gen-Expression die Ausprägung der genetischen Information.

Wenn wir uns mit diesem Exkurs zwischenzeitlich auch in einem Fachbereich bewegen, der möglicherweise einen themenabweichenden Eindruck hinterlassen mag, so sei daran erinnert, dass wir es mit den Grundbausteinen des Lebens zu tun haben. Sollten diese Grundbausteine durch äußere EM-Felder zu beeinflussen sein, finden wir hierdurch eine Basis für die Annahme, dass – hervorgerufen durch die veränderte Sonnenaktivität – ein neuer Evolutionssprung unmittelbar bevorstehen könnte.

Zu den direkten Einflussparametern zählen zweifellos die »Felder des Lebens«, also die magnetischen, elektrischen, die elektromagnetischen und die gravitativen Felder.

Beweise für diese Hypothese liegen in erstaunlicher Vielfalt und Komplexität vor. Neu hierbei ist jedoch, dass wir diese Forschungsergebnisse in einen besonderen Kontext stellen. Gerade weil es sich hierbei um eine Hypothese handelt, die auf den ersten Blick den Eindruck einer Unglaubwürdigkeit erwecken muss, sollten wir uns etwas kritischer mit den hierzu beweisführenden Grundlagenforschungsergebnissen befassen. Unsere stabilste Basis sind die naturgegebenen Felder. Hier liegen uns gesicherte Messergebnisse vor, die Aufschluss über Art, Frequenz, Intensität und Herkunft dieser Felder geben.

Stellen wir diese Felder unseren biologischen Systemen gegenüber, dann sollten wir darauf achten, ob und wenn ja, in welcher Art diese Felder auf unsere Körper wirken. Den ersten Teil dieser Frage können wir ganz offensichtlich mit Ja beantworten. Hierfür liegt uns eine nahezu erdrückende Anzahl von Forschungsergebnissen vor. Der zweite Teil unserer Frage dürfte zumindest im Teilbereich ebenfalls bekannt und damit teilbeantwortet sein.

Der Wissenschaftsdienst »Informnauka« berichtete am 30. September 2002: »Veränderungen im menschlichen Erbgut könnten mit Schwankungen des Erdmagnetfeldes zusammenhängen.«

Die Naturwissenschaftler um Victor Oraevskii von der Russischen Akademie der Wissenschaften analysierten Daten über Abweichungen in menschlichen Chromosomen, die während der vergangenen dreißig Jahre in Russland und der früheren Sowjetunion gesammelt worden waren. Bei ihren Untersuchungen wurde zwischen Menschen unterschieden, die in gesunder Umgebung lebten und arbeiteten, und Leuten, die durch ihren Beruf oder ihre Wohngegend Kontakt mit giftigen Substanzen hatten. Erwartungsgemäß fanden die Wissenschaftler bei der letzteren Gruppe mehr spontane Veränderungen im Erbgut.

Erstaunlicherweise zeigte sich bei der genaueren Auswer-

tung der Daten ein weiterer Zusammenhang: Diese sogenannten Mutationen der Chromosomen stiegen alle vierein-
halb Jahre deutlich an. Da dieser Effekt nun in beiden
Gruppen nachzuweisen war, vermuteten die Wissenschaftler
dahinter eine umfassendere Ursache. Sie gingen davon aus,
dass das Erdmagnetfeld für diese Effekte verantwortlich sei.
Tatsächlich stieg zu Zeiten, in denen sich das Magnetfeld
stark veränderte, auch die Häufigkeit der Mutationen deutlich an.

Somit konnten wir einige Forschungsergebnisse zusam-
mentragen, die sich im Schwerpunkt mit den Wechselwirkungen von EM-Feld und DNA befassten – rein biologisch
und medizinisch interpretiert, sicherlich je im Einzelnen eine wissenschaftliche Sensation. Wir sollten jedoch unseren
Fokus nicht verlieren, sollten versuchen, die hier vorgeleg-
ten Ergebnisse in unseren gemeinsamen Kontext zu stellen.
Uns geht es zunächst allein darum, die bekannten Einflussgrößen – also die Felder – auf unser spezielles Thema zu
hinterfragen.

Durch die Wechselwirkung mit dem Vakuum erhalten
biologische Zellen und andere Hohlräume in unserem Körper eine ganz neue Bedeutung, und zwar bezüglich ihrer
Funktion als Antennen zum Hyperraum. Die große Bedeutung der DNA besteht ja gerade darin, dass sie ein idealer
Hohlraumresonator[111] ist. Kontraktion und Expansion der
DNA, ihr Pulsieren also, ist auf ein Zusammenwirken der
Casimir-Kraft* zurückzuführen, was ebenfalls bedeutet,
dass die DNA mit dem Vakuum in Verbindung steht. Der
Casimir-Effekt wurde 1956 von dem Physiker Boris W. Der-
jaguin und 1958 von seinem Kollegen Jewgeni M. Lifschitz

---

* Der Casimir-Effekt besagt (nach dem Quantenphysiker Hendrik Casi-
mir), dass es möglich ist, aus dem Vakuum (dem Äther, dem eigentlichen
Nichts) eine Kraft auszukoppeln.

nachgewiesen. Somit konnte erstmals der Nachweis erbracht werden, dass das sogenannte »Nichts« (Nullpunktenergie des Vakuums) angezapft werden kann.

Die Wechselwirkung mit diesem Vakuum kann wahrhaftig als mögliche Triebkraft der Evolution betrachtet werden. Der Biophysiker Fritz-Albert Popp wagt sogar die Prophezeiung, die DNA werde sich »als Schnittstelle zwischen Nichts und Etwas, zwischen Vakuum und Biologie herausstellen«.

Wie es aussieht, spielen bei dieser Ankopplung an das Vakuum – also auch an den Hyperraum – die Erdresonanzfrequenzen eine bedeutende Rolle. Wie oben erwähnt, postulierte der Physiker O. Schumann, dass die Ionosphäre, ein Teil der Erdatmosphäre, einen Hohlraumresonator bilde, in dem sich stehende elektromagnetische Wellen[112] mit bestimmten Resonanzfrequenzen[113] bilden. Das feldstärkste Signal dieser Erdresonanzfrequenz beträgt 7,8 Hz.

Die gesamte Erde wird seit dem russischen Forscher Wladimir Wernadski[114] zunehmend als ein sehr komplexes, sich selbst regulierendes, offenes System mit vielen einander rückkoppelnd beeinflussenden Untersystemen gesehen.

Schon 1923 konnte der Biologe Alexander Gurvic in revolutionären Laborversuchen nachweisen, dass vom Zellinneren – den Genen – eine Strahlung ausgeht, die er »mitogenetische Strahlung« nannte. Bei der mitogenetischen Strahlung, die aus dem Zellinneren stammen soll, handelt es sich wie dargelegt um eine globale stehende Dichtewelle der Materie. Auch die Kristalle einer DNA bilden stehende Wellen und sind damit naturgemäß an die höheren Dimensionen (den Hyperraum) angeschlossen.

Diese von der DNA stammenden Soliton-Wellen* und

---

* Solitonen sind nichtlineare Welleformen, die im Unterschied zu gewöhnlichen Wellen ihre Form und Größe beibehalten, statt auseinanderzufließen und sich aufzulösen.

144

deren Gesetzmäßigkeiten sind erst durch besonders leistungsfähige Computer berechenbar geworden. Forschungsergebnisse zeigen deutlich, dass die Soliton-Wellen zeitlich außerordentlich stabil sind und auf diese Weise über lange Zeit Informationen speichern können. Vladimir Poponin, ein russischer Forscher, veröffentlichte diese Ergebnisse unter der Überschrift »The DNA Phantom Effect«.

Die DNA stellt eine Antenne, also einen klassischen Resonator dar,[115] der in das Vakuum gerichtet ist und quasi aus bzw. mit dem »Nichts« Informationen austauscht sowie Energie und Elementarteilchen für kalte Kernsynthesen erschafft. Darüber hinaus ist die DNA eine Quelle von Axionen. Diese Axionen sind hypothetische Elementarteilchen, mit deren Hilfe die DNA bei normalen Raumtemperaturen neue Atome zusammensetzt.[116]

Uns liegt inzwischen ein ausgereiftes Modell vor, nach welchem uns die DNA als Kommunikationsmedium ausgewiesen wird: Sie sendet und empfängt Informationen und speichert sie in einer Datenbank ab, die außerhalb unserer Raum-Zeit-Dimensionen liegt. Sämtliche geistigen Informationen, wie unsere Erfahrungen, Gedanken usw., gehen in Verarbeitungs- und Speicherbereiche ein, die mit unserem materiellen Bauplan (Genom/DNA) gekoppelt sind. Auch diese Vorgänge finden außerhalb unserer Raum-Zeit-Dimensionen statt.

Das Erdmagnetfeld fungiert bei dem Informationsaustausch DNA–Datenbank als Medium. Ein fehlendes oder schwankendes Erdmagnetfeld beeinflusst die Kommunikation zwischen DNA und Datenbank. Versteht man dieses, ist es leichter nachzuvollziehen, weshalb Erdmagnetfeldanomalien sich so drastisch auf biologische Systeme auswirken.

Die biologische Zelle stellt also mit ihrer im Kern enthaltenen DNA eine ideale Antenne zum Senden und Empfangen für Informationen dar. Das Herausragende hierbei ist die Eigenschaft der primären Kommunikation, die durch Bio-Photonen und Bio-Gravitationen erfolgt.[117] Der Bio-Physiker Professor Fritz Popp konnte diese Bio-Photonen messen und nachweisen, dass eine Zellkommunikation über sie erfolgt. Diese Photonen zeichnen sich durch ihre hoch geordneten (kohärenten) Eigenschaften aus.

Hiermit ist das System in der Lage, untereinander (intra- und interzellulär) sowie mit der »Quelldatenbank« zu kommunizieren. Diese »Quelldatenbank« entspricht den imaginären Strukturebenen, die den uns bekannten drei Raumdimensionen übergeordnet sind, also dem, was wir zusammengefasst den Hyperraum nennen.

Die Astrogenetik, ein Bereich der Wissenschaft, der Astrophysik und Genetik vereint, untersucht schwerpunktmäßig die Auswirkungen zwischen astronomischen Kräften auf biologische Rhythmen und auf genetische Faktoren. Aktuelle Forschungen zeigen deutlich, dass die Wellen-Resonanz der DNA in das natürliche elektromagnetische, gravitative und akustische Umfeld der Erde eingebunden ist.[118]

Weitreichende Ergebnisse aus der Forschung und aus Versuchen weisen zudem darauf hin, dass genetische Prozesse nicht nur über physikalische Hintergrundfelder gesteuert werden, sondern dass die DNA selbst elektromagnetische und akustische Wellen erzeugt.

Je genauer in der Biologie und Genetik das DNA-RNA-Eiweiß verstanden wurde, desto weiter haben wir uns vom Verständnis der tatsächlichen Wirkung des Genoms beim Aufbau des Biosystems entfernt. In dem Moment jedoch, wo die neuesten Erkenntnisse der Quantenphysik in diesen Forschungsbereich einfließen, lüftet sich der Schleier des Lebensmoleküls. Eigenschaften aus der Quantenphysik, die bisher paradox erschienen, finden hier eine Entsprechung. »Hier und dort gleichzeitig«, »Welle und Teilchen in einem«, »das Elektron in Resonanz mit dem ganzen Weltall«,

»das Vakuum, das Nichts, das jedoch alles erschafft« treffen in ganz besonderem Maße auf die DNA zu.

Zusammengefasst sei gesagt, dass die DNA in ihrer Funktion als Antenne nicht nur im irdischen Sende- und Empfangsbereich steht, sondern ebenfalls mit dem gesamten Universum in ständiger Verbindung steht. Das ganz Besondere scheint jedoch zu sein, dass der Zellkern – die DNA – zusätzlich eine Art Standleitung zu den geistigen Welten der steuernden Dimensionen hat. Von hier aus ist sie in der besonderen Lage, Informationen von der Quelle des Seins zu erhalten. Demzufolge ist die DNA relativ unanhängig von den terrestrischen oder kosmischen Feldern. Sie hat quasi eine Verbindung »nach ganz oben«. Je nach Anforderung und kosmischem Auftrag wird sie sogar ihre Körperlichkeit (Morphologie) verändern können. Ihre momentane geometrische Form als Zweistrang-DNA könnte für den Menschen der Zukunft nicht mehr ausreichend sein. Da wir jedoch wissen, dass in unserem Zellkern 98 Prozent inaktive DNA schlummert, könnte dieses große Abenteuer bereits von langer Hand vorbereitet worden sein. Sicherlich hat sich die kosmische Absicht bei dieser Vorbereitung etwas gedacht.

6

Der zeitlose Webstuhl der Zeit

Stellen Sie sich vor, Sie betrachten ein großes Aquarium, das mit Fischen gefüllt ist. Nun stellen Sie sich vor, dass Sie einer dieser Fische sind. Wenn Sie tief in diese Imagination eintauchen, wird Ihnen rasch bewusst, dass Sie als Fisch nicht wahrnehmen geschweige denn begreifen können, dass neben der Aquariumwelt noch eine andere Welt existiert. Außerdem erkennen Sie, dass dieser Fisch keine Idee darüber entwickeln kann, dass er mit Ihnen außerhalb des Aquariums verbunden ist – gar ein größerer Teil von Ihnen ist.

Da der Fisch in seine Aquariumwelt hineingeboren wurde, hält er seine Welt für die einzig existierende. Ebenso ist er davon überzeugt, dass sich seine Existenz in der Materialität seines Körpers erschöpft. Wie sollte er sich auch vorstellen können, dass er in Wirklichkeit ein aktiver Teil eines größeren Wesens ist? Seine Mitbewohner, seine Lehrer- und Elternfische, haben ihm immer wieder glaubhaft vermittelt, dass es außer seiner Welt keine andere geben könne. Auch seien nach seinem Ableben all seine Erfahrungen und Erinnerungen, die er zu Lebzeiten gewonnen habe, für immer verschwunden. Ein Leben nach dem Tode gebe es nicht.

Zwar erfuhr Ihr Fisch von einigen intuitiven Freunden, dass ein »großer Schöpfer« existieren solle, der alles sehe und »nicht von dieser Welt« sei, doch er konnte sich bislang keine rechte Vorstellung von diesem besonderen Schöpfer

(-Gott) machen. So arrangierte sich Ihr Fisch mit seiner Welt, mit seinem Kosmos. Er lebte »einfach so dahin«.

Wüsste er, dass er ein kleiner Teil von einem großen Ganzen ist, könnte er sehen, dass er in seiner Wasserwelt lediglich Erfahrungen sammelt, die sein erweiterter Teil ständig beobachtet und für ewig abspeichert. Alles, was er in seiner Wasserwelt erfährt, bleibt für immer erhalten. Zwar würde sich nach seinem Ableben sein Körper in seine Urbestandteile auflösen, doch wären all seine Erfahrungen für immer gespeichert. Möglicherweise wäre dieses »kein Leben nach dem Tod«, an das er sowieso nicht wirklich glauben könnte, doch würde diese Art des Fortbestehens ihn durchaus beglücken. Sein Leben wäre nicht vergeblich und sinnlos gewesen.

Verharren wir noch eine Weile in diesem Bild. Stellen Sie sich weiter vor: Der Zweck der Aquariumwelt lag für Sie darin, zu erfahren, was ein kleiner Teil von Ihnen anstellt, wenn er vergisst, dass er ein Teil von Ihnen ist. Ohne dieses Vergessen hätte Ihr Fisch sicherlich nicht die Erfahrungen gemacht, die er sammeln würde, wenn er von Anfang an von seiner Ganzheitlichkeit gewusst hätte. Sie haben die Aquariumwelt einzig aus diesem Grund erschaffen!

Diese wunderbare Schöpfung bereitete Ihnen für lange Zeit wahrhaftige Freude. Mit zunehmender Besorgnis beobachten Sie nun aber, dass sich Ihr Fisch in seiner Welt verstrickt hat. Seine Welt scheint – durch reine Unbewusstheit verursacht – vor dem Aussterben zu stehen. Immer hektischer und asozialer agieren die Fische – Ihr Fisch ist hiervon nicht ausgenommen.

Bisher haben Sie es vermieden, in das Geschehen der Aquariumwelt einzugreifen – Sie haben Ihren Fisch mit einem bedingungslosen freien Willen ausgestattet, so wie auch alle anderen Fische mit diesem wahrhaft göttlichen Geschenk ausgestattet wurden. Sie wünschten sich, Ihr

Fisch möge irgendwann durch seine »eigenen« Erfahrungen zu der Erkenntnis gelangen, dass er ein unsterblicher Teil von Ihnen ist. Dann hätten Sie Ihren Fisch quasi aus dem Wasser gehoben und wieder zu sich genommen.

Um diesen Erkenntnisprozess etwas zu erleichtern, richteten Sie eine besondere Vorkehrung ein. Alle 62 Millionen Fische-Jahre strahlten Sie mit einer Taschenlampe Ihren Fisch an. Dieses Licht, welches Ihrem Fisch wie ein »Lichtstrahl aus einer anderen Welt« erschien, führte dazu, dass er sich wieder daran erinnern konnte, wer und was er tatsächlich war. Bedauerlicherweise wollten einige Fische, die von diesem Erkenntnisstrahl getroffen wurden, nicht zur Quelle, nicht in die Außenwelt zurückkehren. Nun ist – in Ihrer Vorstellung – wieder ein solcher Zeitpunkt gekommen; wieder beginnen Sie, Ihr Licht zu Ihrem Fisch respektive Ihren Fischen zu lenken. Für Sie sind Zyklen von 62 Millionen Jahren nicht von Bedeutung, Sie befinden sich außerhalb der Aquariumzeit. Sie sind im Zustand der Zeitlosigkeit.

Sie wissen: Schon oft haben die Fische ihre Aquariumwelt zerstört, ebenso oft haben Sie diese Welt auch wieder aufgebaut. Natürlich sind all die Erfahrungen der Fische in Ihr Gedächtnis gedrungen – und »leben« dort weiter fort. Gegenwärtig beobachten Sie gespannt, wie viele Fische Ihren Licht- bzw. Erkenntnisstrahl richtig deuten, wie viele zu Ihnen zurückkehren und welche Fische ihre Schulklasse wiederholen werden. Schließlich sind 62 Millionen Jahre nichts im Vergleich zur Ewigkeit ...

Kehren Sie bitte nun in unsere gegenwärtige Welt zurück. Von Wissenschaftlern erfahren Sie, dass unsere Erde und mit ihr auch unser Sonnensystem in einen Bereich der Galaxis eingetreten ist, den wir nur alle 62 Millionen Jahre passieren. Sie erfahren auch, dass jedes Mal, wenn diese Position erreicht wurde, ein großes Artensterben eintrat. Dabei wirkten zu diesem Zeitpunkt extreme Gammastrahlen

(GRBs) auf die Erde ein, die zugleich zu neuen evolutionären Entwicklungen geführt haben.

Nun lesen Sie in einer Fachzeitschrift, dass diese Lichtstrahlen aus dem Zentrum unserer Galaxis kommen und sie wie mit einem Scheinwerfer auf die Erde gerichtet sind. Ergänzend erfahren Sie noch, dass die Quelle dieser außerordentlichen Strahlen sogenannte schwarze Löcher seien und diese schwarzen Löcher Dimensionstore zu anderen – unbekannten – Welten sein könnten. So scheint es, als ob »Etwas« aus einer »höheren Dimension« in unsere Welt eingreift, um einen großen Schöpfungsplan in einer bisher nie da gewesenen Art zu erweitern.

Sie planen daraufhin, Ihren Fisch zusammen mit den anderen Fischen aus ihrer Aquariumwelt zu erheben, um sie in einen erweiterten Frei-Raum zu holen. Von hier aus erkennt Ihr Fisch die größeren Zusammenhänge, erkennt seine schöpferischen Fähigkeiten durch sein Wissen, dass er ein Teil von Ihnen ist.

Nach unserem Aquariumbeispiel wissen Sie nun, dass sich die »höheren Dimensionen« lediglich außerhalb der Wasserwelt befinden. Und Sie wissen, dass Sie selbst es sind, der aus diesen »höheren Dimensionen« eingreift. Von der Warte Ihres Fisches aus betrachtet, sind Sie sein »höheres Selbst«, sind sein Gott. Ihr Fisch war immer ein aktiver Teil von Ihnen. Er konnte Erfahrungen machen, die im zeitlosen Raum, in dem Sie sich befinden, nicht möglich wären. Hierzu haben Sie die Bühne des Lebens erschaffen, Ihre Aquariumwelt ... und damit Zeit und Raum.

Wie Sie sich sicher denken können, ist diese Darstellung noch erheblich zu erweitern und zu modifizieren. Natürlich existiert in Ihrer Welt eine Zeitlichkeit – obgleich eine andere als die der Fische.

Der deutsche Physiker Burkhard Heim (1925–2001) wird sicherlich allein schon dadurch in die Geschichte eingehen, dass er neben seinen umfangreichen Forschungen ein kosmologisches, zwölfdimensionales Weltmodell aufbaute. Faktisch kann Burkhard Heim als das deutsche Gegenstück zu Stephen Hawking gesehen werden; er zählt zu den größten deutschen Physikern. Nachdem er im Jahre 1954 das Max-Planck-Institut für Astrophysik in Göttingen wegen seines körperlichen Handicaps verlassen hatte (er hatte durch einen Unfall sein Augenlicht, das Gehör und beide Hände verloren), forschte er privat weiter. Als er 1979 und 1984 seine revolutionäre Theorie in zwei umfangreichen Büchern veröffentlichte, wollte niemand glauben, dass Heim den »heiligen Gral« der Naturwissenschaft entdeckt hatte: die einheitliche Masseformel.

Der Physiker Illobrand von Ludwiger schrieb daher in seinem Nachruf: »Als einer seiner Freunde und Schüler darf ich behaupten, dass Deutschland mit Burkhard Heim einen der größten Denker und, gemessen an den wissenschaftlichen Ergebnissen, einen der erfolgreichsten Physiker nach Heisenberg verloren hat.«[119] Diese Einschätzung wird nicht von der gesamten akademischen Welt geteilt. Den Ruf des Ausnahmephysikers hat er lediglich in einem Kreis von ehemaligen Vertrauten und versierten Anhängern. Wer sich allerdings intensiver mit Heims Forschungen beschäftigt hat, bekräftigt, dass dessen Leistungen gar nicht hoch genug zu bewerten sind. Allein durch seine Masseformel, die einer Weltformel gleichkommt, sind Forscher heute in der Lage, zu ungeahnten Ergebnissen zu gelangen.

So konnten im Rechenzentrum des DESY (Deutsches Elektronen-Synchrotron) die Heim'schen Formeln in den Computer eingegeben und die heute bekannten etwa 300 Elementarteilchen berechnet werden. Vorher ließen sich diese Teilchen nur mit großen Beschleunigungsanlagen nachweisen.

In seinem Modell, das Heim später mit seinem Kollegen

Walter Dröscher vervollständigte, ist unser Universum mit all seinen materiellen und biologischen Inhalten in seine »höheren Dimensionen« eingebettet, auch Hyperraum genannt. Das gesamte Sein besteht demnach aus zwölf Dimensionen. In diesen zwölf Dimensionen sind Körper, Geist und Seele enthalten. Die ganzheitliche Einheit eines bewussten Menschen setzt sich dementsprechend wie folgt zusammen:

X12, Xll, X10, X9	Überraum
X8, X7	Informationsraum
X6, X5	Strukturraum
X4	Zeit
X3, X2, Xl	Irdischer Raum

Bekanntlich besteht unsere sicht- und messbare Welt aus den drei geometrischen Dimensionen Länge, Breite und Höhe. In ihnen existiert eine Zeitdimension – ohne die Zeit könnte keine Veränderung stattfinden. Auch die Zeit wird physikalisch als eine Dimension – die vierte – bezeichnet und zuweilen auch als Raum-Zeit etikettiert. Das »Aquarium« im obigen Beispiel stellt diese Raum-Zeit dar – in Analogie zu unserer sichtbaren Welt. Die vierdimensionale Raum-Zeit ist wiederum in eine komplexere Welt eingebunden, in die höheren Dimensionen oder den Hyperraum.

Mit dem zwölfdimensionalen Modell lassen sich sämtliche Aspekte des Seins beschreiben: das Bewusstsein, das Ich, der Wille, die Sinnhaftigkeit des Seins und eine ganze Reihe grundsätzlicher Fragen – auch die Frage nach der Beschaffenheit des Universums vor dem Urknall.

Heims kosmologisches Weltmodell weist zwei elementare Ergebnisse auf:

1. Das, was wir als Materie bezeichncn, unterliegt einem Wirkprozess, der von den geistigen Dimensionen gesteuert wird. Von der Entstehung bis zur Steuerung der ma-

teriellen Welt entspringt alles den geistigen Dimensionen.

2. Der Mensch besitzt einen immateriellen Persönlichkeitskern, der den leiblichen Tod überdauert.

Sehen wir uns nun dieses Weltmodell etwas näher an. Dass es feinstoffliche, nichtmaterielle Ebenen geben muss, wurde von Wissenschaftlern wie Einstein schon lange vermutet. Seit Beginn der Quantenphysik ist das Vorhandensein von materiellen Ebenen und nichtmateriellen Ebenen bekannt. Burkhard Heim verwendet in seinen wissenschaftlichen Arbeiten die Begriffe »physikalischer Raum im Bezugsraum« und »informatorischer Raum im Hyperraum«. Zwischen diesen Räumen findet eine Übertragung von Informationen ohne physikalische Einrichtungen statt – stattdessen über Felder oder, metaphorisch gesprochen, durch die Kraft der Gedanken.

Nach Berechnungen Heims ist Einsteins Ansatz, der nur eine einzige Naturkraft – die Gravitation – geometrisch beschrieben hat, zu einfach. Der Versuch Einsteins, seine Metrik allgemeiner zu beschreiben, damit diese auch das elektromagnetische Feld enthält, empfand Heim ebenfalls als zu lückenhaft. Er stellte fest, dass die »Weltgeometrie« nicht nur durch eine einzige metrische Struktur beschrieben werden kann, sondern dass es drei Partialstrukturen gibt, die miteinander gekoppelt sind und damit eine Vielzahl geometrischer Beziehungen ermöglichen.

Da die Beschreibung der geometrischen Struktur der Materie als Teilchen nur in einem sechsdimensionalen Raum gelingen kann, wobei die beiden zusätzlichen Dimensionen imaginär sein müssen, sind auch wir Menschen nach Heim in sechs Dimensionen eingebettet. Das wirft die Frage nach der Bedeutung der fünften und sechsten Dimension und die Ausdehnung des Menschen in diese Bereiche auf.

Nach Heim hat die fünfte Dimension eine organisierende Wirkung, die stets von der sechsten Dimension begleitet wird. Die sechste Dimension steuert die Organisationen in der Zeit.

Aus mathematischen Gründen musste Heim zwei weitere Dimensionen (X7 und X8) einführen, um seine Theorie mit der Quantenmechanik vereinigen zu können. Seine letzte Veröffentlichung, *Strukturen der physikalischen Welt und ihrer nichtmateriellen Seite* schrieb er gemeinsam mit Walter Dröscher. Darin entwickelten die beiden Forscher ein Bild vom »Universum vor dem Zeitbeginn«. In der Folge erweiterten sie ihr Modell auf insgesamt zwölf Dimensionen. Die letzten vier Dimensionen stellen den sogenannten Hintergrundraum dar, einen Dimensionsbereich, der sich allen Zugängen zu verschließen scheint. Burkhard Heim nannte diesen Bereich den G4 und ordnete das »G« Gott zu; er sagte, dass diese Dimensionen nur »Gott allein bekannt« seien.

Damit wir uns eine bessere Vorstellung von diesen höheren Dimensionen machen können, kehren wir noch einmal in unsere Aquariumwelt zurück. Der Inhalt des Aquariums ist in einer vierdimensionalen Welt eingebettet. Wir finden hier unsere drei Raumdimensionen und – da sich unsere Fische bewegen – auch die Zeitdimension. Unser Aquarium ist in eine größere Welt eingebunden – sonst könnten wir unsere Fische innerhalb des Aquariums nicht »sehen«. Wir als Beobachter befinden uns also – von der Aquariumwelt aus betrachtet – im Hyperraum, bzw. in den höheren Dimensionen. Da wir als Beobachter geistige Wesen sind, könnten wir einfach behaupten, dass wir »Gott« seien.

Wir beobachten unsere Aquariumwelt, ohne in das Geschehen innerhalb dieser Welt einzugreifen. Wir haben die Lebewesen zwar geschaffen, ihnen aber den freien Willen geschenkt. Wir als geistiges Schöpferwesen befinden uns also in den Dimensionen neun bis zwölf (auch G4 genannt).

156

In Burkhard Heims Weltenmodell ist Materie die Projektion von regelmäßigen periodischen Schwingungsvorgängen im sechsdimensionalen Raum, die im vierdimensionalen Raum ihre Wirkung findet. Die beiden höheren Dimensionen X5 und X6 fungieren als organisatorischer Raum und die Dimensionen X7 und X8 als informatorischer Raum. Diesen Dimensionen sind die letzten vier Dimensionen X9–X12 übergeordnet.

Materie versteht sich hiernach als ein Nebenprodukt von Informationsfeldern aus höheren Dimensionen, höher als die vierte Dimension. Materie und Lebewesen sind Schemata von Ideen, die sich als Organismen im Dreidimensionalen (plus eine Dimension als Orts-Zeit) manifestieren können. Dieser Vorgang entspricht einem Schöpfungsakt. Unser Universum und alle andern Universen sind einem solchen Schöpfungsakt entsprungen, hergeleitet von X12, von Gott.

Der Zustand des kosmischen Seins, und damit auch des Lebens, wird ermöglicht durch eine Dynamik von Einflüssen aus der fünften und sechsten Dimension – und den noch höheren Dimensionen sieben bis zwölf. Bewusste Lebewesen empfangen und senden ständig Aktivitätsströme von Informationen, die zwischen diesen Dimensionen ausgetauscht werden. Der Grad der Bewusstheit entscheidet über die Quantität und damit potenziell auch die Qualität der Informationen und Informationszugänglichkeiten.

Im Grunde genommen wirkt unser Geist von den höheren Dimensionen aus, indem er sich seiner von ihm geschaffenen Körperlichkeit bedient. Geistige Projektionen entsprechen unseren Gedanken-Bildern, unseren Vorstellungen. Von spektakulärer Bedeutung dürfte sein, dass den Berechnungen Heims zufolge eine höherentwickelte Lebensform möglich und sogar sehr wahrscheinlich ist, auch wenn sie über keine seelischen Aspekte verfügt. Ihr fehlt überdies die Möglichkeit, Emotionen hervorzurufen.

Diese Wesenheiten wären lediglich in einen sechsdimensionalen Raum eingebettet (X1–X6). Den Berechnungen nach wären sie nicht in der Lage, Dinge mit ihrer Gedankenkraft zu manifestieren, da sie über keinerlei emotionale Anbindungen verfügen; diese Anbindungen befinden sich oberhalb der sechs Weltdimensionen. Im weitesten Sinn könnten wir diese Wesenheiten mit Mega-Computern vergleichen, die in eine organische Hülle eingewoben sind. Es mag erstaunlich erscheinen, dass diese Lebewesen über weitaus komplexere und höhere Intelligenzgrade verfügen können als Menschen im gegenwärtigen Bewusstseinszustand. Im Grunde genommen könnte ihr strukturiertes Wissen in für uns unvorstellbaren Größen liegen. Selbst Weisheit wäre hier kein Attribut im herkömmlichen Sinne, sondern ließe sich auf eine optimierte Ratioebene reduzieren.

Zugleich erkennen wir an der fehlenden Bindung an die höheren Dimensionen den Unterschied zu uns Menschen, nämlich die Aspekte der Seele, der Emotionen, aber auch der Schaffens- und Gedankenkraft. *Menschen sind in einen zwölfdimensionalen Raum eingebettet. Die Linie zwischen der sechsten und der siebten Dimension zieht eine Trennung zwischen »beseelten« und »unbeseelten« Entitäten.*[120]

Betrachten wir die Theorie im Ganzen. Sie arbeitet aus zwingend mathematischen Gründen mit einem Raum von zwölf Dimensionen, wovon sechs Dimensionen (X1–X6) physikalisch interpretierbar sind. Alle wesentlichen Merkmale der Theorie lassen sich als Wechselwirkungsvorgänge in diesem sechsdimensionalen Raum auffassen. Er besteht neben den drei räumlichen Größen (X1, X2, X3) und der Zeit (X4) aus zwei »senkrechten« Dimensionen X5 und X6.

Die räumlichen Dimensionen sind reell, die weiteren Dimensionen sind imaginär und nicht vertauschbar. Alle uns bekannten sowie sicht- und messbaren Vorgänge spielen sich im Unterraum R4 (X1, X2, X3, X4), also in der direkt wahrnehmbaren Raum-Zeit-Ebene ab. Diesem Unterraum übergeordnet existiert nun eine Dimension X5, eine sogenannte Weltkoordinate. Sie ist in erster Linie eine Informationskoordinate, was bedeutet, dass ihr eine Qualität, also eine Bedeutung zukommt. Das Verhältnis von X1 zu X5 entspricht einer Organisations- oder Informationsänderung. Das Wesentliche an Information ist »die Eigenschaft, Veränderungen im empfangenden System hervorzurufen«.[121]

Die Dimensionen X5 und X6 werden grundsätzlich von allen raum-zeitlichen Materialisierungsprozessen begleitet, was bedeutet, dass die materiellen Systeme grundsätzlich bis in die Wirkungsbereiche der X5,X6-Dimensionen verbunden sind. Umgekehrt sind Vorgänge innerhalb der X5,X6-Strukturen möglich, die sich nicht in der physischen Welt manifestieren müssen, denn die X5,X6-Strukturen sind zu einer internen Verbindung fähig. Hierdurch können unabhängig von der materiellen Welt neue Lebewesen mit höherem Potenzial auf einer geistigen Ebene entstehen.

Unsere Welt wird demnach von den Dimensionen X5 und X6 organisiert, also gesteuert. Erst in den darüberliegenden Dimensionen X7 und X8 werden sämtliche Erfahrungen und Erlebnisse, die in der Raum-Zeit gemacht werden, als Informationen abgespeichert – wobei die Erfahrungen bereits bei den Elementarteilchen beginnen.

Um eine Verbindung zwischen den Raum-Zeit-Dimensionen (X1–X4) und den Hyperräumen herzustellen, bedarf es der Gravitation, die sich aus elektrischen und magnetischen Feldern ergibt. Die hierdurch aufgebaute Verbindung transportiert quasi steigende oder abfallende Abfolgen von Strukturen in die fünfte Dimension. Burkhard Heim und Walter Dröscher nennen dies auch Aktivitätsströme. Der Informationsaustausch von Strukturen zwischen der Raum-Zeit und X5 erfolgt über steigende oder abfallende Aktivitätsströme.[122]

In unserer Aquariumwelt könnte das bedeuten, dass alle Fische – oder auch alle Menschen – durch eine unsichtbare, nicht messbare »stehende Welle« produziert wurden. In unserem Beispiel handelt es sich um eine Ultraschallwelle, die die Fische geschaffen hat und in ihrer Struktur erhält. Diese unsichtbare Ultraschallwelle fungiert wie eine Matrize. Verändern wir die Frequenz dieser Welle, wird sich die Wirkung auch bei den Fischen zeigen: Sie werden sich in ihrer Form oder ihren Eigenschaften wandeln.

Tatsächlich liegen sämtliche Baupläne des Kosmos und seines Inhalts außerhalb der Raum-Zeit, außerhalb der Aquariumwelt. In unserer Raum-Zeit-Welt ist diese »Ultraschallwelle« ein Gravitationsfeld. Auch dieses Feld ist durch physikalische Messmethoden nicht nachweisbar.

Nach den revolutionären Berechnungen Burkhard Heims sind Bewusstsein, Gedanken und Vorstellungen grundlegend, während die gewöhnliche Raum-Zeit-Welt – die Aquariumwelt – als psychisches Konstrukt im Sinne einer bloßen Illusion relativiert wird. Physikalisch nicht erfassbare Transbereiche, der Hyperraum jenseits der Raum-Zeit, werden als absolut real angenommen. Sie sind über Gravitationsfelder verbunden mit unserem Raum-Zeit-Geschehen und mit unseren Bewusstseinsstrukturen.

Im sechsdimensionalen Raum ist es nun denkbar, dass Strukturmuster von einem »Unterraum« (R4) in einen beliebig »weit entfernten« anderen Unterraum übermittelt werden können, der ebenfalls in der Raum-Zeit R2 liegt. Eine Musterübertragung erfolgt durch Aktivitätsströme und kommt laut Heim immer dann zustande, wenn Ähnlichkeitsmuster erreicht und erkannt werden. Diesen Prozess nennt Heim »Metroplexe«.[123] So können zum Beispiel in Hamburg aufgenommene Erfahrungen durch auf- oder absteigende Aktivitätsströme ohne Zeitverzögerung nach New York transportiert werden.

Heims Modell liefert uns damit eine wissenschaftliche Erklärung für Erfahrungen, die viele von uns kennen, die aber immer noch als paranormal bezeichnet werden: Etwa wenn wir spüren, wie es einem Menschen geht, der sich an einem anderen, weit entfernten Ort aufhält. Diese Art der Informationsübertragung ist sehr effektiv und kann bis zu der Manifestation von Licht oder Materie in dem so verbundenen Raum führen. Zu beachten ist hierbei auch, dass bei dieser Übertragung keine Zeit vergeht, denn die Verbindungen laufen über den – zeitlosen – Hyperraum.

Die Baupläne für unsere Körper und alle andere Materie, von den atomaren bis zu komplexen Systemen, sind in den Dimensionen X5, X6 gespeichert. Ebenfalls wird alles, was innerhalb unserer Raum-Zeit geschieht, in den Transdimensionen X5, X6 abgelegt. Über unser Bewusstsein können wir in diese Transdimensionen eingreifen – wir kennen dies als Psychosomatik: Der Geist steuert die Materie.

Nur in wenigen Lebewesen wirken derartig hohe X5 oder X6-Strukturen, dass ein oder mehrere Parallelräume von ihnen durchdrungen werden können. Diese Eigenschaft – die uns aus tiefer Meditation bekannt ist – nennt Burkhard Heim »Transzendenzfähigkeit«. Ihre Trans-Strukturen können autonom werden und allein in X5 und X6 weiterexistieren. In diesem Fall würde ein Lebewesen quasi in die höheren Dimensionen »aufsteigen« und selbst ohne Soma (Körper) außerhalb unserer Raum-Zeit weiterexistieren können.

Auch wenn die Heim'sche Theorie nur unzureichend dargestellt wurde, möchte ich den Exkurs an dieser Stelle beenden. Fassen wir kurz zusammen, worauf es ankommt:

1. In einem rein naturwissenschaftlichen Weltbild existiert ein »Hyperraum«, der gestaltend und steuernd auf die »Raum-Zeit« selbst einwirkt. Die Wechselbeziehungen sind physikalischer, biologischer und psychischer Natur.

Der Hyperraum hat die Bedeutung einer »Struktur- und Musterbewertung«.

2. Im »Hyperraum« wirken andere Gesetzmäßigkeiten als jene innerhalb der Raum-Zeit; vor allem »Resonanz«, »Informations-Muster«, »Selbstähnlichkeit«; keine Trennung/Gegenüberstellung von Subjekt–Objekt, Ich–Natur usw.

3. Damit Informations- und Musterübertragungen in die Raum-Zeit (»Materialisierung«) überhaupt wirken können, müssen gewisse »Informationen« (materialisiert, psychisch-emotional) in der Raum-Zeit bereits vorhanden sein, an die sie »angekoppelt« werden.

4. Es besteht faktisch die Möglichkeit, aus der Raum-Zeit heraus Zugang zu und Einfluss auf den Hyperraum zu gewinnen bzw. Manipulationen/Veränderungen des Hyperraumes zu erzeugen und durchzuführen.

In diesem Zusammenhang möchte ich zu meinen persönlichen Forschungsergebnissen zurückkehren. Wie bereits beschrieben, konnten einige austherapierte Patienten die Ursachen ihrer Krankheit erkennen, indem ihr Kopf mit sehr schwachen Feldern behandelt wurde – deren Magnetfeldstärke im nT-Bereich lagen.

Während größere Feldstärken zu keinem Erkenntnis- und Heilungserfolg führten, bewirkten diese schwachen Felder den gewünschten Effekt. Natürlich kam ich durch diese Ergebnisse in erhebliche Erklärungsnot – die konservative Naturwissenschaft stellte hierfür kein Modell bereit. Erst die Berechnungen Burkhard Heims konnten mich aus jener Erklärungsnot befreien.

Ganz offenbar waren meine Felder in der Lage, eine Verbindung zu den höheren Dimensionen herzustellen – Dimensionen, von denen wir seit Heim wissen, dass sie sämtliche Steuerpläne und Organisationen gespeichert haben. So bewirkten die therapierelevanten Felder eine Öffnung zu den höheren Dimensionen, die sogar noch über X5, X6 hinausgehen. Da die Patienten ihre krankheitsverursachenden Traumata wachbewusst wahrnehmen konnten, ist davon auszugehen, dass ihre Einblicke mindestens bis in den Informatorischen Raum (X7, X8) reichten; genau hier sollten sämtliche Erfahrungsinhalte abgelegt sein. Sofern man nun sogar aus dem geistigen Hintergrundraum (G4, die Dimensionen neun bis zwölf) sein Erdenleben betrachten kann, ist man hierdurch zumindest theoretisch in der Lage, sämtliche Körperprozesse zu verändern.

Gelenkt wird die Organisation der geistig-materiellen Systeme durch das gravitative bzw. elektromagnetische Feld. Ohne das elektromagnetische Feld gäbe es keinen Plan und keinen Entwurf – und folglich keine Konstruktion einer dreidimensionalen Wirklichkeit. Diese Felder sind sozusagen das Medium zwischen den Transdimensionen, dem Hyperraum, und unserer Raum-Zeit – zwischen dem Aquarium und der Überwelt.

Erinnern wir uns an unsere Sonne und die geomagnetischen Anomalien. Tatsächlich erzeugt eine Veränderung der Muster innerhalb des elektromagnetischen Feldes einen veränderten Ausdruck unserer physischen Wirklichkeit. *Die wirkentscheidenden physikalischen Einflussgrößen, die von höherdimensionalen Strukturen gesteuert werden, sind gravitative Systeme. Eine bekannte sekundäre Erscheinungsform ist das uns bekannte Magnetfeld.*[124]

Das elektromagnetische Feld (EM-Feld) ist im Verhältnis zu unserem physischen Körper im Grunde das erste Hyperfeld, das mit der Gravitation gekoppelt ist. Es kodiert in sich die Muster und Information der Hyperfelder aus noch höheren Dimensionen. So ist es zu verstehen, wenn wir sagen, dass das Licht und die elektromagnetischen Felder Reflexionen und Schwingungen der fünften und sechsten Dimensionen sind. Beide Phänomene – die ähnliche Eigenschaften aufweisen –, sind Träger codierter Information aus höheren Dimensionen. Sie wirken sich aus auf den Ausdruck und die Organisation von Materie in der physischen Wirklichkeit und beeinflussen diese. Unsere multidimensionale Natur erlaubt es uns, durch die bewusste Einprägung von Mustern in den Hyperfeldern des höheren Raums unsere eigene Wirklichkeit zu konstruieren.

Der Überraum der Dimensionen neun bis zwölf kann nur durch mathematische Strukturen extrem hoher Symmetrie als Funktionenraum beschrieben und bedauerlicherweise nicht semantisch ausgedeutet werden. Burkhard Heim bezeichnet diesen Raum als »zeitlosen Webstuhl der Zeit«. Von hier aus ist faktisch alles möglich. Dieser »Gottesbereich« verfügt über alle denkbaren und undenkbaren Möglichkeiten. Von hier aus könnte das gesamte Universum plötzlich zum Stillstand gebracht werden, sich auflösen, woanders wieder auftauchen, die Zeit rückwärts verlaufen lassen und unendlich viel mehr.

In unserer Aquariumwelt wäre das Aquarium in seiner Wirkfunktion Raum-Zeit (R4) und Strukturraum (S2), und der Außenbereich des Aquariums wären zunächst der Geist (G4) und die Datenbank (I2). Alle Erfahrungen, die in der Wasserwelt gemacht wurden, werden im Informationsraum abgelegt und für weitere Entitäten über Ähnlichkeitsmuster (Gedankenbilder im Ähnlichkeitsbereich) bereitgestellt.

In dieser Aquariumwelt wären wir Beobachter selbst G4. Solange wir »nur« beobachten, halten wir lediglich unsere Wasserwelt in ihrer Existenz aufrecht. Sofern wir jedoch in unsere Schöpfung eingreifen würden, beispielsweise in Form eines Gedankens, würde sich dieser sofort in der Wasserwelt bemerkbar machen. Unserem Gedanken entsprechend würde eine Veränderung eintreten.

Wir verstehen nun noch besser, dass unsere Geistes- und Vorstellungskraft diejenige ist, die über die beschriebenen Strukturen und Mechanismen alles erschaffen kann. Insofern ist die Frage durchaus berechtigt, ob wir nicht gar selbst – als »Fisch« – auch der äußere Beobachter sind.

Projektionen zeitloser Strukturen des G4 in unsere materielle Welt werden in einer Abbildungskette über einen Vermittlerraum in den Informationsraum I2 ermöglicht. Von dort gelangen sie zwangsläufig in den Strukturraum S2 und über die Zeit t in den Raum R3. G4 ist immer dann über I2 mit R6 gekoppelt, wenn ein stationärer Zeitverlauf in nicht-stationärer Weise verändert wird. Die aus dem Überraum G4 projizierten Wahrscheinlichkeitsfelder steuern ohne energetischen Aufwand die sich in der Raumzeit manifestierenden, materiell-energetischen Strukturen. Im G4 ist alles möglich, Eindeutigkeit resultiert erst aus dem Zugriff auf die Zeitstruktur der Raumzeit R4. Die Energien in S2 sind mit den bisher üblichen Geräten im R4 nicht messbar.

Eventuell besteht ein Zusammenhang mit den »subtilen Energien«. Daraus folgt: *Die Ganzheitlichkeit des Seins ist in zwölf Dimensionen untergebracht. Das Wichtigste ist, dass das Bewusstsein in der Materie wirksam wird und einen lebendigen, charaktervollen Menschen entwickelt.*[125]

Heim war davon überzeugt, dass mit dem Tode des Menschen dessen Trans-Strukturen erhalten bleiben, weil aus seiner Theorie die Fortexistenz des menschlichen Bewusstseins folgt (was überdies formal beschrieben werden kann). Die Transzendierung erfolgt nicht bereits, weil man einen dreidimensionalen komplexen Raum oder ein sechsdimensionales Weltkontinuum als Wirklichkeit unterstellt, sondern erst die Überführung der quantitativen in die qualitative Logik führt zur Transzendierung. Vereinfacht ausgedrückt, bedeutet dies, dass sich unsere quantitativen Erfahrungen zunehmend zu qualitativen Erfahrungen hinbewegen sollten. Diese Qualitäten gehen in die Richtung einer Bewusstseinserweiterung, die ein persönliches Selbst-Bild zu einem ganzheitlichen Bereich anwachsen lässt. Selbsterkenntnis bedeutet in diesem naturgemäßen Sinne eine zu Lebzeiten ausgeprägte soziale Grundhaltung, die sich aus persönlichen Erkenntnissen ergibt.

Der eigentliche Grund, weshalb wir das Thema Geist, zum Beispiel als Information, nicht in unser primär materiell orientiertes naturwissenschaftliches Weltbild integrieren können, liegt in seiner »versteckten« Örtlichkeit, ergo in der »höheren« Dimension. Es ist immer noch nicht bekannt, wo sozusagen ein »Gedanke seinen Sitz« hat. Kein Naturwissenschaftler hat bisher auch nur einen Gedanken nachweisen können – bis auf bestenfalls sekundäre Konstrukte wie den Nachweis, dass ein Denkprozess eingetreten ist (EEG, PET usw.). Das, was uns dabei unterschlagen wird, ist die Tatsache, dass ein Gedanke jedoch nicht primär elektromagnetischen Ursprungs ist.

Das wahrhaft Revolutionierende an der Heim-Dröscher-Theorie ist, dass sämtliche Strukturen und Programme, also Informationen, primär nichtmateriell abgelegt sind. Diese sind den höheren Dimensionsebenen (X5–X12) zugeordnet, was sich wiederum auf die »Örtlichkeit« der Gedanken übertragen lässt.

Aus der Betrachtung der Felder haben wir erkannt, dass alles miteinander in Verbindung steht, vom Kleinstteilchen hin zum gesamten Kosmos. Auch die Seinsschichten stehen untereinander in Wechselwirkungen und haben außerdem Unter-Schichten, die ihrerseits untereinander Einfluss ausüben.

Einen praxisnahen Bezug hierzu stellen beispielsweise die experimentellen Ergebnisse von F. A. Popp her.[126] So konnte eindeutig das primäre Signal der biologischen Kommunikation in den Bio-Photonen gefunden werden. Unter Bio-Information versteht man in der Regel Signale, die in der physischen Welt auf Organismen einwirken und Reaktionen verursachen. Meist werden hierunter elektromagnetische Signale gerechnet; doch zählt eine akustische (verbale oder musikalische) Information ebenfalls dazu. Auch immaterielle Informationen werden unter Bio-Information eingeordnet, hierher gehören die sogenannte Radionik und die Verwendung von Symbolen.

Zur Erklärung kann die Heim'sche Theorie herangezogen werden. Daraus folgt nämlich, dass aus dem »göttlichen« Hintergrundraum (G4) über den Informationsraum (I2) und den Strukturraum (S2) die »Gottesaufträge« in unsere Raum-Zeit (R4) transportiert werden. Hierbei greift der G4-Raum erschaffend und steuernd ein.

In der uns bekannten Welt können also durchaus Informationen erscheinen, die nicht physikalisch erklärbar sind. Aber auch in der physischen Welt sind immaterielle Informationen möglich, wie die mehrwertige Logik von Burkhard Heim erklärt, dass es nämlich mehrere voneinander logisch unterschiedene Seinsschichten gibt, die durch Wechselwirkungen (»Syntroklinen«) vernetzt sind und einen hierarchischen Aufbau haben: höhere Schichten, mentale, emotionale, biologische und physische Seinsschicht.

Die mentale Seinsschicht (Heim nennt sie Pneuma) wirkt in alle tieferen Seinsschichten hinein. Fasst man zum Beispiel einen anregenden Gedanken, so erregt das die Emotion (Psyche), den biologischen Kreislauf (Bios) und die physischen Gehirnwellen (Physis). Wegen dieser Verknüpfung glaubte man früher, alle Vorgänge allein mit der physischen Seinsschicht erklären zu können. Doch schon W. Heisenberg hat betont, dass biologische Vorgänge der Quantenphysik zufolge nicht mit den Gesetzen von Physik und Chemie erklärbar seien. Bio-Information ist also möglich

a) innerhalb der Physis,
b) zwischen den Seinsschichten und
c) aus der nichtmateriellen Transwelt.

Der Quantenfeldtheorie von Burkhard Heim zufolge, können wir uns den Menschen nicht nur als Betrachter, sondern als aktiven Teilnehmer bzw. Erschaffer seiner Welt vorstellen. Hierfür ist es erforderlich, sich zu den vier bekannten Dimensionen acht zusätzliche Dimensionen vorzustellen, die mit diesen verwoben sind. Die fünfte Dimension wird von Burkhard Heim entelechiale Dimension genannt, wobei Entelechie »das Ziel in sich tragend« bedeutet. Diese Dimension gibt das Maß der Bewertung sich zeitlich ändernder Organisations-Strukturen an und ist invers, also gespiegelt zum Entropiebegriff. Ein Samenkorn enthält sämtliche Strukturen bereits latent in sich, die später aus ihm entstehen können. Je höher die Komplexität einer Struktur, umso größer ist ihr Wert auf der fünften Dimension. Die sechste Dimension nennt Heim die »äonische Dimension« – dies bezeichnet eine verborgene imaginäre Weltdimension, aus der die zeitliche Aktualisierungsrichtung während des Äons (als ein Definitionsintervall der physischen Zeit) gelenkt wird. Demgemäß steuert die Struktur der fünften Dimension in ihrer zeitlichen Änderung in den stationären, dynamisch stabilen Zustand. Im Beispiel des Samenkorns gibt $X6$ also den im Laufe der Zeit entwickelten Zustand der Pflanze an.

Die Dimensionen sieben bis zwölf sind nichtmateriell, das heißt, sie enthalten weder Energie noch Materie, wenn auch in diesen Dimensionen vorübergehend Energie- und Materiequanten entstehen und wieder vergehen können.[127] Diese Dimensionen spannen einen informatorischen Raum auf. Zur Darstellung einer Information sind stets zwei Dimensionen erforderlich. Information kann also sowohl in der physikalischen Welt, im dreidimensionalen Raum, nämlich in zwei der Dimensionen X1–X3 als reales Bild dargestellt und gespeichert werden, als auch in den Transdimensionen sieben und acht. Diese Information enthält auch die sogenannte Akasha-Chronik, eine Datenbank allen Weltgeschehens.

Wenn der Mensch Beobachter und zugleich Teilnehmer der Welt ist, so befindet sich der Beobachter quasi im G4-Raum, seine Körperlichkeit, die er wahrnimmt, jedoch in der Raum-Zeit.

Die zeitlosen Projektionen aus dem Hyperraum wirken über Wahrscheinlichkeitsfelder auf die Raum-Zeit, auf die materielle Seite des Seins.

Einmal wurde Burkhard Heim von einem Kollegen die Frage gestellt: »Sie beschreiben Wahrscheinlichkeitsfelder als zeitlose Projektionen aus Transdimensionen. Was bedeutet eine zeitlose Projektion aus Transdimensionen?« Heim antwortete Folgendes: »Die Abbildung ist zunächst, bevor die Abbildungskette in die Raumzeit eingreift, sehr vieldeutig, das heißt, viele Möglichkeiten sind offen. Die Eindeutigkeit des Geschehens erfolgt durch die Einwirkung auf die Zeitlichkeit. Was geschieht, ist eine Steuerung der Aktualisierungsmöglichkeiten. Der Weg, der zu einem Zeitpunkt eine Möglichkeit aktualisiert, ist entscheidend. Ein Bild diene als Beispiel. Hat ein Raum mehrere Türen, so ist die aktuell, die man zu dem bezeichneten Zeitpunkt öffnet, um den Raum zu betreten.«

Eine weitere Frage: »Es könnte gemäß Ihrer Theorie abgestufte Intelligenz im Sinne von unterschiedlich ausgeprägten Intelligenzgraden im Universum verbreitet sein. Ist als Grenzwert dieser Abstufung ›Gott‹ denkbar?«[128]

Heim antwortete darauf: »Wenn man die Evolution sowie die Beschleunigung der Artenentwicklung in bestimmten Zeiträumen betrachtet, die einen direkten Zugriff aus den Transdimensionen auf ganz bestimmte Abschnitte in der DNA voraussetzt, deutet dieses Faktum auf eine Intelligenz hin, die das ganze Universum umspannt.«[129]

Fassen wir zusammen: Die klassische Physik bietet uns schlüssige Aussagen über eine eindeutige Vergangenheit. Klassische Prozesse sind Vorgänge, die, indem sie bewusst werden, bereits vergangen sind.

Die Quantentheorie macht jedoch Aussagen über eine mögliche Zukunft mithilfe von Wahrscheinlichkeiten, wobei der Mikrobereich nicht kausal zu verstehen ist. Über eine große Anzahl von Mikrozuständen werden Wahrscheinlichkeitsaussagen gefällt. Die Summation über alle Einzel-Wahrscheinlichkeiten ist der Zustand der größten Wahrscheinlichkeit. Kausalität ist im Mikrobereich durch die große Anzahl atomarer Elemente und ihrer Organisationszustände demnach also nur vorgetäuscht.

Die Physik von Heim und Dröscher erklärt die Existenz eines Hyperraumes aus zwingend mathematischen Gründen. Aus den Unterräumen dieses Hyperraums erscheinen Abbildungen zeitloser Funktionen und Strukturen in der Raum-Zeit. Die Abbildungen werden als Wahrscheinlichkeitsfelder gedeutet, die den Mikro- und Makrobereich in der Raum-Zeit steuern. Es existiert eine übergeordnete Weltganzheit. Die Physis ist nur ein Teilbereich dieser Ganzheit.

Auch der Hirnforscher und Nobelpreisträger Eccles hält – in absoluter Übereinstimmung mit der Theorie von Heim – eine nichtenergetische Steuerung der elementaren Gehirnprozesse aus den quantentheoretischen Wahrscheinlichkeitsfeldern für erforderlich.

In unserer Raum-Zeit stellt sich der Vorgang der Artenentwicklung – insbesondere die Ausbildung der Übergangsformen – dann folgendermaßen dar: Übergangsformen treten in bestimmten Zeitabschnitten auf. In relativ kurzer Zeit werden neue ausgewählte, passende Informationen in

Form von neuem genetischem Material der DNA einer bestimmten Lebensform hinzugefügt. Dieser Vorgang setzt ein eindeutiges richtiges Schließen der Phosphorsäurediesterbrücken in der Doppelhelix der Desoxyribonukleinsäure voraus. Das Schließen der Brücken erfolgt durch gezielte Steuerung mittels quantentheoretischer Wahrscheinlichkeitsamplituden, die aus dem Hyperraum projiziert werden.

Wie wir nun erfahren konnten, wurden wir Weltenbewohner nicht einfach zufällig in einen Kosmos geworfen. Die Sinnhaftigkeit des Seins, unseres Seins, erschließt sich offenbar sogar aus der Logik. Nur eben, dass diese Logik nicht nur – wie bisher – aus Aristoteles' Ja-Nein-Logik des Verstandes entspringt, sondern eben auch aus einer subjektiven, aspektbezogenen Logik. Hier finden Qualitäten und Quantitäten ihre eigentliche Bedeutung. Somit wäre unser göttlicher Auftrag erst dann erfüllt, wenn wir erkannt und verinnerlicht haben, wer wir wahrhaftig sind.

Prophezeiungen zufolge befindet sich die Menschheit in einem Transformationsprozess, der mit einem »Aufstieg in die fünfte Dimension« enden soll. Wenn wir die bisher gesammelten Fakten zusammenfassend bewerten sollten, so wäre ein solches Ereignis durchaus vertretbar. Allerdings unter der Berücksichtigung, dass die sogenannte fünfte Dimension eine Dimension der geistigen Attribute wäre. Aus dem zwölfdimensionalen Heim-Dröscher-Modell konnten wir ableiten, dass unsere bekannten vier Raum-Zeit-Dimensionen in strukturierende und geistige Dimensionen eingebettet sind. Im Grunde genommen sind wir Menschen ja bereits diesen höheren Dimensionen angeschlossen. Wir könnten nicht denken und fühlen ohne diese höheren Dimensionen.

Bekanntermaßen blieb vielen von uns diese Erkenntnis und Wahrnehmung verborgen. Wir leben primär reaktiv, ohne ein Wissen von diesen Dingen, befinden uns hierdurch quasi in »Platons Höhle«. Unsere Sichtweise reduziert sich gemäß dem Höhlengleichnis auf die Schatten an der Höhlenwand, die wir für unsere Realität, unsere gedeutete Welt halten und die doch nur Sekundärinformationen einer Ursache sind.

Was gegenwärtig mit uns geschieht, könnte man – um in diesem Kontext zu bleiben – als ein Umdrehen in die Außenwelt beschreiben. Allerdings wird dieses »Umdrehen« durch »äußere« Einflüsse hervorgerufen. Wir fühlen und ahnen zunehmend mehr, dass unsere »Realität« lediglich eine Schattenwelt darstellt.

Ein derartiges Wahrnehmen und Erkennen ist nur möglich, wenn sich unsere Sichtweise erweitert. Diese erweiterte Wahrnehmung wird uns zum »Umdrehen« führen. Hier vollzieht sich das, was wir im Allgemeinen als eine Erleuchtung bezeichnen. Der Erleuchtete wird möglicherweise die gleichen Dinge sehen wie der Nicht-Erleuchtete. Der Unterschied besteht jedoch darin, dass all diese Dinge zusammengehören.

So gesehen könnte es sich bei dem »Aufstieg in die fünfte Dimension« um einen solchen Prozess handeln. Das Resultat eines solchen »Aufstiegs« könnte in etwa einer stabilisierten Wahrnehmungsebene entsprechen, die quasi von einer erhöhten Dimension erfolgen würde. Dem zwölfdimensionalen Weltmodell entsprechend, würde es sich hierbei jedoch nicht um die fünfte Dimension handeln, sondern um die zusammengefassten G4-Dimensionen des Hyperraums. Die Erweiterung unseres Bewusstseins führt uns in die Wahrnehmungsebene der »fünften Dimension« die jedoch den Dimensionen neun bis zwölf von Heim-Dröscher entspricht.

7

Die Akteure der Evolution

Vor über 3,5 Milliarden Jahren entstand auf unserem Planeten Leben. Vor 600 Millionen Jahren begann ein Prozess, der aus einzelligen Organismen schließlich den Menschen hervorgehen ließ. Was hat sich entlang dieser ungeheuren Zeitachse in den Genen, den Hauptakteuren des Geschehens, abgespielt? Wie wurden wir, was wir sind?

Nachdem das Erbgut des Menschen und vieler weiterer Spezies vollständig entschlüsselt werden konnte, vollzieht sich in der Biologie eine Revolution des Denkens. Erstmals lässt sich vergleichen, wie sich Gene im Verlauf der Evolution entwickelt haben. Erkenntnisse, die sich aus diesem Vergleich ergeben, stellen bislang gültige zentrale Dogmen des großen Biologen Charles Darwin und seiner neodarwinistischen Nachfolger infrage. Es wird Zeit, Phantasieprodukten wie dem »egoistischen Gen« oder der Vorstellung, die Evolution sei ein »blinder Uhrmacher«, den Platz zuzuweisen, der ihnen gebührt: die Versenkung.

Joachim Bauer,[130] Mediziner und selbst jahrelang in der Genforschung tätig, bringt es auf den Punkt: Das System der Gene eines jeden Organismus, das Genom also, verfügt über Werkzeuge, mit denen es sich selbst in Richtung zunehmender Komplexität verändern kann. Anders als von Darwin postuliert, entstanden neue Arten nicht im Zuge eines langsam-kontinuierlichen, zufallsgesteuerten Werdens, sondern als Folge von genomischen* Umbau-Schüben. Diese wiederum waren Reaktionen auf globale Bedrohungen, mit denen das Projekt Leben mehrfach konfrontiert wurde.

Lebewesen mitsamt ihren Genen sind laut Bauer keine steuerlos auf dem Fluss der Erdgeschichte treibenden Objekte, sondern Akteure der Evolution. Als deren Grundprinzipien erweisen sich Kooperation, Kommunikation und Kreativität.[131]

Biologische Zellen verfügen über die Fähigkeit, die Architektur ihres eigenen Erbguts zu verändern. Weder der Zeitpunkt, wann sie dies tun, noch die Art und Weise, wie sie es tun, ist dem Zufall überlassen. Veränderungen des genomischen Bauplans ereignen sich vorzugsweise dann, wenn Lebewesen unter starkem ökologischen Stress stehen.

Auch ihrer Art nach sind die Veränderungen nicht zufällig, sondern stellen einen kreativen Prozess dar, der Gesetzen folgt, wie sie im biologischen System selbst begründet liegen. Diese Kreativität beschreibt einen Prozess, bei dem etwas Neues entsteht.

Grundlage für die Entstehung einer neuen Art ist die Duplikation von Genen. Hierbei werden von der Zelle bevorzugt solche Gene verdoppelt, die sich bisher als besonders nützlich bewährt haben. Jeder evolutionäre Entwicklungsschub hatte also eine Erweiterung des Genoms und einen Komplexitätszuwachs zu Folge. Mehrere solcher Entwicklungsschübe entsprechen einem »Evolutionssprung«.

Aus der Vergangenheit ist bekannt, dass sich genomische Entwicklungsschübe und die hieraus resultierende Entstehung neuer Arten evolutionär gesehen in relativ kurzer Zeit ereignet haben. Das Verschwinden von alten und das Auftreten von neuen Arten trat in Schüben auf. Dazwischen

---

* Genom bezeichnet die im Chromosomensatz vorhandenen Erbanlagen, im weiteren Sinne auch die Gesamtheit der Gene eines Lebewesens.

zeigt die Evolution lange Phasen – Stasis genannt –, in denen Arten stabil blieben. Heute ist bekannt, dass die Evolution in einer immer höheren Komplexität verlief. Dieser Verlauf kann mit dem Modell von Darwin nicht erklärt werden.

Wenn Zellen einen Umbauschub starten und Gene duplizieren, dann werden die Original-Gene, die als Vorlage für die Duplikation dienten, im weiteren Verlauf vor Mutationen geschützt, so als ob die Zelle ihren »bewährten Bestand« absichern wolle. Genau dieses ist die Erklärung dafür, weshalb Menschen in ihrem Erbgut Hunderte von Genen haben, die sich bereits bei einzelligen Lebewesen finden lassen. Im Gegensatz dazu werden die Gen-Duplikate für die Mutation bereitgestellt, sodass hierbei durch »zufällige« Veränderungen etwas Neues entstehen kann.

Die entscheidende Frage, die Professor Bauer gestellt wurde – nämlich ob sich aus dem heutigen Menschen eine neue Menschenart entwickeln könne –, bejahte er: »Auslöser für den Umbau des Erbguts sind Veränderungen der Umwelt. Wenn schwere ökologische Stressoren auftreten – seien sie von Menschen selber verursacht oder natürlich gegeben –, kann das entweder zur Auslöschung des Menschen führen oder aber eine schubartige genetische Weiterentwicklung anstoßen.«[132]

Da bei Genduplikationen speziell solche Gene berücksichtigt werden, die schon bisher stark im Gebrauch gewesen sind, kommt ein Art »Lamarckismus auf Gen-Ebene« ins Spiel. Lamarckismus bezeichnet die Theorie, dass Organismen Eigenschaften an ihre Nachkommen vererben können, die sie während ihres Lebens erworben haben. Sie wurde – nach Vorarbeiten von Erasmus Darwin – nach dem französischen Biologen Jean-Baptiste de Lamarck benannt, der im 19. Jahrhundert eine der ersten Evolutionstheorien entwickelte. Seine Theorie: Das Leben auf unserer Erde konnte deswegen überleben, weil biologische Systeme den wiederholten schweren Auslöschungsbedrohungen immer wieder ihr dynamisches Entwicklungspotenzial entgegenstellen konnten.

Das Erfolgsrezept der Evolution lautet dabei: Bewährtes aktiv sichern, besonders Bewährtes duplizieren und die Duplikate selektiv variieren. Wenn nun bei Menschen die Gene des Gehirns besonders gefordert bleiben, dann können wir in Zukunft tatsächlich mit einem Zuwachs an neuronaler Komplexität rechnen.

Die ernsthafte Bewertung sämtlicher themenrelevanter Forschungsergebnisse belegt, dass die kosmische Evolution dazu dient, immer komplexere Systeme zu erschaffen, um letztlich Erfahrungen zu sammeln und diese abzuspeichern – damit sie für weitere Erfahrungen für bestehende und folgende Lebewesen zur Verfügung stehen. Dieser kosmische Auftrag ist sicherlich nicht abgeschlossen. So ist zu vermuten, dass mit dem Erscheinen des Menschen ein weiterer Evolutionsschritt vollzogen wird und die Gegenwart keineswegs das Ende dieser Entwicklung darstellt.

Berücksichtigen wir bei solchen Überlegungen, dass wir unsere biologischen Funktionen sowie unser Denken, Wahrnehmen und Erkennen einer Zellart verdanken, die bereits seit über einer Milliarde Jahren existiert. Es ist das Neuron – eine Nervenzelle –, welche die gesamte Zeit hindurch nahezu unverändert blieb. Faktisch sind die Nervenzellen, die in der Großhirnrinde des Menschen vorkommen, auf molekularer Ebene identisch mit denen der Meeresschnecken, die vor über einer Milliarde Jahre gelebt haben.

Erstaunlicherweise ist auch die Funktionsweise der Nervenzellen nahezu unverändert erhalten geblieben, lediglich der Differenziertheitsgrad und die Komplexität der Nervennetze haben sich verändert. Seit der evolutionär geführten Erfindung der Großhirnrinde, die zum ersten Mal bei niederen Wirbeltieren auftritt, sind bei der Hirnentwicklung keine Veränderungen beobachtet worden. Zwischen der Ratte und dem Menschen ist lediglich die Volumenvermehrung der Großhirnrinde qua Neuronen zu erkennen.

Die aus der Evolution entstandenen und ausgeprägten Neuronen stellen die elementare Hardware für unsere Denk- und Wahrnehmungsprozesse dar. Dass die Naturgesetze an dieser Stelle besonders konservativ vorgegangen sind, hat sicherlich seinen guten Grund. Der Unterschied zwischen Mensch und Tier besteht vor allem im Bewusstsein. Für diese Elementar-Erkenntnis ist einerseits eine gewisse Anzahl von Neuronen erforderlich sowie andererseits eine besondere Verschaltung dieser Neuronen, wobei die Anzahl der Neuronen von untergeordneter Bedeutung ist.

Da speziell unsere Neuronen im Gehirn durch naturgemäße EM-Felder in ihren Aktivitäten zu beeinflussen sind, scheint es naheliegend, dass es aus dem Kosmos wirkende Felder sein werden, die eine nächste Evolutionsphase einleiten werden. Dies würde bedeuten, dass unsere Gehirnleistungen sich qualitativ wie quantitativ erweitern.

»In einem vernunftbegabten Kosmos sind die materiellen Prozesse nur das Instrument des unendlichen, universellen Geistes«, sagte Alexander Trofimov.[133]

Blicken wir zurück auf den letzten Evolutionssprung, so prägte sich ein Teil unseres Gehirns in einer »explosiven Entwicklung« aus – eine Feststellung, die den Wissenschaftlern immer noch einige Rätsel aufgibt. Bezeichnenderweise wird dieser besondere Teil unseres Gehirns Neocortex genannt. Immer mehr Anthropologen kommen darin überein, dass unsere sozialen Interaktionen die treibenden Kräfte bei der beinahe explosiven Entwicklung der Großhirnrinde waren. Während die Forscher früher die Bedeutung eines vergrößerten Cortex für den Werkzeuggebrauch betonten, heben sie heute vor allem seine Vorteile für die Kooperation beim Jagen, Fischen, Aufteilen der Nahrung und vor allem bei der Aufzucht der Jungen hervor.

Kooperation ist nicht selbstverständlich, Tiere sind normalerweise eher eigennützig. Nur die Sieger im Überlebenskampf geben ihre Gene an die folgenden Generationen weiter, weshalb sich ihre Eigenschaften in der Art als Ganzes ausbreiten. Das individuelle Selbstopfer für die Gemeinschaft ist bei Tieren sehr selten, und sei es auch nur deswegen, weil es immer von Vorteil scheint, mehr zu nehmen als zu geben. Das Denken eines Organismus muss weit in die Zukunft und die Vergangenheit reichen, wenn das »Gib-jetzt-und-empfange-deinen-Lohn-später«-Prinzip des Altruismus aufgehen soll. Nur das in Symbolen denkende Gehirn des Menschen ist bewusst dazu fähig. Überdies setzt Zusammenarbeit Vertrauen voraus. Menschen müssen sich ständig des anderen versichern, damit jeder gleichermaßen dem Wohle der Allgemeinheit verpflichtet ist.

Faktisch stellen wir fest, dass Bewusstsein ohne ein Gedächtnis nicht existieren kann. Ohne Erinnerungsfähigkeit zersplittert es in lauter einzelne Momente. Demzufolge ist eine bestimmt geartete Hardware erforderlich, welche die Voraussetzungen hierfür bereitstellt. So existieren auf der materiellen Ebene auch die festen Erinnerungsspeicher innerhalb des Gehirns. In der Terminologie der Computersprache entspricht dieser Pufferspeicher dem Cache, der sich im Prozessor eines Computers auf der CPU befindet. Wie im Cache werden unsere Erinnerungen zwischengespeichert; beim Menschen geschieht dies im Hippocampus, dem evolutionär ältesten Gehirnbereich.

Nachdem wir im vorherigen Kapitel lernen konnten, dass unsere geistigen Informationen – unsere Gedanken und inneren Bilder, also unsere Erfahrungen – in den höheren Dimensionen des Hyperraums abgelegt werden, scheint hier ein Widerspruch vorzuliegen. Wenn an dieser Stelle von einer materiell gearteten Speicherung die Rede ist, so weist dies darauf hin, dass zwei Speicherebenen existieren, ein Kurz- und ein Langzeitspeicher. Naturgemäß wird sich der Kurzzeitspeicher immer wieder erneuern, wird seine aktuellen Daten an den Hyperraumspeicher weitergeben.

Im nächtlichen Tiefschlaf finden die Verarbeitungsprozesse statt – ein Vorgang, der sich in der Delta-Wellen-Phase abspielt. Infolge dieser Verarbeitungsprozesse werden die gesammelten Erfahrungen und Eindrücke in den Neocortex verschoben. Der Psychologe Jan Born, der an der Universität Lübeck forscht, konnte nachweisen, dass der Tiefschlaf im Delta-Wellen-Bereich für die Gedächtnisleistung im Wachbewusstsein verantwortlich ist. Probanden, die in dieser Schlafphase gestört wurden, zeigten am darauffolgenden Tag eine erheblich schwächere Gedächtnisleistung. Andersherum konnten die täglichen Gedächtnisleistungen gegenüber dem Normalzustand erheblich verbessert werden, wenn entsprechende EM-Felder auf den Probanden einwirkten. Schlaf ist somit ein Bewusstseinsverlust, der Bewusstsein schafft, wie Professor Born es in bester paradoxer Manier ausdrückt.[134]

Das Revolutionäre scheint jedoch zu sein, dass diese besondere Schlafphase sogar im Wachbewusstsein erreicht werden kann. Durch entsprechende EM-Felder, die Probanden in Kopfnähe appliziert wurden, entstanden – wohlgemerkt im Wachzustand – die Delta-Wellen in einer außergewöhnlich hohen Intensität. Was hier äußerlich durch EM-Felder hervorgerufen wurde, ist ein Zustand, in dem der Mensch in sein tiefstes Inneres schauen kann. Wobei es sich nicht um Träume handelt, eher um einen Einblick in die unbewusste, innere Welt.

Dem aufmerksamen Leser dürfte nicht entgangen sein, aus welchem Grund ich diese Passage besonders hervorhebe. In der Tat könnten die zunehmend auf uns einwirkenden kosmischen, solaren und geomagnetischen Felder diesen EM-Feldern entsprechen. Diese Vermutung entspricht einer heliobiologischen Grundlage und stellt meines Erachtens ein ernsthaftes Faktum dar.

Betrachten wir noch eine Weile unser vorrangigstes Wahrnehmungsorgan, das uns erst zu einem Selbst-Bewusstsein führt. Stammesgeschichtlich wird der Neocortex als der jüngste Teil der Großhirnrinde gesehen und nur bei Säugetieren gefunden. Beim Menschen bildet der Neocortex den Großteil der Oberfläche des Großhirns. Dabei geht es zunächst um Repräsentationen der Sinneseindrücke in den sensorischen Arealen; zweitens um den für Bewegungen zuständigen Cortex und die für unser Thema so wesentlichen Assoziationszentren. Zum Neocortex gehört auch der Frontallappen. Dieser präfrontale Cortex reguliert die kognitiven Prozesse so, dass situationsgerechte Handlungen ausgeführt werden können. In diesem Hirnareal vollzieht sich unsere Informationsverarbeitung, das Denken, Erkennen, Erfahren und Kennenlernen stehen hier im Vordergrund.

Auch wenn viele kognitive Prozesse im Menschen bewusst sind, haben »Kognition« und »Bewusstsein« nicht die gleiche Bedeutung. So können bestimmte Prozesse im Menschen unbewusst und dennoch kognitiv sein – ein Beispiel hierfür ist das unbewusste Lernen. Zu den kognitiven Fähigkeiten eines Menschen zählen zum Beispiel die Aufmerksamkeit, die Erinnerung, das Lernen, die Kreativität, das Planen, die Orientierung, die Imagination, die Argumentation, der Wille, das Glauben, um nur die wesentlichsten Fähigkeiten zu benennen.

Der Frontallappen scheint für höhere kognitive Aufgaben wie Humor, Emotionen und Persönlichkeit eine große Bedeutung einzunehmen. Der Frontallappen der Menschen und Menschenaffen weist zwei Besonderheiten auf, die bei keiner anderen Tierart zu finden sind: Er ist überdurchschnittlich groß und enthält eine besondere Art von Nervenzellen, vermutlich eine Abart der pyramidenförmigen Spindelzellen, die in den Gehirnen anderer Säugetiere fehlen. Der hohe Anteil dieser Zellen beim Menschen könnte zur Beantwortung der Frage beitragen, wodurch die Entwicklung der Sprache, des Selbstbewusstseins und der Kontrolle der Gefühle in der menschlichen Evolution ermöglicht wurde. Liegen in diesem Hirnareal Schäden vor, wie etwa beim Frontalhirnsyndrom, so äußern sich diese durch folgende Symptome: Ungenügende Berücksichtigung von Handlungskonsequenzen; Festhalten an irrelevanten Details; mangelnde Abstimmung auf aktuelle Erfordernisse; ungenügende Regelbeachtung sowie Regelverstöße – auch im sozialen Verhalten. Die Intelligenz bleibt erhalten, aber schlussfolgerndes Denken und Klassifikationsleistungen sind verschlechtert. Außerdem werden Antriebsstörungen deutlich, Störungen der Gedächtnisleistung und Störungen der Aufmerksamkeit.

Aufgrund seiner Verbindungen zum limbischen System wird der Neocortex für die erlernte Kontrolle des angeborenen Verhaltens verantwortlich gemacht. Bei Läsionen des Stirnhirns zeigt sich kein Verlust der Intelligenz, jedoch eine Veränderung des Verhaltens bzw. der Persönlichkeit in Richtung der Ungehemmtheit, Taktlosigkeit, Aggression oder des Fehlens von festen Absichten oder planender Vorausschau. Betroffene haben Schwierigkeiten, ihr Verhalten zu ändern, obwohl das unter gegebenen Umständen absolut notwendig wäre, so als überwögen bei der Konkurrenz von inneren und äußeren Motivationen die inneren.

Bewerten wir diese Eigenschaften und Symptome, die mit dem Neocortex im Zusammenhang stehen, einmal unter dem Aspekt, dass dieser Gehirnbereich für elektromagnetische Felder empfindlich ist. Diese gesicherte Erkenntnis spielt eine Schlüsselrolle im Zusammenhang zwischen EM-Feldern und Stimmungs- und Bewusstseinslagen. Hierfür stehen beispielhaft die folgenden Arbeiten:

Klinische Studien der Klinik und Poliklinik für Psychiatrie und Psychotherapie der Ludwig-Maximilians-Universität München führten im Jahre 2003 zur Veröffentlichung einer Dissertation über die Zusammenhänge zwischen einer »Veränderung der Stimmungslage und der Befindlichkeit durch EM-10-Hz-Felder«.[135] Die Ergebnisse zeigten, dass bei einer Befeldung mit 10 Hertz eine erhöhte Aktivität im visuellen Assoziationskortex bewirkt wurde.[136] In einem anderen Versuch wurden zwei Gruppen mit 10-Hertz-Feldern unterschiedlicher Intensitäten befeldet. Die Gruppe mit der höheren Feldintensität hatte die deutlicheren Stimmungsverbesserungen zu verzeichnen.[137]

Andere Studien zeigen, dass Wahrnehmung, Lernen und Gedächtnis durch 10-Hertz-Felder beeinflusst wurden, wenn diese auf das Gehirn der Probanden einwirkten.[138] Wenn demnach Nachweise erbracht werden können, dass in Versuchen eingesetzte EM-Felder unsere Stimmungs- und Bewusstseinslagen beeinflussen, dann dürfte es naheliegend erscheinen, dass geomagnetische Felder – sofern sie im gleichen Feld- und Frequenzbereich liegen – etwas sehr Ähnliches bewirken. Tatsächlich liegen für diese Vermutung gut abgesicherte Forschungsergebnisse vor.

Diese Erkenntnis dürfte von ungeahnter Tragweite sein, da wir im zeitnahen Bereich mit Feldern konfrontiert werden, die durch unsere Sonne hervorgerufen werden. Allein aus diesem Grund halte ich es für geraten, sich eingehender mit diesem Naturereignis auseinanderzusetzen.

Wenn uns die Interpretation des Heim-Dröscher-Modells tiefere Einblicke in eine zwölfdimensionale Ganzheitlichkeit vermittelt hat, so wollen wir uns nun die Erkenntnisse der Bio-Physik zu diesem Thema näher ansehen.

Zunächst von der breiten Öffentlichkeit unbemerkt, erhielt ein Wissenschaftler den Nobelpreis für eine revolutionäre Entdeckung. Es handelte sich um den Biochemiker Ilya Prigogine, den ich bereits in einem vorangehenden Kapitel erwähnte.* Hinter der für Nichtphysiker eher unverständlich erscheinenden Formulierung seiner »dissipativen Strukturen« verbirgt sich ein Wirkprinzip, das uns einen fundierten Hintergrund für einen möglicherweise bevorstehenden Evolutionssprung bietet. Dissipative Strukturen zeigen auf, dass das Leben grundsätzlich als ein selbstorganisierender kreativer Prozess zu verstehen ist; sie bezeichnen Strukturen, die offene Systeme bilden können, welche Energie austauschen. Die von Prigogine untersuchten Prinzipien zeichnen sich nicht erst bei Zellen oder höheren Lebewesen ab, sondern haben nahezu universelle Gültigkeit. Auch auf physikalischer, chemischer und biochemischer Ebene sind sie auf unzähligen Strukturebenen wirksam und bestimmen den Entwicklungsverlauf von Molekülen bis hin zu Sternen.

Prigogines Modell bildet die Grundlage der Chaostheorie. Seine Forschungen zeigen, dass Entwicklung von lebenden oder lebensähnlichen Systemen naturgemäß immer nur vorübergehend in stabilen Bahnen verläuft.

Der grundsätzliche Antriebsmotor der Evolution ist die Fähigkeit zur Selbstschöpfung und Selbsttranszendenz, die, wie wir im vorherigen Kapitel lernen konnten, vom Hyperraum gesteuert wird. Natürlich gilt dies auch für alle dissipativen Strukturen. Diese Strukturen verfügen über eine Art Membran, die es ihnen erlaubt, quasi ein »Selbst« zu bilden und gleichzeitig mit der Umgebung im Austausch zu sein. Dieser Austausch erfolgt natürlich auch über den Hyper-

---

* Vergleiche Kapitel 4.

raum. Hierdurch ist ein solches »Lebenssystem« in der Lage, verfügbare Energie dafür zu nutzen, sich über einen chaotischen Umwandlungsprozess auf eine neue Seinsstufe zu transformieren. Führt man diesem System Energie zu, erzeugt das eine Instabilität mit nachfolgendem Chaos. Hierbei gelangt es an einen kritischen Punkt, an dem seine bisherige Entwicklungsspur endet. Dieser Schwellenwert wird als Bifurkation bezeichnet.

An dieser Stelle verlässt das Lebewesen seine alte Struktur und transformiert sich von einem chaotischen Prozess in etwas Neues. Diese Transformation kommt einem Evolutionssprung gleich und kann als Elementarvorgang der Evolution bezeichnet werden. Bemerkenswerterweise gibt es an diesem Transformationssprung mehrere Zukunftsvarianten. Das »Lebenssystem« kann seine Entwicklungsmöglichkeiten durch die Aufnahme von Energie und die Aufgabe seiner alten Form vergrößern.

Betrachten wir eine solche Transformation (Bifurkation) in einem komplexen System. Bewegungen, also Erfahrungen, die über die vorgegebenen Randbedingungen hinausgehen, erzeugen eine kritische Instabilität mit nachfolgendem Chaos. Wenn ein bestimmter Schwellenwert erreicht wird, also das Chaos am größten ist, transformiert sich das System in ein höheres mit sehr hohen Ordnungsanteilen.

Die Fähigkeit zur Selbstorganisation findet durch eine Hyperraumkommunikation statt. Wissenschaftler konnten feststellen, dass beispielsweise bei einem chemischen System unzählige Milliarden von Molekülen in ihrem Verhalten synchronisiert werden. Faktisch erfolgt diese Hyperraumkommunikation über Steuer- und Organisationsprozesse wiederum aus dem Hyperraum – also aus den Dimensionen fünf und sechs, basierend auf dem zwölfdimensionalen Weltbild Heims.

Aus unserer üblichen dreidimensionalen Sicht wird natürlich immer nur eine Möglichkeit nach der Bifurkation realisiert. Mehrdimensional gesehen sind aber alle Varianten gleichzeitig da. Aus der Physik ist bekannt, dass Quantensysteme multidimensional in all ihren Möglichkeiten verwirklicht sind, bevor wir sie durch Messung und Beobachtung in die dritte Dimension zerren. Unsere möglichen Zukunftsszenarien sind deshalb höherdimensional gesehen bereits vorweggenommen. Da der Entscheid für eine bestimmte Zukunftsvariante aus dem Innern des Systems kommt, liegt es an uns, an welcher Erde wir künftig teilhaben. Dissipative Strukturen können auch entartete Entwicklungsvarianten wählen. Es scheint mir deshalb wichtig, die Wahl der Zukunftsspur aktiv mitzubestimmen.

Jeder ganzheitlich orientierte Leser geht wie selbstverständlich davon aus, dass Natur, Mensch und Geist untrennbar miteinander verbunden sind. Es erscheint sinnvoll, den menschlichen Körper als ein Instrument des kosmischen Geistes zu sehen. Erstaunlich dürfte für die meisten von uns sein, dass es Forschern gelungen ist, diesen – eher subjektiv getragenen – Gedanken naturwissenschaftlich nachzuweisen.

Das folgende Zitat von Professor Alexander Trofimov fasst wohl am deutlichsten die Essenz zusammen, die sich aus einer langjährigen Forschung ableiten lässt:

»Der irdische Mensch als ein Abkömmling des Universums ist in Wahrheit das Gebilde eines Planetensterns, in dem sich eine Feldform von Energie und von Geist vereinigt und, in Verbindung mit dem kosmischen Raum, in körperlicher Form existiert. Diese körperliche Form sammelt in sich energetisches Potenzial der Sonne und durchläuft ihren Lebenszyklus, in dem sich im Laufe der Kalenderjahre eine Sternenfeldform entwickelt. Wenn die körperliche Form stirbt und verschwindet, trennen sich, in Worten ausgedrückt, die Felder, möglicherweise in eine solitonisch-holografische Form des Lebens und in den Geist, der in die Unsterblichkeit geht und sich mit dem unendlichen, lebenden Raum des Universums vereint. Wir prüfen die Hypothese, ob Feldformen des Lebens zugänglich sind, die formbildend wirken und in ständiger Wechselwirkung mit einer heliogeophysikalischen Umwelt leben.«[139]

Auf der Suche nach den möglichen Zusammenhängen zwischen 2012 und einem Evolutionssprung – der von den Maya vorhergesagten Zeitenwende, die sich in einer Annäherung an den umfassenden kosmischen Plan vollziehen werde – weisen Wissenschaftler wiederholt auf die außergewöhnlichen Sonnenaktivitäten hin, die uns erwarten.

Immerhin klassifizieren die Mitarbeiter der NASA die gegen 2012 zu erwartenden Sonnenaktivitäten als derart bedrohlich, dass sie seit Januar 2009 damit begonnen haben, die Menschen vor den unübersehbaren Folgen der zu erwartenden Energieausbrüche zu warnen. Nun richten sich diese Warnungen in erster Linie an die materiellen Folgeschäden, die durch extreme »Sunflares« hervorgerufen würden. Der Präsident der Europäischen Gesellschaft für Geowissenschaften, Michael Rycroft, erklärt zum Thema »geomagnetische Veränderungen« jedoch, dass rund 10 bis 15 Prozent der Bevölkerung von geomagnetisch bedingten Gesundheitsproblemen betroffen seien.[140] Eine australische Studie von 2006 bestätigt ihrerseits den Zusammenhang zwischen geomagnetischen Aktivitäten und der Selbstmordrate.[141] Bereits 1994 berichtete eine Studie im British Journal of Pharmacology von einem bei Sonnenstürmen immerhin 36,2-prozentigen Anstieg der Zahl männlicher Patienten, die wegen Depressionen in ein Krankenhaus eingeliefert wurden.[142]

Ich bin absolut davon überzeugt – und das bestätigen eigene Forschungen –, dass die hier betroffenen Personen anders reagiert hätten, wenn sie über die genaueren Zusammenhänge aufgeklärt worden wären. Eine psychische Auffälligkeit, die im Extremfall bis zum Selbstmord führen kann, ist mit einer entsprechenden Geisteshaltung zu vereiteln oder gar für kreative Inspirationen zu nutzen. Tatsächlich ist – wie in Kapitel 4 erwähnt – inzwischen bekannt, dass die außergewöhnlichen Einfälle, die zu Erfindungen, wissenschaftlichen Problemlösungen, großen künstlerischen Werken und Ähnlichem geführt haben, ebenfalls im Zusammenhang mit geomagnetischen Anomalien standen. Selbst unsere Träume sind hiervon nicht ausgenommen. So konnte der Psychologe Darren Lipnicki anhand seines Traumtagebuchs schließen, dass die variierende Stärke des Erdmagnetfeldes für »bizarre Träume« verantwortlich ist. Seinen Untersuchungen legt der australischer Forscher seine 2387 persönlichen Traumnotizen aus den Jahren 1990 bis 1997 zugrunde, die er unmittelbar nach dem Aufwachen anfertigte und protokollierte. Beim Vergleich mit den Daten über die Stärke des Erdmagnetfeldes seiner Heimatstadt Perth stellte er fest, dass an Tagen mit schwacher geomagnetischer Feldstärke seine Träume von bizarrerer Natur waren als an Tagen mit starker Aktivität.[143] Die Auswertung der Daten ist statistisch hoch signifikant.

Es ist zu erwarten, dass sich diese geomagnetischen Anomalien noch mindestens bis zum Jahre 2012 fortsetzen werden. Für mich stellen diese Ereignisse Hinweise dar, die zu einem Wandlungs–, möglicherweise gar Transformationsprozess der Menschheit führen werden. Ob nun diese Wandlung mit 2012 beginnen oder dann gar abgeschlossen sein wird, lässt sich derzeit noch nicht absehen. Faktisch befinden wir uns bereits seit Jahren in dem physikalischen Bereich der hierfür erforderlichen Einflussgrößen. Meiner

Meinung nach ist »2012« ein Symbol für einen elementaren Übergang in einen vollständig neuen Seins-Zustand. So gesehen befinden wir uns inmitten der Wandlungsphase, die mit dem kalendarischen Zeitpunkt 2012 in etwa übereinstimmt.

Betonen möchte ich jedoch, dass unserer kalendarischen Zeitrechnung entsprechend 2012 ein Sonnenzyklus abgeschlossen sein und ein neuer beginnen wird. Hierauf beruhen die oben genannten Prognosen und Warnungen der NASA. Dass sich dieser aktuelle Sonnenzyklus nicht normal gegenüber den vorherigen Sonnenzyklen verhält, liegt auch daran, dass zu diesem Zyklus mindestens noch ein weiterer kosmischer Zyklus hinzukommt. Ähnlich wie bei den Gezeiten von Ebbe und Flut ein genauer Zyklus durch die Gravitation unseres Mondes bestimmt wird und durch den zusätzlichen Einfluss einer Konjunktion oder Opposition von Sonne und Mond zu einer Springflut führen kann, treten zum normalen 11,3-Jahres-Zyklus der Sonnenaktivitäten weitere kosmische Zyklen in Erscheinung. Diese zusammengenommen können zu einer wesentlich höheren und andersartigen Wirkung führen, als wenn eben nur ein einziger kosmischer Zyklus seine Wirkungen hinterließe (»Springflut-Effekt«).

Der größte Zyklus innerhalb unserer Galaxis beträgt etwa 225 Millionen Jahre, die Zeitspanne also, die unser Sonnensystem für einen Umlauf um das Zentrum unserer Galaxis braucht. Auf dieser kosmischen Reise erreichen wir an einem bestimmten Punkt einen Bereich, der als »Dark Rift« bezeichnet wird. So schreibt der Astrophysik-Professor Adrian L. Melott: »Unser Sonnensystem hat vor kurzem die Mitte der galaktischen Ebene erreicht und ist auf dem Weg nach oben, wodurch wir erhöhter Strahlung ausgesetzt sind.«[144] Bei den besonders energiereichen Stahlen handelt es sich um die sogenannten Gammastahlen, die als GRBs bezeichnet werden. Ebendiese GRBs sind es, die in Häufigkeit und Energie in den letzten zehn Jahren dramatisch zugenommen haben. Von außergewöhnlicher Bedeutung ist nun, dass diese GRBs in unserer Vergangenheit Evolutionsschritte eingeleitet haben, die über Mutationen entstanden sind.

Da unser Sonnensystem mindestens seit etwa 550 Millionen Jahren unser galaktisches Zentrum umkreist, ist davon auszugehen, dass wir in unserer Vergangenheit sämtliche Bereiche mehrmals passiert haben. Glauben wir den Forschungsergebnissen der beiden Professoren Medvedev und Melott, dann traten alle 62 Millionen Jahre neue Evolutionssprünge auf der Erde ein. Allerdings vollzog sich dieses letzte Ereignis vor nunmehr 62 Millionen Jahren in einer sehr extremen Form – es kam zu einem Artensterben, bei dem etwa 90 Prozent aller Populationen verschwanden bzw. sich zu einer neuen Evolution transformierten.[145]

Medvedev und Melott entdeckten auch, dass sich bei jedem vergangenen »Artensterben« unser Sonnensystem in der zentralen Ebene unserer Galaxis befand. Vieles spricht nun dafür, dass sich unser Sonnensystem bereits in dieses »galaktische Zentrum« hineinbewegt. Ein wesentlicher Indikator hierfür ist beispielsweise, dass zu jedem dieser 62-Millionen-Jahreszyklen unser Sonnensystem von einer extremen GRB-Aktivität erfasst wurde – was tatsächlich wiederum seit etwa zehn Jahren festgestellt wird.

Neueste Forschungen zeigen uns hierzu weiter, dass zu jeder dieser Zeitphasen des großen »Artensterbens« die Gammastrahlen (GRBs) nicht nur für dieses Ereignis verantwortlich waren, sondern offenbar durch ihre besonderen physikalischen Eigenschaften neue Arten entstehen ließen.

Nun stehen die genannten Wissenschaftler nicht allein mit diesen – zugegeben – spektakulären Forschungsergebnissen. So haben auch die beiden Physiker Robert Rohde und Richard Muller von der University of California in Berkeley ein Ergebnis vorzulegen, welches das ihrer Kollegen bestätigt. Sie studierten Fossilienfunde von über 36 000 Meerestiergattungen aus den vergangenen 542 Millionen Jahren und stellten bei der Auswertung ihrer Daten fest, dass etwa alle 62 Millionen Jahre plus/minus drei Millionen Jahre massenhaft Arten auf der Erde ausgestorben seien. Das Muster sei zu regelmäßig, um es mit dem Zufall zu erklären, meinte Rohde.[146]

Spiegel Online Wissenschaft berichtete hierzu: »Das Beängstigende daran: Die letzte Sterbewelle, die auch die Saurier dahinraffte, liegt schon 65 Millionen Jahre zurück. Der nächste Exitus wäre demnach überfällig, wenn er tatsächlich dem entdeckten Rhythmus folgt.«[147]

Wie James W. Kirchner von der University of California und Anne Weil von der Duke University in einem Begleitkommentar in der Fachzeitschrift Nature schreiben, wurde die Existenz eines ähnlichen Musters bereits von dem Paläontologen K. S. Thomson vor rund 30 Jahren vorgeschlagen.[148]

Dass nun die Gamma Ray Burst (GRBs) für dieses Massensterben verantwortlich sein sollen, ist zwar aus naturwissenschaftlicher Sicht eine recht neue Theorie, doch nach Aussage der NASA und von Wissenschaftlern der University of Kansas wären die Strahlen eine logische Erklärung beispielsweise für das Massensterben im Ordovizium.*

Bei einem solchen Ereignis würde durch die kosmischen Gammastrahlen innerhalb weniger Sekunden die Ozonschicht der Erde zerstört werden, weshalb auch Jahre danach die UV-Strahlung noch ungehindert die Erdoberfläche erreichen könnte, und nicht nur das: Denn die Gammastrahlen, die energiereichste Strahlung, würde das Zellgewe-

---

* Das Ordovizium ist das zweite geologische System des Paläozoikums in der Erdgeschichte. Es begann vor etwa 488,3 Millionen Jahren und endete vor ca. 443,7 Millionen Jahren.

be aller Lebewesen schädigen und für ein großes Massensterben an Land sorgen. Zwar könnten Lebewesen in der Tiefsee diesem kosmischen Bombardement entkommen, doch würde das Plankton nahe der Wasseroberfläche zerstört werden und somit die Nahrungskette im Wasser irreparabel beschädigt werden, weshalb es auch hier zu einem Massensterben kommen würde.[149]

Um diese Auflistung von Forschungsergebnissen abzuschließen, möchte ich noch auf eine weitere Besonderheit hinweisen, die unsere Einschätzung zum Thema »(R)Evolution 2012« abrunden könnte. Bisher galt unser Schutzschild, die Magnetosphäre, als relativ zuverlässig, wenn es darum ging, unsere Erde vor den »gefährlichen« Strahlen zu schützen, die aus dem Weltall auf uns treffen. Obgleich die GRBs selbst eine intakte Magnetosphäre überwinden könnten, bricht nun ebendieser Schutz erheblich ein. Seit 2009 weist die NASA darauf hin, dass unsere Magnetosphäre aufgebrochen sei. Hierzu berichtete Jimmy Raeder von der NASA:[150] »Mit Messungen der fünf Erdbeobachtungssonden THEMIS haben NASA-Wissenschaftler einen gewaltigen Bruch im irdischen Magnetfeld ausfindig gemacht, der fünf Mal größer ist als bislang für möglich gehalten. Hier können die schädlichen Sonnenwinde ungehindert in die Magnetosphäre eindringen und gewaltige geomagnetische Stürme aufladen. Der Bruch selbst, so die NASA, sei dabei jedoch nicht die größte unerwartete Entdeckung. Die Forscher um David Stibeck vom Goddard Space Flight Center (GSFC) der NASA in Greenbelt zeigen sich noch mehr von seiner ungewöhnlichen Ausformung überrascht, die althergebrachte Vorstellungen über Raumphysik über den Haufen zu werfen scheint.«

Ergänzend berichtete David Sibeck in Science@nasa.gov: »Zuerst wollten wir nicht glauben, was wir da entdeckt hatten. Diese Entdeckung verändert unser Verständnis der Interaktionen zwischen Sonnenwind und Magnetosphäre von Grund auf.«[151]

Während Sonden einen Bruch durchflogen, als dieser sich gerade öffnete, zeichneten sie heftige Sonnenwinde auf, die in die Magnetosphäre hineinflossen. Dabei zeigte sich, dass diese Öffnung vier Mal breiter war als die Erde selbst. So konnten Mengen von Partikeln des Sonnenwindes in die Magnetosphäre einströmen, die bisher nicht für möglich gehalten wurden. Ähnliche Aufbrüche der Magnetosphäre durch den Sonnenwind waren zwar schon zuvor bekannt, jedoch bei weitem nicht in diesem Ausmaß: »Die ganze Tagesseite der Magnetosphäre war offen für den eindringenden Sonnenwind, der die Magnetosphäre wie die Tentakel eines Kraken umschlungen und aufgerissen hatte«, berichtete Jimmy Raeder von der University of New Hampshire.[152]

Für den aktuell beginnenden Sonnenzyklus, der sein Maximum gegen 2012 haben soll, erwarten die Forscher ein beunruhigendes Szenario – es erreichen uns dann allein von unserer Sonne wesentlich mehr Strahlungen als je zuvor.

Natürlich rufen derartige Ergebnisse Ängste hervor. Tatsächlich habe ich sehr lange gezögert, die hier zitierten Studien in diesem Kontext zu veröffentlichen. Sollten wir uns tatsächlich in einer solchen Phase befinden, ist ein derartiger Vorgang wie das Artensterben sicherlich kein Akt von gut zehn Jahren – obwohl seit dieser Zeit die extreme Zunahme der GRBs eindeutig festzustellen ist. Wenn es sich um kosmische Zyklen im Zeitbereich von Jahrmillionen handelt, erscheinen zehn Jahre doch auffällig kurz dagegen. Sollten wir also in diesen besonderen Strahlen- und Einflussbereich eingedrungen sein, könnte dieser Vorgang durchaus noch einige weitere Jahre anhalten. Die Weltlage ist ernst, in dieser Hinsicht sollten wir uns nichts vormachen. Ich halte es für verantwortungslos, Menschen nicht darüber zu informieren, was möglicherweise auf sie zukommen wird. Vorausgesetzt, es handelt sich bei diesen Aufklärungsdaten um glaubhafte Erkenntnisse.

Grundsätzlich werden wir die kommenden Veränderungen auf zwei Ebenen wahrnehmen können. Die Ausdeutung der auf uns einwirkenden Ereignisse wird über unseren Verstand vollzogen, und von dieser Warte aus betrachtet, könnten große Ereignisse dramatisch und schmerzvoll ausfallen. Sofern wir jedoch die Ereignisse aus unserem Herzen wahrnehmen, würde uns das gleiche Szenario als etwas überaus Erfreuliches erscheinen. Wir »sehen« (und fühlen), »Das-was-ist«, und eben nicht mehr, was unser Verstand als Interpretation aus dieser Gegebenheit konstruiert.

Aus der Wahrnehmung unseres Herzens werden uns die kommenden Ereignisse erkennen lassen, dass wir uns inmitten eines Wandlungsprozesses befinden, der uns zu neuen – und vollständig anderen – Höhen aufsteigen lässt. Die Freiheitsgrade, die wir als neuer Mensch erfahren, werden uns zu einem sozialen Wesen machen, und wir werden erkennen, wer und was wir wahrhaftig sind: göttliche Wesen, die ihr Sein ausleben, indem ihr Lebensweg die Freude sein wird.

Ich stehe nicht allein mit dieser Ansicht. In seinem Buch *Stufen zum Leben* schreibt der Nobelpreisträger M. Eigen hierzu: »Das Paradigma der gnadenlosen Konkurrenz wird durch eine Sichtweise abgelöst, die auf Flexibilität und Harmonie der Lebewesen basiert – plötzliche evolutionäre Veränderungen treten zwischen langen Perioden relativer Stabilität auf. Dadurch springt ein Organismus in überraschendem Tempo auf eine deutlich höhere Entwicklungsstufe.«[153] Womöglich ist es ebendas, wonach es unsere krankende Gesellschaft verlangt.

8

Das Erwachen der Träumer

Ziehen wir ein Fazit. Das Jahr 2012 markiert die Schwelle zu einer Zeitenwende. Strahlen aus den tiefsten Weiten des Kosmos werden auf die Erde treffen, die alle wissenschaftlichen Erklärungsmuster unterlaufen. Das als unverrückbar angenommene Weltmodell der Naturwissenschaften wird ins Wanken geraten. Dramatische Ereignisse werden unsere Alltagsroutine unterbrechen und uns vor neue Realitäten stellen.

Und immer wieder die Frage: Was kommt danach? Wird uns das Universum tatsächlich schöpferische Strahlen senden, die uns zum Positiven verändern? Betrachten wir eine der zahlreichen Pressemeldungen der letzten Zeit: »Ein extrem energiereicher Strahl aus einem kollabierenden Stern zeigt, dass es bis zu 100-mal mehr Gammastrahlenausbrüche geben könnte, als bisher angenommen wurde. Selbst mit bloßem Auge konnte man den Gammablitz über 40 Sekunden lang am Nachthimmel beobachten. Warum der Strahl trotz der großen Entfernung sehr gut zu sehen war, ist leicht erklärt: Er war direkt auf die Erde gerichtet.«[154]

Was hier geschieht, liegt außerhalb des mechanistischen Weltbildes, wie es die Naturwissenschaften immer noch behaupten. Daher brauchen wir neue Interpretationen, inspiriert durch alte Mythen und philosophische Überlegungen. Es ist sehr wahrscheinlich, dass die Ereignisse des Jahres

2012, die sich bereits heute ankündigen, zu einem endgültigen Auseinanderbrechen von Geistes- und Naturwissenschaften führen werden. Wie so oft, ist die Natur unser wichtigster Lehrmeister. Auch wenn wir es lieben, starre Regeln und Gesetzmäßigkeiten festzuschreiben, zeigt sie uns immer wieder, dass wir mit einem mathematischen Weltbild vieles erklären, aber kaum etwas verstehen können. Wie anders als mit Intuition und visionärer Vorstellungskraft sollten wir auf die Umwälzungen reagieren, bei denen unsere alten Strategien jämmerlich versagen werden?

Eines lehren uns die vielen überraschenden Phänomene ganz bestimmt: Eine Trennung zwischen Geist und Materie existiert lediglich in unserer Vorstellung. Kein noch so versierter Physiker und kein noch so spitzfindiger Philosoph wird uns mit Sicherheit sagen können, wo die bloße Materie endet und wo das Geistige beginnt. So ist es nicht verwunderlich, dass selbst herausragende Physiker sich zu der Aussage hinreißen ließen: »Wer die Quantenphysik verstanden hat, kann sie nicht wirklich verstanden haben.«[155]

Dabei sind es paradoxerweise gerade die unerklärlichen physikalischen Phänomene, die uns aus dem Dilemma führen können. Die Wirkmächte des Kosmos verändern uns sowohl auf der primär materiellen Ebene unseres Körpers als auch auf der Bewusstseinsebene. Durch die aktuellen Beobachtungen des Kosmos werden wir an die Grenzen unserer Vorstellungskraft geführt. Die gegenwärtigen Ereignisse sind einfach nicht mehr kompatibel mit althergebrachten Weltmodellen. Wenn selbst die Sonne sich anders verhält als von der modernen Astrophysik berechnet, bleibt kein Stein unserer Theoriegebäude auf dem anderen. Wir werden umdenken müssen, anders denken müssen, kreativer, schöpferischer.

Im Jargon des digitalen Zeitalters gesprochen, fordern uns die kosmischen Einflüsse heraus, unsere Hardware für eine neue Software vorzubereiten. Dafür müssen wir uns von alten Denkschablonen verabschieden und offen werden für neue Erfahrungen – auch dann, wenn sie uns seltsam, irritierend oder gar bedrohlich erscheinen. Die Hardware dafür haben wir, einen leistungsfähigen, hochdifferenzierten und anpassungsfähigen Körper genauso wie ein enorm flexibles und lernfähiges Gehirn. Neurophysiologen würden diesen Prozess als eine neue Verschaltung unserer Gehirnzellen beschreiben. Aus der jüngsten Forschung wissen wir, dass das menschliche Gehirn aktiv veränderbar ist, etwa, wenn jemand eine Sprache erlernt oder ein Musikinstrument. Selbst durch regelmäßige Meditation verändern sich zunächst die Hirnströme der aktivierten Areale, bis hin zu der Tatsache, dass dort neue Zellen wachsen. Jedes Erlebnis, jede Erfahrung gehen einher mit einer entsprechenden Neuverschaltung der Neuronen. Natürlich sind die Programme unserer neuronalen Hardware im Allgemeinen recht stabil. Oft konditionieren sie uns ein Leben lang, ganz im Sinne des Satzes: »Was du nicht in der Kindheit lernst, wirst du dir später mühselig erarbeiten müssen«, oder, wie der Volksmund sagt: »Was Hänschen nicht lernt, lernt Hans nimmermehr.« Richtig daran ist, dass wir dazu neigen, erlernte Abläufe und Fertigkeiten permanent zu wiederholen – weil es uns von neuen Erfahrungen und Entscheidungen entlastet. Falsch wäre es jedoch, ein statisches Selbstbild zu entwickeln, die Vorstellung, dass wir uns von einem gewissen Alter an nicht mehr ändern können.

Das Gegenteil ist richtig: Unser Gehirn kann mehr leisten als die Reproduktion von Erlerntem. Überdies gehen Neurowissenschaftler davon aus, dass wir lediglich etwa zehn Prozent unseres Gehirns überhaupt nutzen, während die anderen 90 Prozent brachliegen. Unter diesem Aspekt ist es eine großartige Chance, dass wir durch die veränderten physikalischen Bedingungen vielleicht erstmals unsere geistigen Kapazitäten werden nutzen können. Wir werden eine nie da gewesene Veränderung unseres Denkens, Fühlens und Vorstellens erleben. Fast scheint es so, als warte unser Gehirn nur darauf, endlich mit den neuen Herausforderungen konfrontiert zu werden. Das ist nicht etwa Galgenhumor angesichts einer bevorstehenden Katastrophe. Es ist vielmehr die Conclusio meiner zahlreichen Studien und Recherchen, in denen neben negativen immer auch positive Effekte zu verzeichnen sind, wenn sich das Erdmagnetfeld verändert.

Was momentan auf uns einwirkt, führt – wissenschaftlich berechenbar – zunächst zu einer Veränderung und Erweiterung unserer Wahrnehmung. Wir werden die Welt buchstäblich mit neuen Augen sehen. Wir werden Abläufe und ihren Sinn erkennen, werden uns sogar von Lebensumständen und Gewohnheiten trennen können, die wir als kontraproduktiv oder schädlich empfinden. Es ist gut möglich, dass wir mehr Empathie für unsere Mitmenschen entwickeln und zu ungeahnten kulturellen Leistungen fähig sein werden. Unser gesamter psychischer Haushalt wird durch die extremen Magnetfeldschwankungen einer Revision unterzogen werden.

Bisher ruhte das Forschungsinteresse eher auf den negativen Auswirkungen, auf psychischen Erkrankungen wie Schizophrenie oder Depression. Kein Wunder: Die betroffenen Personen und ihre Ärzte hatten für psychische Anomalien keine andere Erklärung als die einer Krankheit. So übersahen sie viele positive Effekte, die neben der reinen Abweichung von der Normalität auftraten. Zwar kennt jeder die umgangssprachliche Kombination von »Genie und Wahnsinn«, doch in diesem Kontext ist sie nicht nur ein kultureller Topos, sondern höchst aufschlussreich. Hätte man die Patienten darüber aufgeklärt, dass ihre »Beschwerden« durch Magnetfeldschwankungen ausgelöst wurden, die in der Vergangenheit stets Quelle großer Inspiration waren, so hätten sie sich und ihr abweichendes Verhalten sicher neu bewerten können. Mehr noch: Sie hätten ihre Wahrnehmungs- und Verhaltensverschiebungen als Bereicherung erfahren und als Eingebung nutzen können.

Die Wirkungsweise ist sehr komplex. Um sich die weitreichenden Veränderungen zu vergegenwärtigen, die Erdmagnetfeldschwankungen auslösen, sollten wir uns einen Moment lang dem Zusammenspiel von Gehirn und Bewusstsein widmen. Es ist letztlich erstaunlich, wie wenige der Informationen, die wir durch Sinneseindrücke aufnehmen und dann im Gehirn bearbeiten und bewerten, in unser Bewusstsein gelangt. Erklärbar ist das durch ein differenziertes Filtersystem, mit dem wir auf der Stelle Wahrnehmungen zulassen oder aber ausblenden.[156] Das heißt: diese Filter entscheiden, welche und wie viele Informationen überhaupt in unser Bewusstsein vordringen und einer Reflexion unterzogen werden. Die Filter blockieren also Informationen, die für irrelevant gehalten werden, nach Kriterien, die im Laufe unseres Lebens immer stärker werden: Dazu gehören erworbenes Wissen und Glaubenssätze, kulturelle Tabus und ein inneres Wertesystem. Dadurch können wir uns bestens auf bestimmte Tätigkeiten konzentrieren, ohne uns ablenken zu lassen. Ich kann beispielsweise an diesem Buch arbeiten, ohne ständig zum Fenster zu laufen, wenn ein Auto am Haus vorbeifährt. Mein Filter signalisiert: »Autos sind nichts Ungewöhnliches, sie bedürfen keiner besonderen Beachtung, du erwartest niemanden, der mit einem Auto kommt, und Autos sind auch keine Bedrohung.« So weit der Alltag. Auf einer übergeordneten Ebene jedoch kann es fatal sein, dass wir die Technik der Ausblendung derart verinnerlicht haben. Wir haben uns selbst den Weg »nach oben« und »nach unten« abgeschnitten – anfangs durch unsere Erziehung, später meist durch Gewohnheit und Bequemlichkeit.

Den Großteil unserer Informationen beziehen wir aus unserer »irdischen Datenbank«. In der jüngsten Zeit jedoch scheinen zusätzlich weitere Informationen auf uns einzuwirken, die aus den Tiefen des Kosmos stammen – es sind jene Gammastrahlen, die ich bereits erwähnt habe und die, wie schon zitiert, »wie ein Scheinwerfer auf die Erde gerichtet« sind. Welche Informationen enthält diese Strahlung? Verändert sie uns? Teilt sie uns etwas mit? Diese Fragen bringen Astrophysiker weltweit in Erklärungsnöte. Die Zunahme von Häufigkeit und Intensität der Gammastrahlung in den letzten zehn Jahren jedenfalls ist exakt dokumentiert. So, wie man weiß, dass die Quellen dieser höchst energiereichen Strahlen sogenannte Supernovae sowie die mysteriösen schwarzen Löcher sind, die sich im Zentrum jeder Galaxis befinden. Doch an dieser Stelle enden die Wohlweislichkeiten, und die Rätsel beginnen. Offenbar »antwortet« unsere Erde auf die Gammastrahlung, die uns erreicht.[157] Wer oder was antwortet da? Sind diese Antworten messbar? Gibt es eine kosmische Kommunikation?

Als Biophysiker ist mir schon seit längerem bekannt, dass Gammastrahlung einen direkten Einfluss auf unsere geistige Aktivität hat. In den »privaten Mitteilungen« des Physikers Michael König finden wir einige Erläuterungen dazu[158]. Er stellte fest, dass manche Menschen plötzliche Veränderungen der Intensität von Gammastrahlen wahrnehmen können; diese Personen stellten außerdem Veränderungen ihres energetischen Status fest. König entwickelt folgende These: »Möglicherweise spielen also auch Photonen im Gamma-Energie-Bereich eine Rolle bei den biologischen Prozessen in einem Organismus.« Die Ursachen sucht er in der Zellstruktur: »Das negentropische Bestreben des Elektrons, das in seiner inneren Raum-Zeit eingeschlossene Photonengas in einen höheren Ordnungszustand zu bündeln, führt auch zur Konzentration und Akkumulation von höheren Photonenenergien im Bioplasma. Wenn dem so ist, dann liegt auch die Vermutung nahe, dass ein größeres natürliches Angebot hochenergetischer Photonen (kosmische Strahlung, GRBs, Sonnenwind) nicht nur vermehrt zu Strahlenkrankheiten und höheren Mutationsraten führt, sondern von energetisch höher entwickelten Menschen auch als energetisch bereichernd integriert werden kann und die individuelle spirituelle Entwicklung forciert.«[159]

In diesen wenigen Worten liegt nichts weniger als ein revolutionär neues Welt- und Menschenbild von ungeheurer Tragweite. Sie ergänzen und erklären die Grundthese dieses Buches auf beeindruckende Weise, dass sich die Menschheit inmitten eines bewusstseinserweiternden Wandlungsprozesses befindet, der in wenigen Jahren abgeschlossen sein wird. Es ist mehr als Spekulation, über die Konsequenzen dieses Bewusstseinswandels nachzudenken und die alles entscheidende Frage zu stellen: Wie wird der »neue Mensch« aussehen?

Zunächst einmal sind wir physisch optimal auf Veränderungen vorbereitet. In unseren Zellkernen warten etwa 97 Prozent inaktive Ressourcen-DNA auf ihre Aktivierung, Erbgut also, das uns jederzeit mit völlig neuen Eigenschaften ausstatten könnte. Auch unser Gehirn wäre in der Lage, eine weitaus komplexere Aktivität zu entwickeln – vorausgesetzt, die entsprechenden neuronalen Verschaltungen werden durch verändertes Denken und Handeln entsprechend stimuliert. Im Zentrum meines Interesses steht seit langem das Gehirnareal, das für Intuition zuständig ist. Diese »Wahrnehmung des Herzens« wurde im Laufe unserer westlichen Zivilisation zunehmend vom Verstand überlagert und de facto entmachtet. Das kennen wir alle: Wir haben beispielsweise ein diffuses »Bauchgefühl«, dass der neue Job nicht gut für uns ist, nehmen ihn aber dennoch an, weil der Verstand uns Vorteile wie ein hohes Gehalt, ein schönes Büro und einen Karrieresprung aufzählt. Dennoch kann es gut sein, dass wir hinterher bedauernd zugeben müssen: Unsere Intuition hat uns nicht getrogen. Trotz aller rational beschreibbaren Vorteile ist der Job nicht gut für uns.

Selbst im Alltag also kann es durchaus sinnvoll sein, auf seine Intuition zu hören. Noch wichtiger allerdings wird sie, wenn es um unsere spirituelle Dimension geht. Durch die Intuition öffnet sich der Zugang zu unserem »höheren Selbst«, das uns sonst für immer verborgen bleibt. Die Ebene der Intuition bezeichnet den Zugang nach oben – zu den höheren und höchsten Dimensionen des »Alles-was-ist« und immer sein wird, eine Umschreibung für den G4-Raum im Heim'schen Modell. Unsere Zugänge zu diesem Raum, die außerhalb der irdischen morphogenetischen Datenbank liegen, sind nur über die intuitiven Zonen des Gehirns möglich. Das betrifft nicht einmal nur das Gehirn im engeren Sinne: Letztlich verfügen all unsere Zellen über eine Art Gehirn.

Der evolutionäre Unterschied zwischen Mensch und Tier liegt zum einen darin, dass Tiere noch vollständig an unsere kosmischen Datenbanken angeschlossen sind. Sie rufen ihre nützlichen Informationen ab, sie verfügen über das, was wir als Instinkt bezeichnen. Ein Instinkt scheint uns Menschen nahezu vollständig abhandengekommen zu sein, als Tribut an die sogenannte Zivilisation. Diesen Verlust versucht der Mensch mit dem Verstand zu kompensieren – so leistete er zwar Beeindruckendes, doch Aufbau und Zerstörung sind nicht immer voneinander zu unterscheiden. Viele kritisieren heute den zwiespältigen Charakter unserer Kultur, deren Entwicklungsstand zur Bedrohung für die Erde geworden ist. Wie müssen wir diesen Umstand bewerten? Handelt es sich um einen evolutionären Rückschlag? Versagte die kosmische »Absicht«, als sie dem Menschen ein neues Gehirn –

den Neocortex – gab? Sicherlich nicht. Von einer Metaebene aus lässt sich eine befriedigende Antwort auf diese Frage finden.

Die Lösung liegt im sogenannten »Schleier des Vergessens«. Diesem Theorem zufolge musste unsere ursprünglich intakte Verbindung mit dem Kosmos ausgeblendet werden, wie ein Schleier, der sich über unsere Wahrnehmung legte, um auch irdische Erfahrungen machen zu können. Gemäß der Weisheit der Veden, dass sich »Gott in all seinen Aspekten selbst erfahren« möchte, ist es erforderlich, dass dieser »Gott« vergisst, wer er ist und dass er eigentlich alles weiß.

Im Laufe der Zeit aber wurde der »Schleier des Vergessens« zu einer Belastung, ja, er machte die Menschen blind und taub für Instinkt und Intuition. Das war der Preis dafür, dass wir keine instinktgesteuerten Wesen mehr waren, sondern wahrzunehmen, zu reflektieren und schlusszufolgern lernten. Wer weiß, wie unser Leben aussähe, wenn wir niemals gelernt hätten, unseren Verstand zu benutzen. Es scheint im Sinne der Evolution zu sein, dass alle Organismen immer komplexere Formen annehmen, immer umfangreichere Erfahrungen sammeln und sie schließlich gleichsam in kosmischen Archiven speichern. Dies scheint ein Kardinalgesetz der Evolution zu sein.

Der Mensch nimmt innerhalb der Geschichte der Evolution bekanntlich eine Sonderstellung ein: Er verfügt seit der Ausprägung seines neuen Gehirnareals über ein Bewusstsein. Damit ist er in der Lage, alles Wahrgenommene zu reflektieren, es zu verarbeiten, einzuordnen und zu bewerten. Dies ist es, was unseren Bewusstseinsprozess ausmacht: Unser Bewusstsein spiegelt, filtert und bewertet die äußeren Erfahrungen und lässt sich dadurch weiter formen. Doch das Bewusstsein brachte eine dramatisch veränderte Selbstwahrnehmung: Um sich seines Bewusstseins zu vergewissern, musste sich der Mensch als isoliertes Individuum betrachten, als Ich im Sinne des Ego, das vom Du und vom Es getrennt ist*. Es soll keinesfalls der Eindruck entstehen, dass es sich bei unserem Ego um ein künstlich geschaffenes Übel handele. Unsere Egobezogenheit gehört substanziell zum evolutionären Auftrag. Erinnern wir uns: Die Ego-Epoche erfüllt den Zweck, Erfahrungen zu sammeln, die eben nur gemacht werden können, indem der »Schleier des Vergessens« über das Selbst gelegt wurde.

Doch nach wie vor sind wir vernetzter als wir denken. Wir sind keine Monaden, wie Leibniz es mutmaßte, wir kommunizieren mit unserer Umwelt, selbst mit dem Kosmos. Daher bleiben wir durchlässig für unterschiedlichste Einflüsse, die uns in naher Zukunft bevorstehen. Das ist eine Qualität, kein Mangel. Diese Qualität wird uns helfen, die Ereignisse des Jahres 2012 nicht nur zu überstehen, sondern auch für unsere innere Entwicklung zu nutzen.

Das Selbst ist nicht unser Ego. Es existiert außerhalb von Raum und Zeit, ist primär in höheren Dimensionen beheimatet und wird von manchem als Synonym für die unsterbliche Seele verwendet. Das Selbst kann als Beobachter des Ego bezeichnet werden, das sich überwiegend in die Latenz zurückgezogen hat, weil das Ego zu dominant wurde. Dieses Selbst kann sich primär über jene Gehirnebene ausdrücken, die ohne das intellektuelle Denken funktioniert.[159] Auf der anderen Seite hat unsere Egomanie drastische Spuren hinterlassen. Wird es nicht gezügelt, kann es sich mit aller zerstörerischen Energie entfalten. Von Machtmissbrauch über Profitmaximierung bis hin zu Kriegen und Massenmorden – vom Ego geführte Menschen sind wie gefährliche Waffen. Manche von Ihnen erinnern

---

* In der altgriechischen Sprache bedeutet Ego = ich, *Edo* = hier; *ergo* = wo ich bin, ist hier, was bedeutet, dass ich nicht, wie de facto alle Entitäten, überall bin (was Physiker als nonlokal bezeichnen).

sich vielleicht an das berühmte Wort Friedrich von Schillers: »Seit Aristoteles wissen wir, was Demokratie ist. Und doch sind wir Barbaren geblieben. Erst wenn der Mensch seinen Verstand durch sein Herz ausdeutet, wird sich unsere Welt verbessern.«[161]

Was innerhalb des evolutionären Wandlungsprozesses geschieht und geschehen muss, um unsere Welt vor der menschengemachten finalen Zerstörung zu retten, bedeutet nichts weniger, als dass unser Ego in seine Schranken verwiesen werden muss. Neue, vollständig andere Eindrücke werden auf uns einwirken, Eindrücke, die unser entfesseltes Ego an seine Grenzen führen werden – zu aufwühlend, zu irritierend, zu ungewohnt werden diese Erfahrungen sein. Es sind Dinge, die wir bereits jetzt spüren. Schon vor dem magischen Datum 2012 sendet uns die kosmische Datenbank mit den energiereichen Strahlen aus den Tiefen des Alls Informationen, die kein noch so ausgeprägtes Ego verkraften oder zuordnen kann.

Wie sollen wir also mit dieser Herausforderung umgehen? Wie erkennen wir die Zeichen? Immer schon gab es Menschen, die sich einer Anbindung an die höheren Dimensionen bewusst waren, sei es über meditative Praktiken oder spirituelle Introspektion. All diese Strategien dienen dazu, das Ego zu transformieren, allerdings war es jedem Einzelnen überlassen, diesen Weg zu gehen oder auch nicht. Nun aber ist das alles keine Frage der individuellen Einstellung oder des Lebensstils mehr: Der Kosmos wirkt direkt auf uns alle ein, Gammastrahlen, Sonnenaktivitäten und die dadurch verursachten Erdmagnetfeldschwankungen betreffen ausnahmslos jeden Bewohner dieses Planeten. Dennoch besteht kein Grund zur Furcht. Das alles geschieht im Einklang mit der Erkenntnis, dass Veränderung die Basis der kosmischen Evolution ist. Wir fühlen es in unserem Inneren, wir erkennen es an unserer äußeren Welt. Halt kann uns geben, dass wir die Abläufe verstehen und begreifen, dass wir unaufhörlich auf eine neue Zeit hinsteuern. Die »kosmische Sanduhr« wird umgedreht, ein vollständig neuer Zyklus beginnt. In der Zeit, die uns noch bis 2012 bleibt, werden wir immer mehr das Gefühl haben, dass sich die Dinge beschleunigen – so wie sich der letzte Rest Sand in einer Sanduhr beschleunigt.

Das Besondere wird sein, dass wir viele neue Erfahrungen als Erinnerungen aus der tiefsten Vergangenheit unserer Menschheit erkennen werden, die wir unbemerkt vom Bewusstsein in uns gespeichert haben. Es sind empirische »Altlasten«, Ballast, den wir auf der Reise zu unserem neuen Ziel abwerfen müssen, weil er unbrauchbar ist. Zu diesen »Altlasten« zählen Verhaltensmuster, die anderen schaden, dazu zählt im Grunde jedes Verhalten, das unkorrigiert vom Ego befohlen wird. An dieser Stelle ist das Beispiel spiritueller Wahrheitssucher eine wichtige Orientierung, zeigen sie doch idealtypisch, wie das Ego überwunden werden kann.

Wenn wir in unserem Denken und Handeln allerdings ausschließlich aus dem Fundus unseres Wissens und unserer Erfahrungen schöpfen, werden wir keine Transformation erleben, sondern immer wieder Ähnliches hervorbringen. Das betrifft in gesteigertem Maße alles, was das Ego tangiert. Menschen, die am egofixierten Denken festhalten, werden sich nicht in die Dimension des neuen Menschen integrieren können. Nur die Wege der Weisheit und der Transformation werden uns sicher durch die Zeitenwende führen. Das kommt nicht von ungefähr: Elektromagnetische Felder können Frequenzen der Gehirnströme hervorrufen, die sonst mit tiefer Meditation einhergehen.

Falls wir bereit sind für den neuen Evolutionsschritt, sollten wir unser gesamtes Denken und Fühlen einer ehrlichen Prüfung unterziehen und uns fragen, ob wir offen sind für eine Weiterentwicklung. Vergessen wir nicht: Unsere

Gedanken erschaffen unsere Realität. Doch unsere Gedanken sind nicht die Realität. Auf diesen Unterschied weist bereits Platon hin, der in seiner Ideenlehre zugleich die Begrenztheit unserer sinnlichen Wahrnehmungen und unserer logischen Folgerungen anprangert: »Wir sollten uns nicht zu sehr darauf versteifen, dass unsere alltägliche Sicht der Welt die richtigste und umfassendste Anschauung darstellt. Der ›gesunde Menschenverstand‹ kann irreführend sein, und es könnte weit mehr Wirklichkeit geben, als das Auge wahrnimmt.«[162]

Wenn Platon in seinen Werken von dem Licht oder der Sonne als »dem Eigentlichen« schreibt, so entspricht das seiner These, dass sich hinter allen Dingen des Seins eine höhere Idee verbirgt, die ihnen übergeordnet ist. Physiker sprechen von »höheren Dimensionen«, die unseren drei Dimensionen übergeordnet sind. Die vierte Dimension verhält sich zum dreidimensionalen Raum wie die dritte Dimension zur zweidimensionalen Fläche. Bereits eine Dimension mehr in unserer Wirklichkeit stellt alles Denken auf den Kopf.

Eine der anspruchsvollsten Darstellungen zum Verständnis unserer Wirklichkeit bietet uns der Quantenphysiker David Bohm, über den Albert Einstein sagte, er sei der Einzige, der über die Quantenmechanik hinausgelangen könne. Dass Bohm ein guter Freund und Bewunderer von Jiddu Krishnamurti war, charakterisiert ihn als einen Menschen, der in beiden Welten, der Geistes- und der Naturwissenschaft, zu Hause war.

Ausdrücklich verweist David Bohm in seinem Werk auf die Möglichkeit, die Quantentheorie als Hinweis auf eine neue Ordnung zu verstehen. Diese Ordnung vergleicht Bohm mit der Struktur eines Hologramms, dessen Einzelteile immer die gesamte Informationssumme des Hologramms enthält.

Interessant für unsere Überlegungen ist David Bohms Interpretation des Wirklichkeitsbegriffs. Er definiert die physikalische Wirklichkeit als ein ungeteiltes Ganzes, das sich im ständigen Fluss befindet, ähnlich wie die Gezeiten der Meere. In seiner Imagination entstammen sämtliche Phänomene dem Äther, verwandeln sich aus Energie und Information in Materielles, um eines Tages wieder als reine Energie zu existieren. Eine Materialisation sei also immer zeitlich befristet. Diesen Zyklus nie abreißender Veränderung in unserer Wirklichkeit bezeichnete Bohm als Holobewegung. Diese Holobewegung vereint Materie und Geist. Die Inspiration zu dieser Theorie erfuhr David Bohm durch die große Ähnlichkeit mit der Hologrammstruktur. Folgt man seinen Überlegungen, so ergibt sich folgende Erkenntnis: Die sichtbare Wirklichkeit unserer Wahrnehmung ist eine holografische Projektion eines Unsichtbaren, Verborgenen, das die Ordnung eines höheren Raums repräsentiert. Seine Ordnung ist zugleich identisch mit den verborgenen Ordnungsprinzipien aller Erscheinungen. Die implizite Ordnung verlagert das Bauprinzip nach außen und bringt zur Entfaltung, was wir als Wirklichkeit erfahren – und was David Bohm die explizite Ordnung nennt. Diese explizite Ordnung entspricht unserer gegenwärtig dominierenden Weltsicht. Die implizite Ordnung hingegen ist als primäre Wirklichkeit zu verstehen: die höhere geistige Dimension.

Was David Bohm jenseits der expliziten Ordnung beschreibt, ist Wahrheit, Intelligenz, Einsicht und Barmherzigkeit, also Dinge, die Platons »höchsten Werten« vergleichbar sind: das Wahre, Schöne, Gute. All das können wir erfahren und wahrnehmen, wenn wir uns öffnen, wenn wir Verstand und Ego in uns zum Schweigen bringen. Wenn wir die tradierten Bezugsrahmen beiseiteschieben und die Filter entfernen. Denn sobald unser Denken aktiv wird und die wahrgenommenen »höchsten Werte« bewerten möchte, entziehen sie sich sofort. Eine Paranthese mag das erläutern: Es ist das, was Lao Tse meint, wenn er sagt: »Wenn du das Tao als das Tao erkennst, dann ist es nicht mehr das Tao.«[163]

Wie kann ich aufnahmefähiger für die implizite Ordnung werden, diese Frage wird Sie vermutlich jetzt beschäftigen. Eine wichtige Voraussetzung dafür ist, dass wir unsere Gehirnfrequenzen durch konsequente Ruhe- und Meditationsphasen verringern. Nur so können wir unser Unterbewusstsein mit dem Wach-Bewusstsein vereinigen. Alles, worauf wir unsere Aufmerksamkeit lenken, muss durch etliche Dimensionen hindurch verarbeitet werden, um dann in unserer Realität als Erfahrung anzukommen. So erschaffen wir unsere Welt nach unseren inneren Bildern, unseren Vorstellungen, unseren Gedanken.

Im Zusammenhang mit dem Jahr 2012 ist immer wieder vom Untergang der Welt die Rede. Anders als die Endzeit-Theoretiker kann ich nach über dreißigjähriger Forschung nur feststellen: Die Menschheit steuert auf eine Revolution des Bewusstseins zu. Und in dieser Revolution verbirgt sich der Keim der Evolution: die Wandlung zum neuen Menschen.

Die physikalischen Voraussetzungen für unseren nächsten Entwicklungsschritt sind gegeben. Die zunehmenden kosmischen Strahlungen scheinen in der Lage zu sein, freie Kontingente in unserer physischen Struktur zu erwecken. Biophysikalische Experimente haben längst erwiesen, dass durch die Einwirkung bestimmter elektromagnetischer Felder inaktive DNA-Anteile aktiviert werden können. Auf den Makrokosmos umgesetzt bedeutet das: Wir werden buchstäblich eine revolutionäre Evolution erleben. Unser gesamtes genetisches und geistiges Potenzial wird aktiviert werden. José Argüelles formuliert es in seinem Grundlagenwerk

über die Maya pointiert: »Gleich den Maya werden wir begreifen, dass [...] der richtige Einsatz unseres Gehirns als
selbsttätiger Kontrollmechanismus uns dabei helfen wird,
zu anderen Ebenen oder Dimensionen des Daseins überzu-
wechseln.«[164]

Nachbemerkung des Autors

Wissenschaftliche Arbeit beginnt mit dem Betrachten, es folgen Studien, Versuche und vergleichende Analysen. Meine eigenen jahrzehntelangen Forschungen im Bereich der Biophysik haben mich zu jenen Thesen geführt, die Sie in diesem Buch kennengelernt haben: dass uns Menschen in den kommenden Jahren eine grundlegende Wandlung bevorsteht. Zu dieser Schlussfolgerung gehört meine Vision eines neuen Menschen und meine unbeirrbare Hoffnung, dass die Menschheit mit ihrem wunderbaren Potenzial zu einem weit besseren Miteinander fähig ist, als es bisher gelebt wurde.

Wie ich anfangs schrieb, wende ich mich mit diesem Buch direkt an Sie, an meine Leser. Sehr wahrscheinlich werden Sie sich nach der Lektüre fragen, was Sie konkret tun können, um sich adäquat auf das Jahr 2012 vorzubereiten. Mein Rat: Werden Sie selbst tätig, forschen Sie selbst nach weiteren Informationen, um die Mythen und Gerüchte über 2012 besser hinterfragen und einschätzen zu können. Keine Sorge, dafür brauchen Sie keine einschlägige akademische Ausbildung. Die Webseite der NASA beispielsweise bietet einen guten Ausgangspunkt, um sich über die neuesten Sonnenaktivitäten zu informieren. Und oft ist gerade das von Bedeutung, was schnellstmöglich wieder aus dem Netz genommen und fortan verschwiegen wird. Seien Sie kritisch. Und vergegenwärtigen Sie sich immer, dass eine Transformation nur glücken kann, wenn Sie sie aktiv gestalten. Dann können Sie zuversichtlich in die Zukunft schauen – auch auf das Jahr 2012.

Anmerkungen

[1] *Severe Space Weather Events: A Workshop.* National Research Council, 2008
[2] Bild der Wissenschaft vom 26. März 1999
[3] Swimme, Brian, im Vorwort zu *Maya-Faktor – Die kosmische Ordnung.* 1987
[4] Sedlmayr, Hans, *Verlust der Mitte.* Salzburg/Wien 1964
[5] Romains, Jules, *Vision extrarétinienne.* 1920
[6] Pecei, Aurelio, *The Chasm Ahead.* New York 1969
[7] Jovanovic, Ludwig, *2012 droht ein Sonnen-Tsunami.* RP ON-LINE 2008
[8] *Severe Space Weather Events,* a.a.O.
[9] grenzwissenschaft-aktuell.de/dailmail.co.uk / newscientist.com, 2009
[10] Kappemann, John, Zitat in Focus online vom 19. Juni 2009
[11] Odenwald, Michael, *Ist die Sonne unser Untergang?* Focus online vom 19. Juni 2009
[12] Bojanowski, Axel, Filser, Hubert, Süddeutsche Zeitung vom 16. April 2002
[13] Haak, Volker, GFZ Potsdam, Süddeutsche Zeitung vom 16. April 2002
[14] Emmermann, Rolf, GFZ Potsdam, Die Zeit online vom 27. März 2003
[15] Maus, Stefan, GFZ Potsdam, Die Zeit online vom 27. März 2003
[16] Jansen, Frank, Greifswalder Wetterwarte, 2003
[17] Swiss Re, *Space Weather – Gefahren aus dem Weltraum.* 2000
[18] scinexx, *75 Jahre Erforschung des Erdmagnetfeldes.* GFZ Potsdam, 2005
[19] scinexx, a.a.O.

[20] *Does the Earth's magnetic field cause suicides?* New Scientist vom 24. April 2008

[21] New Scientist, a.a.O.

[22] New Scientist, a.a.O.

[23] Reiter et al., *Umwelteinflüsse auf die Reaktionszeit des gesunden Menschen.* 1954

[24] König, Herbert, *Unsichtbare Umwelt.* 1986

[25] Ruhenstroth-Bauer, Gerhard, *Epilepsy and Weather.* 1984

[26] Becker, Robert, Nature 200/1963, S. 626–628

[27] Halberg, Franz, et al., *Chronobiology.* 1980

[28] Nature 277/1979, S. 646–648

[29] Tambiev, A.E., Medvedev, S.D., und Egorova, E.V., *The effect of geomagnetic disturbances on the functions of attention and memory.* 1995

[30] Komarov et al., *Chronobiology in a moon-based chemical analysis and physiologic monitoring laboratory.* Hampton, VA, 1992, S. 161–203

[31] Selitskii, G.V., Karlov, V.A., und Sorokina, N.D., *The influence of hypogeomagnetic field on the bioelectric activity of the brain in epilepsy.* 1999

[32] Persinger, M.A., et al., *Geophysical variables and behavior: LXXXII. A strong association between sudden infant death syndrome and increments of global geomagnetic activity – possible support for the melatonin hypothesis.* Perceptual and Motor Skills 84/1997, S. 395–402

[33] St.Pierre, L.S., Persinger, M.A., *Experimental Induction of Intermale Aggressive Behavior in Limbic Epileptic Rats by Weak, Complex Magnetic Fields: Implications for Geomagnetic Activity and the Modern Habitat?* 1998

[34] Persinger, M.A., *Wars and increased solar-geomagnetic activity: aggression or change in intraspecies dominance?* Perceptual and Motor Skills 88(3 Pt 2)/1999, S. 1351– 1355

[35] Avdoninaen, E.N., Samovichev, E.G., *Some heliogeophysical characteristics of a series of especially dangerous crimes.* 1995

[36] Verkasalo, Pia, et al., *Magnetic Fields of Transmission Lines and Depression.* 1997

[37] Deapen, Dennis, und Henderson, Brian, *A case-control study of amyotrophic lateral sclerosis.* 1986

[38] Davanipour, Zoreh, et al., Department of Neurology, Keck School of Medicine, University of Southern California, Los Angeles, USA und Savitz, David, et al. (Hg.), *Magnetic Field Exposure and Cardiovascular Disease Mortality Among Electrical*

Utility Workers. American Journal of Epidemiology, 149/1999, S. 135–142

[39] Johansen et al., *Identification of a neural stem cell in the adult mammalian central nervous system,* PubMed, Januar 1999; Sobel, Jack, et al., *Occupations with exposure to electromagnetic fields: for Alzheimer's disease.* PubMed 1995 und 1996

[40] Johansen, C., *Exposure to electromagnetic fields and risk of central nervous system disease in utility workers.* Epidemiology 11(5)/2000, S. 539–543

[41] Perry et al., *Neurobehavioral disorders.* 1981; und Baris und Armstrong *Neurobehavioral disorders.* 1990

[42] van Wijngaarden et al., *Exposure to electromagnetic fields and suicide among electric utility workers: a nested case-control study.* 2000

[43] Britt, Robert Roy, When North Becomes South: *New Clues to Earth's Magnetic Flip-Flops.* 2004

[44] *Die alten Erfahrungen gelten nicht mehr,* Die Rheinpfalz, Nr. 84, vom 10. April 2008

[45] König, Herbert, *Unsichtbare Umwelt – Der Mensch im Spielfeld elektro-magnetischer Kräfte.* München 1983

[46] Fröhlich, H., *Evidence for Bose condensation-like excitation of coherent modes in biological systems.* Phys. Lett. 51A/1975, S. 21–22. Ders., *The extraordinary dielectric properties of biological materials and the action of enzymes.* Proc. Nat. Acad. Sci. 72/1975, S. 4211– 4215. Ders., *Long-range coherence and energy storage in biological systems.* Int. J. Quantum Chem. 2/1968, S. 641–649. Ders., *Long-range coherence and the action of enzymes.* Nature 228/1970, S. 1093. Ders., *Low frequency vibrations of macro molecules.* Phys. Lett. 44A/1973, S. 385

[47] Pressman, A.S., *The action of microwaves on living organisms and biological structures.* Sov. Phys. Usp. 8/1965, S. 463–488. Ders., *Electromagnetic Fields and Life.* Plenum Press, New York 1970. Ders., *The role of electromagnetic fields in life processes.* Biofiz. 9/1964, S. 131–134. Ders., *Proceedings, Ad Hoc Committee for the Review of Biomedical and Ecological Effects of ELF Radiation.* USN, Bureau of Medicine and Surgery, 1973

[48] Höhere Keimungsrate, höhere Widerstandsfähigkeit gegen Schädlinge und hartes Klima, keine Agrogifte

[49] Eins Plus, *Der Report,* 1992

[50] Goodman, R., und Henderson, A.S, Bioelectromagnetics 7/1986, S. 23–29

[51] Guido Ebner und Heinz Schürch

[52] Europapatentanmeldung, Anmeldenummer 89610461.7, vom 15. Juni 1989

[53] Müller, Hartmut, Raum & Zeit 109/2001

[54] Sen, D.K., *Fields and/or Particles*. Academic Press, London und N.Y. 1968

[55] Smith, Cyril, *Engineering in Medicine and Biology Society*. 1992

[56] Artikel von ORF ON Science vom 14. Juni 2005 unter der Kategorie »Neues aus der Welt der Wissenschaft«.

[57] Vanselow, Klaus, Ricklefs, Klaus, *Are solar activity and sperm whale Physeter macrocephalus strandings around the North Sea related?* 2005

[58] Earth and Planetary Science Letters, 2008.

[59] König, Herbert, *Unsichtbare Umwelt – Der Mensch im Spielfeld elektro-magnetischer Kräfte*. München 1983

[60] Becker, Robert, *The Body Electric*. 1998

[61] *Von der Sonne bedroht?* 3sat-online vom 29. August 2002

[62] *Eine neue Art Sonnensturm*. PM 10/2000

[63] *Earth Takes a ›One-Two Punch‹ From a Solar Magnetic Cloud*. Washington Post vom 23. Januar 1997

[64] Interne Mitteilung

[65] *Stronger Solar Storms Predicted; Blackouts May Result*. National Geographic News vom 7. März 2006

[66] Prigogine, Ilya, *Vom Sein zum Werden*. 1980. Prigogine, Ilya, Stengers, Isabella, *Dialog mit der Natur*. 1993

[67] Haken, H., *Erfolgsgeheimnisse der Natur*. Stuttgart 1981

[68] Krüger, F. R., *Physik und Evolution*. Berlin-Hamburg 1984

[69] Binder, H., *Das Problem des genialen Menschen*. 1952

[70] Lang, Kenneth, *Die Sonne – Stern unserer Erde*. 1996

[71] Popp, F.A., et al., *Electromagnetic Bio-Information*. 1979

[72] Landscheidt, Theodor, *Sun – Earth – Men*. 1989

[73] Landscheidt, a.a.O.

[74] Buzan, Tony, *Use Your Head*. 1974

[75] Walker, Evan Harris, *The Physics of Consciousness*. 1977

[76] Hiley, Basil, *Quantum Implications: Essays in Honour of David Bohm*. 1991

[77] Prigogine, Ilya, *Die Gesetze des Chaos*. 1995

[78] Leary, Timothy, *Neurologic*. 1993

[79] Hutchison, Michael, *Megabrain – Geist und Maschine*. 1989

[80] Persinger, Michael, *Neuropsychological Bases of God Beliefs*. 1987

[81] *Helm auf zum Gebet: Die Hirnexperimente des Dr. Persinger.* Die ZEIT vom 1. November 1996

[82] Die ZEIT, a.a.O.

[83] Newberg, Andrew, *Why God Won't Go Away.* 2002

[84] Newberg, Andrew, a.a.O.

[85] Linke, Detlef, *Religion als Risiko. Geist, Glaube und Gehirn.* 2003

[86] Ramachandran, Vilayanur, *A Brief Tour of Human Consciousness.* 2005

[87] Broers, D., Kraepelin, G., Lamprecht, I., Schulz, O., et al., *Mycotypha africana in low-level athermic ELF magnetic fields. Changes in growth parameters.* Bioelectrochemistry and Bioenergetics, 27/1992, S. 281–291

[88] Ein standardisiertes Kriterium für die Glaubhaftigkeit eines Effektes oder einer Wirkung, die in der Naturwissenschaft und im Patentrecht seine Entsprechung findet.

[89] Aus patentrechtlichen Gründen zog ich das deutsche Patent zurück, um es in ein Europapatent umzuwandeln. Später wurden diese Patentansprüche auf weitere Länder erweitert, wozu die USA, Japan, Afrika usw. zählten. All diese Patente wurden erteilt und weisen mich als Erfinder und Inhaber aus.

[90] Einer Patenterteilung geht grundsätzlich eine sehr umfassende Prüfung voraus, die mit einer weltweiten Recherche gekoppelt ist. Erfahrungsgemäß dauert ein solches Prüfungsverfahren etwa zwei bis drei Jahre.

[91] TU und FU Berlin, TU Braunschweig, Goethe-Universität Frankfurt, Universität zu Lübeck, sowie die Humboldt-Universität (ehem. Ost-Berlin). Einige Universitäten stellten mehrere Fachbereiche.

[92] Pressemitteilung der INFOGRUPPE ELEKTROSMOG CH-THUN, Internationale Gesellschaft für interdiszipliäre Wissenschaft e. V.

[93] Hauptanspruch des Europapatentes: »Bestrahlungsvorrichtung zur Behandlung von lebendem Gewebe mit elektromagnetischen Wellen mit einer Hochfrequenzoszillatorstufe, die 1. eine einstellbare Frequenz im Bereich von 100 bis 200 MHz und 2. mit einer Niederfrequenzoszillatorstufe eine Frequenz im Bereich von 1 Hz bis 1000 Hz einstellbar erzeugt. Die Ausgänge beider Oszillatorstufen sind miteinander verbunden, so dass ein modulierter Wellenzug entsteht. Dieser modulierte Wellenzug ist einem Taktgenerator zugeführt, der mit einer einstellbaren Taktfrequenz von 0,5 Hz bis 40 Hz arbeitet und den modulierten

Wellenzug entsprechend unterbricht. Der modulierte und getaktete Wellenzug wird über einen Endverstärker einer Sendeantenne zugeführt und von dieser auf das zu behandelnde Gewebe bzw. einen Patienten abgestrahlt. In einer vorteilhaften Weiterbildung dieser Entwicklung ist eine weitere Niederfrequenzoszillatorstufe vorgesehen, die über eine Endstufe über eine Spule gleichzeitig eine niederfrequente Strahlung in der magnetischen Vorzugsrichtung abstrahlt. Diese Niederfrequenz ist entweder zwischen 1 Hz und 1000 Hz einstellbar oder mit Hilfe einer Wellenschaukel im Bereich von 7 bis 12 Hz periodisch veränderbar. Zweckmäßig sind Einheiten für die Wahl von positiven oder negativen Amplituden vorgesehen. Mit dieser Bestrahlungsvorrichtung wird ein hoher therapeutischer Effekt erzielt (wie Beobachtungen gezeigt haben), ohne dass gesundes Gewebe geschädigt wird.«

[94] Dahlke, Rüdiger, *Krankheit als Weg*, München 2000

[95] Persinger, Michael, a.a.O.

[96] Guitton, Jean, Bogdanov, Grichka, *Gott und die Wissenschaft. Auf dem Weg zum Metarealismus.* München 1993

[97] Guitton, Jean, Bogdanov, Grichka, a.a.O.

[98] Prigogine, Ilya, Stengers, Isabella, a.a.O.

[99] Guitton, Jean, Bogdanov, Grichka, a.a.O.

[100] Penrose, Roger, *Computerdenken. Des Kaisers neue Kleider oder die Debatte um künstliche Intelligenz, Bewußtsein und die Gesetze der Physik.* 1991

[101] Wheeler, Archibald, *The nature of scientific discovery.* 1975

[102] Carter, Brandon, *Large Number Coincidences and the Anthropic Principle in Cosmology.* 1974

[103] Bayreuther et al., *Differentiation of fibroblast stem cells.* PubMed 1988

[104] Liebhoff et al., *Ion Cyclotron Resonance Effects of ELF Fields in Biological Systems. In: Bio. Effects of ELF Fields.* 1990

[105] *Gen-Information nicht in der DNA enthalten.* Raum&Zeit 109/2001

[106] Popp, F.A., et al., a.a.O.

[107] Gurvic et al., *Ausgewählte Werke.* [russ.] Moskau 1977

[108] Müller, Hartmut, *Skaleninvarianz physikalischer Größen stabiler Systeme als globales Evolutionsgesetz.* Moskau 1982

[109] »Joseph Jacobson (2002) at MIT, found a way to switch cells off and on with radio waves. His team also ›unzipped‹ and manipulated DNA with a radio-frequency pulse. The same approach worked on proteins as well, and proteins orchestrate nearly all

cellular chemical processes. Further, physicist Peter Gariaev has proposed a wave-based genome, whose main information channel is the same for both biophotons and radio waves.« Quelle: www.emergentmind.org

[110] »Blackman (1990) concluded that there was overwhelming evidence that EMR can alter normal calcium ion homeostasis and lead to changes in the response of biological systems to their environment. One of these changes is altered gene transcription and expression. The lowest published exposure level associated with significant EMR-induced alteration of cellular calcium ions occur is reported by Schwartz et al. (1990). It was 0.00015 W/kg in a 30 min exposure to a 240 MHz signal modulated at 16 Hz. The medium was frog hearts. This is equivalent to an exposure level of about 0.06 W/cm^2.« Quelle: Nature 415(6868)/2002, S. 152

[111] Popp, F.A., et al., *Recent Advances in Biophoton Research and its Applica-tions.* 1992

[112] Schumann, Otto, *Über die zeitliche Form und das Spektrum ausgesendeter Dipolsignale in einer dielektrischen Hohlkugel mit leitenden Wänden.* München 1956

[113] Schumann, Otto, a.a.O.

[114] Wernadski, Wladimir, *The Biosphere.* 1926

[115] Fermi, E., Pasta, J., Ulam, S., *Studies of Nonlinear Problems.* Chicago 1955

[116] Axionen sind nach Wikipedia ein »Kandidat für dunkle Materie«. In der Sprache der Teilchenphysiker ist ein Axion ein pseudo-skalares Spin-0 Boson. Diese Axionen haben die freundliche Eigenschaft, dass sie sich in Gegenwart eines Magnetfeldes in sichtbares Licht umwandeln können. »Produziert die Sonne Axionen?«, fragte science.ORF.at und berichtete weiter: »Die Axionen werden als Überbleibsel einer Frühphase der kosmischen Evolution angesehen, es gibt aber die Möglichkeit, dass die exotischen Teilchen auch heute noch produziert werden. Und zwar dann, wie Zioutas und Mitarbeiter schreiben, wenn Photonen im Inneren von Sternen in das elektrische Feld von Atomkernen gelangen und sich so in Axionen umwandeln. Sofern die Axionen den Sternen – wie etwa unserer Sonne – entkommen, müssten sie auch registrierbar sein: Unter dem Einfluss starker Magnetfelder sollten sich diese nämlich in Photonen zurückverwandeln.« Quelle: Robert Czepel, science.ORF.at vom 26. November 2004

[117] Dubrow, Aleksandr, *Biogravitation, Biovakuum und Biofeld.* 1993

[118] Garjajev, Peter, *Der wellengenetische Code.* 1997

[119] von Ludwiger, Illobrand, *Zum Tode des Physikers Burkhard Heim.* 2001

[120] Morpheus, *Realitätenmacher – Physik des Bewusstseins.* 2005

[121] Brehm, Gernot, *Science (Fiction) und der Globalisierungsprozeß (reale Postmoderne).* Bremen 2001

[122] Die Korrelationen von Aktivitätsströmen sind Informations- und gleichermaßen auch Bedeutungsträger. Diese beinhalten organisatorische Baupläne, welche sich als Elementarstrukturen der Materie im physischen Raum realisieren. Dieser Vorgang vollzieht sich mittels der Felder. Die materielle Organisation sollte als eine raum-zeitliche Manifestation solcher korrelierenden Aktivitätsnetze oder »Ideen« aufgefasst werden, die primär vorhanden ist und die das Materielle sekundär in der Raum-Zeit strukturiert. Sämtliche Denkvorgänge und Verarbeitungen von Erlebnissen und Erfahrungen erzeugen über Aktivitätsströme Prägungs- bzw. Informationsmuster in den Transportdimensionen (Transbereiche), die mit ähnlichen Informationsmustern in Resonanz (Strukturresonanz) treten. Nach diesem Wirkprinzip können Aktivitätsströme wie über Verbindungsleitungen von einem Menschen zum anderen übertragen werden. Quelle: Ludwig, Wolfgang, *Der Versuch, eine theoretische Basis der Bioinformation zu begründen.* 1999, Quelle: www.datadiwan.de

[123] Diese »psychische Distanz« wird durch Ähnlichkeitsbeziehungen zwischen Metroplexstrukturen beschrieben. Aktivitätsströme selber fließen hinsichtlich X5 auf- und abwärts, das heißt quantitativ erfassbare sensorische Daten der Außenwelt werden in qualitative Erlebnisse der Innenwelt übertragen – also als steigende Aktivitäten in X5 »gehoben«. Weiter werden diese Informationen in den imaginären Transbereichen nun psychisch verarbeitet, und die hieraus resultierenden Vorstellungen, Pläne, Absichten usw. gegebenenfalls durch physische (Re-)Aktionen des motorischen Systems (in X5 »fallend«) in die Außenwelt manifestiert. Quelle: Willigmann, Horst, *Grundriss der Heimschen Theorie.* 2002

[124] Morpheus, *Matrix-Code.* 2003

[125] Heim, Burkhard, *Postmortale Zustände? Die televariante Area integraler Weltstrukturen.* 1980

[126] Popp, F.A., et al., a.a.O.

[127] Senkowski, Ernst, *Möglichkeiten physikalischer Konditionierungen des Innentraums des Menschen.* 1982

[128] Dröscher, W., Heim, B., *Strukturen der physikalischen Welt und ihrer nichtmateriellen Seite.* Innsbruck 1996

[129] Schindewolf, Otto H., *Basic Questions in Paleontology: Geologic Time, Organic Evolution, and Biological Systematics.* Chicago 1993

[130] Joachim Bauer, Jahrgang 1951, war nach seinem Medizinstudium viele Jahre in der molekular- und neurobiologischen Forschung tätig. Er wirkte als Projektleiter in drei Sonderforschungsbereichen der Deutschen Forschungsgemeinschaft mit und beschäftigte sich mit Genen des Immunsystems, später mit der Regulation von Genen im Zentralnervensystem. Bauer forschte in den USA am Mount Sinai Medical Center in New York. 1996 erhielt er den renommierten Forschungspreis der Deutschen Gesellschaft für Biologische Psychiatrie. Bauer ist zweifach habilitiert (Innere Medizin und Psychiatrie) und arbeitet heute als Universitätsprofessor in der Abteilung für Psychosomatische Medizin des Uniklinikums in Freiburg. Buchveröffentlichungen zu wissenschaftlichen Themen: *Das Gedächtnis des Körpers. Wie Beziehungen und Lebensstile unsere Gene steuern* (2002), *Warum ich fühle, was du fühlst. Intuitive Kommunikation und das Geheimnis der Spiegelneurone* (2005), *Prinzip Menschlichkeit. Warum wir von Natur aus kooperieren* (2006).

[131] Bauer, Joachim, *Das kooperative Gen: Abschied vom Darwinismus.* 2008

[132] Bauer, Joachim, a.a.O.

[133] Trofimov, Alexander, *Human compensatory-adaptive processes at modeling of some components of a high latitude geomagnetic field.* 2006

[134] Catem-Versuch; Reiser, Dimpfel, Schober, *Vorversuche zur Veröffentlichung: Der Einfluss elektromagnetischer Felder auf die menschliche Gehirnaktivität.* Eur J Med Res., Oktober 1995, 16,1(1), S. 27–32

[135] Arbeitstitel: *Niederfrequente TMS (transkranielle) Magnetstimulation: Untersuchungen zur Hemisphärenlateralisation bei gesunden Probanden am präfrontalen Kortex*, Dissertation von Daniel Hermelink, unter der Leitung von Prof. Dr. med. H.-J. Möller

[136] Perfusion im Gebiet der Stimulation und im visuellen Assoziationskortex, in anderen Untersuchungen (Paus et al., 1997a; Stal-

lings et al., 1997) fand sich eine dosisabhängige Reduktion des zerebralen Blutflusses.

[137] Zwanzger, P., et al., *Repetitive transcranial magnetic stimulation in major depression – The Impact of stimulation intensity on therapeutic efficacy* [Abstract]. 13th Congress of the European College of Neuropsychopharmacology, München 2000

[138] Durch TMS und rTMS kann die Wahrnehmung peripherer elektrischer Stimuli supprimiert werden (rTMS repetitive Transkranielle Magnetstimulation/TMS Transkranielle Magnetstimulation). Seyal, M., et al., *Suppression of cutaneous perception by magnetic pulse stimulation of the human brain.* Electroencephalogr Clin Neurophysiol 85/1992, S. 397–401 Sgro J.A., et al., *Repetitive high magnetic field stimulation: The effect upon rat brain.* Electroencephalogr Clin Neurophysiol, Suppl., 43/1991, S. 180–185

[139] Trofimov, Alexander, Leiter des Internationalen Instituts für kosmische Anthropoökologie, Zusammenfassung und Passage eines Vortrags, den er 1999 in Deutschland hielt.

[140] Rycroft, Michael, *Coupling of Thunderstorms and Lightning Discharges to Near-Earth Space*, 2000

[141] Biomagnetics 27(2)/2006, S. 151–155

[142] Science 123, S. 886–887. Airaksinen, M.M., Gunther, J., Poso, A., Callaway, J.C. und Navajas, C., *Structural requirements for high binding affinity to the 5-HT uptake transporter for beta-carbolines.* British Journal of Pharmacology 104/1991, S. 370

[143] Lipnicki, Darren, *An association between geomagnetic activity and dream bizarreness.* New Scientist, April 2009; Medical Hypotheses 73(3)/2009, S. 115–117

[144] Melott, Adrian, *Populations and Evolution.* 2008

[145] Norris, Scott, *Ancient Mass Extinctions Caused by Cosmic Radiation.* 2007

[146] Die Studie *Cycles in fossil diversity* von Robert A. Rohde und Richard A. Muller erschien im Fachjournal Nature 434/2004 S. 208–210; doi:10.1038/ nature03339.

[147] *Massensterben folgt mysteriösem Rhythmus.* Spiegel Online Wissenschaft vom 14. März 2005

[148] Kirchner, J., Weil, A., *Biodiversity: Fossils make waves.* Nature 434/2005, S. 147–148

[149] Wanjek, Christopher, *Explosions in Space May Have Initiated Ancient Extinction on Earth.* 2005

[150] science@nasa, *A Giant Breach in Earth's Magnetic Field.* UNH/NASA 2008

[151] science@nasa , a.a.O.
[152] *Gewaltiger Bruch im Erdmagnetfeld entdeckt,* grenzwissenschaft|aktuell vom 12. Dezember 2008
[153] Eigen, Manfred, *Molekulare Selbstorganisation und Evolution (Self organization of matter and the evolution of biological macro molecules).* Naturwissenschaften 58(10)/1971, S. 465–523
[154] *Rekord Gamma-Blitz traf Erde,* science.ORF.at vom 12. September 2008
[155] Derartige Zitate existieren von mehreren Physikern, beispielsweise von den beiden Nobelpreisträger Richard Feynmann und Nils Bohr: »Wer über Quantenmechanik nachdenken kann, ohne wirr im Kopf zu werden, hat sie nicht wirklich verstanden.«
[156] Henri Bergson (Nobelpreisträger). Auf den französischen Philosophen Henri Bergson zurückgehende Theorie, wonach ein bestimmter Mechanismus in der Psyche als Filter agiert, damit das Bewusstsein nicht von unbewusstem Material überflutet wird.
[157] *x-rays from the earth?* NASA-News 2002
[158] Interne Mitteilung Michael König
[159] Interne Mitteilung Michael König
[160] Morpheus, *Physik des Bewusstseins.* 2005
[161] Hans-Georg Rupp, *Bleep-Kongress.* Frankfurt 2008
[162] Arthur Schopenhauer, *Die Welt als Wille und Vorstellung.* 1938
[163] Laotse, *Tao Te King.* Vers 36, Übers. von Richard Wilhelm, München 2005
[164] Argüelles, José, *Der Maya-Faktor.* München 1994

Literaturverzeichnis

Heliobiologie
Geophysical Research Letters 21/1994

Global Change Newsletter 19/1994

New Scientist 144(18)/1994
New Scientist 145(1962)/1995
New Scientist 145(1967)/1995
New Scientist 146(18)/1995
New Scientist 147(11)/1995
New Scientist 147(1993)/1995

Popular Science 4/1995

Science News 144(334)/1994
Science News 146(13)/1994
Science News 146(334)/1994
Science News 148(21)/1995
Science News 148(25)/1995

Biryukov, A.S., Grigoryan, S.R., Garkusha, V.I. et al., *Low frequency radiation sources. Their action upon Earth radiation belts.(A survey)* Moskau: VINITI 5204-88/1988, S. 1236

Blake J.R., *The Van-Halen radiation belts – two newly observed populations.* Abstr. Spring Meet. Baltimore, Md, 23.–28. Mai 1994, EOS 75(16)/1994

Churyumov, K.I., *Once more about comet's collision with Jupiter.* Zemlya i Vselennaya (Earth and Universe) 1/1994, S. 83–85

Claude, H., Schnenborn, F., Stethbrecht, W., *New evidence for ozone deple-tion in the upper stratosphere.* Geophys. Res. Lett. 21(22)/1994, S. 2409–2412

Crocker, N.U., *Geoeffective space storms*. Abstr. Spring Meet. Baltimore, Md, 23.–28. Mai 1994, EOS 75(16)/1994, Suppl., S. 312-313

Dmitriev, A.N., *Correcting defunction of heliocentered unusual atmospheric phenomena*. Izvestiya Vis'shih Uch. Zaved., Physics, Tomsk 35(3)/1992, S. 105–110

Dmitriev, A.N., *Earth responses to high-energy processes in Jovian system*. IICA Transactions Novosibirsk, 1/1994, S. 16–21

Dmitriev, A.N., *Mahatmas and the Science of new quality of Solar System*. Tomsk. Human Sciences Institute, Natural Sciences series, 1995

Dmitriev, A.N., *Tecnogeneous challenge to the planet Earth*. Vestnik Vys'shei Shkoly 7/1989, S. 38–44

Dmitriev, A.N., *Technogeneous impact upon Geospace (the problems of global ecology)*. Novosibirsk State University, Novosibirsk 1993, S. 68

Dmitriev, A.N., Belyaev, G.K., *Technogeneous causes of total ozone content decrease*. USSR Ac. Sci. Siberian Branch Institute of Geology and Geophysics preprint No. 15, Novosibirsk 1991

Dmitriev, A.N., Dyatlov, V.L., *A model of non-homogeneous physical vacuum and natural self-luminous formations*. IICA Transactions Novosibirsk, 3/1996, S. 65–76

Dmitriev, A.N., Poholkov, Yu.P., Protasyević, E.T., Skavinskii, V.P., *Plasma generation in energy active zones*. USSR Ac. Sci. Siberian Branch Institute of Geology and Geophysics, Novosibirsk 1992

Dolginov, Sh.Sh., *Magnetic fields of Uranus and Neptune: a look from the Earth*. Geomagnetism and aeronomy 33(2)/1993, S. 1–22

Drobzhev, V.I., Kazakov, V.V., Chepurchenko, L.V., *Foundations of external helio- and geo-physical control of seismicity*. Vestnik of Kazakh SSR Acad. of Sci., 3/1988, S. 12–18

Eng. Phys. Institute, 95(021)/1995, S. 1–24

Environment monitoring and problems of solar-terrestrial physics. Theses of international symposium. 18.–21. Juni 1996, Tomsk Univ., Sib. Phys.-Tech. Inst., Tomsk 1996

Fedorova, N.V., *The research of long-wave large-scale anomalies above northern Eurasia*. Doklady RAN 347(5)/1996, S. 681–684

Fortov, V.E., Gnedin, Yu.I., Ivanov, A.V., Ivlev, A.V., Klumov, B.A., *The collision of Shoemaker-Levy comet with Jupiter*. Sov. Phys. Uspehi 166(4)/1996, S. 391–422

Haynes, P.L., Balogh, A., Douoherty, H.K. et al., *Null fields in the outer Jovian magnetosphere: Ulysses observations.* Geophys. Res. Zett. 21(6)/1994, S. 405–408

Ishkov, V.N., *22-th cycle of Solar Activity: main characteristics and evolution. Astronomy calendar for 1993.* Moskau 1992, S. 215–229

Ishkov, V.N., *Solar activity in 1991-1992 (22-th cycle). Astronomy calendar for 1994.* Moskau 1993, S. 190–197

Ivanov, K.G., *The Earth magnetosphere/Electromagnetic and plasma processes from Sun to Earth core.* Moskau 1989, S. 62–75

Karol', M.L., Klyatina, L.P., Romashkina, K.I., Shalaminskii, A.M., *Extremely low ozone content above Russia in 1995 winter.* Meteorology and hydrology 6/1995, S. 115–116

Kazimirovsky, E.S., Kokourov, V.D., *Meteorology effects in ionosphere (a survey).* Geomagnetism and aeronomy 35(3)/1995, S. 3–23

Kondratyev, K.Ya., *Global change and Demography dynamics.* Rus. Acad. Sc. Vestnik 66(4)/1996, S. 364–375

Kondratyev, K.Ya., *Modern stage of research of global change: US program.* Investigation of Earth from space 2/1995, S. 98–105

Kopytenko, A.Yu., Pochtarev, V.I., *On dynamics of Earth magnetic poles.* Geomagnetism and aeronomy 32(5)/1992, S. 201–202

Kosygin, Yu.A., *The highway of synthesis.* Pacific Geology 14(6)/1995, S. 8–15

Kovalevskii, I.V., *Some aspects of Solar-Terrestrial interactions energetics.* Interplanetary Environment and Earth Magnetosphere, Moskau 1982, S. 25–63

Kruzhevskii, B.M., Petrov, V.M., Shestopalov, I.P., *On radiation conditions forecasting in interstellar space.* Kosmicheskiye Issledovaniya (Space research) 31(6)/1993, S. 89–103

Kurt, V.G., *Interstellar medium and it's interaction with stars.* [russ.] Zemlya i Vselennaya (Earth and Universe) 5/1994, S. 3–10

Kuznetsov, V.V., *The position of North magnetic pole in 1994 (forecast and detection).* Doklady RAN 348(3)/1996, S. 397–399

McIntosh P.S., *Solar cycles and Solar output.* Abstr. AGU Fol Meet. San Francisco Calif. 7.–11. Dezember 1992, EOS 73(43)/1992, Suppl., S. 436. Space flight 34(3)/1992, S. 75

Milanovsky, E.E., *On phase correlation of geomagnetic field inversions frequencing, World ocean level decrease and Earth crust folding deformations strengthening phases in Mesozoic and Cainozoic.* Geotectonics 1/1996, S. 3–11

Mogilevsky, E.I., *Sun coronal holes energy and recurrent geomag-*

netic distributions. Geomagnetism and aeronomy 35(6)/1995, S. 11–19

Natek, K., *The necessity of future politicians learning global relations between natural processes and antropogeneous activity.* Global Changes and Geogr., IGU Conf. Moscow. 14.–18. August 1995, Abstr., Moskau 1995, S. 251

Nesmenovich, E.I., *Resonance's in Solar System.* Space physics problems, Kiev 19/1984, S. 84–93

Netreba, S.N., *On relation of short-periodic thermodynamic pulsation's of atmosphere boundary layer with Solar X-Ray emission.* Meteorology and hydrology 4/1996, S. 95–101

Non-periodic transient phenomena in environment: II interdisciplinary workshop transactions. Tomsk Polytech. Inst., Tomsk 1990

Parker, E., *Space magnetic fields (their formation and manifestations).* 2/1982, 469'

Preliminary Report and Forecast of Solar-Geophysical Date. Space Environment Services Center, Boulder, Colorado USA, 2/1992

Rodionov, B.U., *Possible geophysics manifestations of magnetic monopoles.* Preprint of Moscow

Ryskunov, A.L., *The comparison of large scale characteristics of geophysic fields.* USSR Acad. Sci. Doklady 267(6)/1982, S. 1336–1340

Shestopalov, I.P., Bengin, V.V., Kolesov, G.Ya. et al., *SCR Flashes and large-scale structures in interplanetary environment. A forecast of proton Solar events.* Space Research Moscow, 30(6)/1992, S. 816–825

Space Rays physics: the research continues in SNG. Russian Acad. Sci. Vestnik 63(7)/1993, S. 650–654

Sumaruk, Yu.P., Sumaruk, P.V., *Secular variations of geomagnetic field in middle latitudes and their relation to geomagnetic and solar activity.* Geophysics Journal 17(6)/1995, S. 59–62

Sytinsky, A.D., *On geoeffectivity of Solar wind streams.* USSR Acad. Sci. Doklady 298(6)/1988, S. 1355-1357

Tsirs, G.P., Loginov, G.A., *The characteristics of weekly moves of geomagnetic oscillations.* 25(2)/1985, S. 153–154.

Vasil'yeva, G.Ya., Kuznetsov, D.A., Shpitalnaya, A.A., *On the question of galactic factors' influence upon Solar activity.* [russ.] Solar Data 9/1972, S. 99–106

Vozhkov, R.D., Fioletov, V.E., Kadygrova, T.V. et al., *Ozone decrease estimate for Eurasia in 1973–1993 on a base of filter ozonometer registrations correlated data.* Meteorology and hydrology 9/1995, S. 30–40

Wemberg, P.O., Hanisco, T.F., Stimph, R.M., Japson, L.B., Anderson, J.G., *In situ measurements of andin the upper troposphere and stratosphere*. J. Athmos. Sci. 52(19)/1995, S. 1413–1420

Wilson, N., *Global temperatures approach record values*. J. Meteorol. 20(200)/ 1995, S. 194–196

Wireless File, 24,3. – 1995

Zakoldaev, Yu.A., Shpitalnaya, A.A., Efimov, A.A., *Cyclic pattern and evolution of geology processes as a consequence of Sun's circulation in anisotropy interstellar space. New ideas in interaction of sciences on Earth and Universe* (Internat. conference transactions), Sankt Petersburg 1996, S. 23–24

Zanetti, J., Potoma, A., Anderson, B. J. et set., *Correlation's of satellite observed auroral currents induced in a power generating system*. Abstr. AGU West. Pacif. Geophys. Meet., Hongkong, 25.–29 Juli 1994

Zhidkov, M.P., Lihacheva, N.A., *Anomalous field influence upon placement and growth of cities*. Russian Acad. Sci. Izvestiya, geography series, 1/1996, S. 71–84

Sferics (Felder) und Gesundheit

(Low-frequency magnetic fields on Electrocortical activity in humans)

Anton-Tay, F., Diaz, J.L., & Fernandez-Guardiola, A., *On the effects of melatonin upon human brain*. Life Sciences 10/1971, S. 841–850

Betz, H.D., Schandry, R., Leopold, Ch., Oettinger, W.P., Berg, H., Kulzer, R., & Tritschler, J., *Sensitivity of humans to low-frequency magnetic fields*. Unpublished manuscript, Ludwig-Maximilians-University, Department of Physics, München 1996

Blackman, C.F., Benane, S.G., Rabinowitz, J.R., House, D.E., & Joines, W.T., *A role for the magnetic field in the radiation-induced efflux of calcium ions from brain tissue in vitro*. Bioelectromagnetics 1985/6, S. 327–338

Caccia, M.R., & Castelpietra, R., *Electroencephalogram synchronisation induced by electro significant correlations between 8 and 12 kHz atmospherics and sudden deafness*. Zeitschrift für Naturforschung 42/1985, S. 999–1000

Dorno, C., *Ein kleiner Beitrag zum Kapitel »Physiologische Wirkungen der Luftelektrizität«*. Strahlentherapie 42/1934, S. 87–95

Eysenck, H.J., *The Eysenck Personality Inventory*. London 1964

Fahrenberg, J., *Die Freiburger Beschwerdeliste*. Zeitschrift für Klinische Psychologie 4/1975, S. 79–100

Faust, V., *Zur Symptomatik der Wetterfühligkeit*. Münchener Medizinische Wochenschrift 115/1973, S. 441–445, German Edition by Eggert, D., Göttingen 1974

Harlfinger, O., *Wetterbedingte Einflüsse auf die Schmerzempfindung*. Fortschritte in der Medizin, 109(32)/1991, S. 647–650

Jacobi, E., Richter, O., & Krüskemper, G., *Simulated VLF-fields as a risk factor of thrombosis*. International Journal of Biometeorology 25/1981, S. 133–142.

Jasper, H., *Report of the committee on methods of clinical examination in EEG*. Electroencephalography and Clinical Neurophysiology 1958/10, S. 370–375

von Klitzing, L., *Low frequency pulsed electromagnetic fields influence EEG of man*. Physica Medica, 2/1995, S. 77–80

Laaber, M., *Einfluß verschiedener Umweltparameter auf das Aufmerksamkeits-Konzentrationsverhalten von Schulkindern unter besonderer Beachtung der Spherics*. Doctoral dissertation, University of Vienna 1987

Liboff, A.R., *Cyclotron resonance in membrane transport*. In: Chiabrera, C., Nicolini, C., & Schwan, H.P. (Hsg.), Interactions between electromagnetic fields and cells. New York 1985

Ludwig, H.W., *Wirkung einer nächtlichen Abschirmung der elektrischen Feldstärke bei Rheumatikern*, Archiv für Meteorologie, Geophysik und Bioklimatologie, 1973/21, S. 305–311

Lyskov, E., Juutilainen, J., Jousmaki, V., Hänninen, O., Medvedev, S., & Partanen, J., *Influence of short-term exposure of magnetic field on the bioelectric processes of the brain and performance*. International Journal of Psychophysiology 14/1993, S. 227–231

Lyskov, E., Juutilainen, J., Jousmaki, V., Partanen, J., Medvedev, S., & Hänninen, O., *Effects of 45 Hz fields on the functional state of the human brain*. Bioelectromagnetics 14/1993, S. 87–95

Magnetic low frequency field administration in normal humans (preliminary observations). Bioelectrochemistry and Bioenergetics 14/1996, S. 215–218

Marktl, W., *Wetter und physiologische Parameter*. In: Machalek, A., & Stacher, A., *Wetterfühligkeit und Wetterempfindlichkeit*. Wien 1993

Pelz, J., & Swantes, H.J., *Statistische Untersuchungen über das Auftreten von Stumpf- und Phantomschmerzen, sowie ihre mögliche Abhängigkeit von luftelektrischen Erscheinungen*. Kleinheubacher Berichte 29/1986, S. 367–375

Ranscht-Froemsdorff, W.R., & Rinck, O., *Elektroklimatische Erscheinungen des Föhns. Korrelationen von Blutgerinnung und si-*

mulierten Sferics-Programmen. Zeitschrift angewandte Bäder- und Klimaheilkunde 19/1972, S. 169–176

Reiter, R., *Meteorobiologie und Elektrizität der Atmosphäre.* Leipzig 1960

Ruhenstroth-Bauer, G., Baumer, H., Burkel, E.M., Sönning, W., & Filipiak, B., *Myocardial infarction and the weather: A significant positive correlation between the onset of heart infarct and 28 kHz atmospherics – a pilot study.* Clinical Cardiology 8/1985, S. 149–151

Ruhenstroth-Bauer, G., Baumer, H., Kugler, J., Spatz, R., Sönning, W., & Filipiak, B., *Epilepsy and weather: a significant correlation between the onset of epileptic seizures and specific atmospherics – a pilot study.* International Journal of Biometeorology 28/1984, S. 333–340

Sandyk, R., & Derpapas, K., *The effects of extemal pico Tesla range magnetic fields on the EEG in parkinson's disease.* International Journal of Neuroscience 70/1993, S. 85–96

Schienle, A., Stark, R., Kulzer, R., Klöpper, R., & Vaitl, D., *Atmospheric electromagnetism: individual differences in brain electrical response to simulated sferics.* International Journal of Psychophysiology 21/2009, S. 177–188

Semm, P., *Pineal function in mammals and birds is altered by earth-strength magnetic fields.* In: Moore-Ede, M.C., Campbell, S.S., & Reiter, R.J. (Hsg.), *Electromagnetic fields and circadian rhythmicity.* Boston 1992, S. 53–62

Sulman, F.G., *Migraine and headache due to weather and allied causes and its specific treatment.* Uppsala Journal of Medical Sciences, Supplement, 31/1980, S. 41–44

Tusch, W.S., Zenner, S., Ruhenstroth-Bauer, G., & Weinmann, H.M., *Spektralanalytische Untersuchungen über den Einfluß der atmosphärischen Impulsstrahlung (Atmospherics) auf das menschliche EEG.* EEG-Symposium Obergurgl im Februar 1994

Geobiologie

Baevsky, R.M., Petrov, V.M., Cornelissen, G., Halberg, F., Orth-Gomer, K., Akerstedt, T., Otsuka, K., Breus, T., Siegelova, J., Dusek, J., Fiser, B., *Meta-analyzed heart rate variability, exposure to geomagnetic storms, and the risk of ischemic heart disease.* Scripta medica 70/1997, S. 199–204

Breus, T., Cornelissen, G., Halberg, F., Levitin, A.E., *Temporal associations of life with solar and geophysical activity.* Annales Geophysicae 13/1995, S. 1211–1222

Brown, F.A., Jr., *Response to pervasive geophysical factors and the biological Glock problem.* Cold Spr. Harb. Symp. quant. Biol. 25/1960, S. 57–72

Cech, T.R., *The efficiency and versatility of catalytic RNA: implications for an RNA world.* Gene 135/1993, S. 33–36

Chizhevsky, A.L., *Les epidemies et les perturbations electromagnetiques du milieu exterieur.* Paris 1938, S. 239

Cornelissen, G., Halberg, F., Wendt, H.W., Bingham, C., Sothem, R.B., Haus, E., Kleitman, E., Kleitman, N., Revilla, M.A., Revilla, M. Jr., Breus, T.K., Pimenov, K., Grigoriev, A.E., Mitish, M.D., Yatsyk, G.V., Syutkina, E.V., *Resonance of about-weekly human heart rate rhythm with solar activity change.* Biologis (Bratislava) 51/1996, S. 749–756

Feigin, V.L., Nikitin, Yu.P, Vinogradova, T.E., *Solar and geomagnetic activities: are there associations with strake occurrence?* Cerebrovasc. Dis. 7/1997, S. 345–348

Grafe, A., *Einige charakterische Besonderheiten des geomagnetischen Sonneneruptionseffektes.* Geofisica Pura e Applicata 40/1958, S. 172–179

Mendoza, B., Diaz-Sandoval, R., *A preliminary study of the relationship between solar activity and myocardial infarctions in Mexico City. In preparation.* Minnesota/Medtronic Chronobiology Seminar Series, #II, December 1991, 21 pp. of taxt, 70 figures.

Otsuka, K., Cornelissen, G., Breus, T., Chibisov, S.M., Baevsky, R., Halberg, F., *Altered chronorne of heart rate variability during span of high magnetic activity.* Abstract 10, Neinvazivni metody v kardiovaskulamim vyzkumu, 6th International Fair of Medical Technology and Pharmacy, MEFA Congress, Bmo, Czech Republic, 3.–4. November 1998

Randall, W., Randall, S., *The solar wind and hallucinations – a possible relation due to magnetic disturbances.* Bioelectromagnetics 12/1991, S. 67–70

Roederer, J.G., *Are magnetic storms hazardous to your health?* Eos, Transactions, American Geophysical Union 76/1995, S. 441, 444–445

Vemova, Ye.S., Pochtarev, V.I., Ptitsyna, N.G., Tyasto, M.I., *Short-period variations in the rate of change of solar activity as a geosensitive parameter.* Geomagnetism and Aeronomy 23/1983, S. 425–427

Villoresi, G., Breus, T.K., Lucci, N., Dorman, L.I., Rapoport, S.I., *The influence of geophysical and social effects on the incidences of clinically important pathologies (Moscow 1979–1981)*. Physica Medica 10/1994, S. 79–91

Villoresi, G., Kopytenko, Y.A., Ptitsyna, N.G., Tyasto, M.I., Kopytenko, E.A., Lucci, N., Voronov, P.M., *The influence of geomagnetic storms and man-made magnetic field disturbances on the incidence of myocardial infarction in St. Petersburg (Russia)*. Physica Medica 10/1994, S. 107–117

Vladimirskii, B.M., Narmanskii, V.Ya., Temuriantz, N.A., *Global rhythmics of the solar system in the terrestrial habitat*. Biophysics 40/1995, S. 731–736

EM-Felder und Psyche

Abelin, T., *Sleep disruption and melatonin reduction from exposure to a shortwave radio signal in Switzerland*. Seminar at Environment Canterbury, New Zealand. August 1999

Adey, W.R., *Biological effects of electromagnetic fields*. J Cell Biochem 51(4)/1993, S. 410–416

Adey, W.R., *Frequency and power windowing in tissue interactions with weakelectromagnetic fields*. Proc IEEE 68(1)/1980, S.119–125

Adey, W.R., *Joint actions of environmental nonionizing electromagnetic fields and chemical pollution in cancer promotion*. Environ Health Perspectives 86/1990, S. 297–305

Adey, W.R., *Tissue interactions with nonionizing electromagnetic fields*. Physiol Rev 61(2)/1981, S. 435–514

Akasofu, S.I., & Chapman, S., *Solar and Terrestrial Physics*. Publ. Oxford University Press, London 1972

Andrade, R., *Regulation of membrane excitability in the central nervous system by serotonin receptor subtypes*. Ann NY Acad Sci 861/1998, S. 190–203

Babych, V.I., *The characteristics of tissue lipid peroxidation in the internal organs and the lipid metabolic indices of the blood plasma in a low geomagnetic field*. Fiziol Zh 41(5–6)/1995, S. 44–49

Balon, N., & Rao, P.B., *Dependence of ionospheric response on the local time of sudden commencement and the intensity of geomagnetic storms*. J. Atmospheric and Terrestrial Physics 52(4)/1990, S.269–275

Bartsch, H., Bartsch, C., Mecke, D., & Lippert, T.H., *Seasonality of pineal melatonin production in the rat: possible synchronization by the geomagnetic field*. Chronobiol Int 11(1)/1994, S. 21–26

Bawin, S.M., Gavalas-Medici, R., & Adey, W.R., *Effects of modulated very high frequency fields on specific brain rhythms in cats*. Brain Res 58/1973, S. 365–384

Belov, D.R., Kanunikov, I.E., & Kiselev, B.V., *Dependence of human EEG synchronization on the geomagnetic activity on the day of experiment.* Ross Fiziol Zh Im IM Sechenova, Aug; 84(8)/1998, S. 761–774

Belrose, J.S., *AGARD Report 29.* 1968, zitiert in: Hargreaves J.K., *The Solarterrestrial environment*, Cambridge 1992

Breus, T.K., Baevskii, R.M., Nikulina, G.A., Chibisov, S.M., Chernikova, A.G., Pukhlianko, M., Oraevskii, V.N., Halberg, F., Cornelissen, G., & Petrov, V.M., *Effect of geomagnetic activity on the human body in extreme conditions and correlation with data from laboratory observations.* Biofizika 43(5)/1998, S. 811–818

Burch, J.B., Reif, J.S., & Yost, M.G., *Geomagnetic disturbances are associated with reduced nocturnal excretion of melatonin metabolite in humans.* Neurosci Lett 266(3)/1999b, S. 209–212

Chernoshchekov, K.A., *A method for studying the effect of the geomagnetic field on the vital activities of microorganisms in the enteric family.* Zh Mikrobiol Epidemiol Immunobiol 9/1989, S. 28–34

Chibisov, S.M., Breus, T.K., Levitin, A.E., & Drogova, G.M., *Biological effects of planetary magnetic storms.* Biofizika 40(5)/1995, S. 959–968

Cliver, E.W., Boriakoff, V., & Bounar, K.H., *The 22-year cycle of geomagnetic and solar wind activity.* J Geophys Res 101(A12)/1996, S. 27091–27109

Conesa, J., *Isolated sleep paralysis, vivid dreams and geomagnetic influences: II.* Percept. Mot. Skills 85(2)/1997, S. 579–584

Conesa, J., *Relationship between isolated sleep paralysis and geomagnetic influences: a case study.* Percept. Mot. Skills 80(3 Pt2)/1995, S. 1263–1273.

Cornelissen, G., Halberg, F., Obridko, V.N., & Breus, T.K., *Quasi-eleven year modulation of global and spectral features of geomagnetic disturbances.* Biofizika 43(4)/1998, S. 677–680

Haigh, J.D., *The impact of solar variability on climate.* Science 272/1996, S. 981–984

Hargreaves J.K., *The Solar-terrestrial environment.* Cambridge 1992

Kay, R.W., *Geomagnetic Storms: association with incidence of depression as measured by hospital admission.* Br J Psychiatry 164(3)/1994, S. 403–409

Knox, E.G., Armstrong, E., Lancashire, R., Wall, M., & Hayes, R., *Heart attacks and geomagnetic activity.* Nature 281/1979, S. 564–565

Nikolaev, Y.S., Rudakov, Y.Y., Mansurov, S.M., & Mansurova, L.G.,

Interplanetary magnetic field sector structure and disturbances of the central nervous system activity. Reprint N 17a, Acad. Sci. USSR, IZMIRAN, Moskau 1976, S. 29 ff.

O'Connor, R.P., & Persinger, M.A., *Geophysical variables and behavior LXXXII. Strong association between sudden infant death syndrome and increments of global geomagnetic activity – possible support for the melatonin hypothesis.* Percept. Mot. Skills, 84(2)/1997, S. 395–402

O'Connor, R.P., & Persinger, M.A., *Geophysical variables and behavior: LXXXV. Sudden infant death, bands of geomagnetic activity, and pcl (0.2–5 Hz) geomagnetic micropulsations.* Percept. Mot. Skills, 88(2)/1999, S. 391–397

Perry, F.S., Reichmanis, M., Marino, A., & Becker, R.O., *Environmental power-frequency magnetic fields and suicide.* Health Phys 41(2)/1981, S. 267–277

Persinger, M.A., *Geomagnetic variables and behavior: LXXXIII. Increased geomagnetic activity and group aggression in chronic limbic epileptic male rats.* Percept. Mot. Skills 85(3 Pt 2)/1997, S. 1376–1378

Persinger, M.A., *Geophysical variables and behavior: LXXIX. Overt limbic seizures are associated with concurrent and premidscotophase geomagnetic activity: synchronization by prenocturnal feeding.* Percept. Mot. Skills 81(1)/1995a, S. 83–93

Persinger, M.A., *Sudden unexpected death in epileptics following sudden, intense, increases in geomagnetic activity: prevalence of effect and potential mechanisms.* Int J Biometeorol 38(4)/1995, S. 180–187

Persinger, M.A., *Wars and increased solar-geomagnetic activity: aggression or change in intraspecies dominance?* Percept. Mot. Skills 88(3 Pt 2)/1999, S. 1351–1355

Persinger, M.A., & Richards, P.M., *Vestibular experiences of humans during brief periods of partial sensory deprivation are enhanced when daily geomagnetic activity exceeds 15–20 nT.* Neurosci Lett 194(1–2)/1995, S. 69–72

Persinger, M.A., Richards, P.M., & Koren, S.A., *Differential ratings of pleasantness following right and left hemispheric application of low energy magnetic fields that stimulate long-term potentiation.* Int J Neurosci 79 (3–4)/1994, S. 191–197

Rajaram, M., & Mitra, S., *Correlation between convulsive seizure and geomagnetic activity.* Neurosci. Lett. 24(2)/1981, S. 187–191

Rapoport, S.I., Blodypakova, T.D., Malinovskaia, N.K., Oraevskii, V.N., Meshcheriakova, S.A., Breus, T.K., & Sosnovskii, A.M.,

Magnetic storms as a stress factor. Biofizika 43(4)/1998, S. 632–639

Raps, A., Stoupel, E., & Shimshoni, M., *Solar activity and admissions of psychiatric inpatients, relations and possible implications of seasonality.* Isr. J. Psychiatry Relation. Sci. 28(2)/1991, S. 50–59

Tambiev, A.E., Medvedev, S.D., & Egorova, E.V., *The effect of geomagnetic disturbances on the functions of attention and memory.* [russ.]. Aviakosm. Ekolog. Med. 29(3)/1995, S. 43–45

Tunyi, I., & Tesarova, O., *Suicide and geomagnetic activity.* [slovak.]. Soud. Lek. 36(1–2)/1991, S. 1–11

Wever, R., *Einfluss schwacher elektro-magnetischer Felder auf die circadiane Periodik des Menschen.* Naturwissenschaften 55/1968, S. 29–32

Wever, R., *ELF-effects on Human Circadian Rhythms*, S. 101-144 In: Persinger, M.A. (Hsg.), *ELF and VLF Electromagnetic Field Effects.* New York 1974

Wever, R., *Human circadian rhythms under the influence of weak electric fields and different aspects of these studies.* Int. J. Biometeorology 17/ 1973, S. 227–232

Wever, R., *Über die Beeinflussung der circadianen Periodik des Menschen durch schwache elektromagnetische Felder.* Z. vergl Physiol 56/1967, S. 111–128

Wilson, B.W., Wright, C.W., Morris, J.E., Buschbom, R.L., Brown, D.P., Miller, D.L., Sommers-Flannigan, R., & Anderson, L.E., *Evidence of an effect of ELF electromagnetic fields on human pineal gland function.* J Pineal Research 9(4)/1990, S. 259–269

Geo-Psychologie

Arendt, J., *Melatonin and the Pineal Gland.* In: Arendt, J., Minors, D.S., & Waterhouse, J.M. (Hsg.), *Biological Rhythms in Clinical Practice.* London 1989

Lavie, P., *Ultrashort Sleep-Waking Schedule, III. ›Gates‹ and ›Forbidden Zones‹ for Sleep.* Electroencephalography and Clinical Neurophysiology 63/ 1986, S. 414–425

Leathwood, P., *Circadian Rhythms of Plasma Amino Acids, Brain Neurotransmitters and Behavior.* In: Arendt, J., Minors, D.S., & Waterhouse, J.M. (Hsg.), *Biological Rhythms in Clinical Practice.* London 1989

Rosenthal, N.E., & Wehr, T.A., *Seasonal Affective Disorders.* Psychiatric Annals 17/1987, S. 670–674

Sack, R.L., Lewy, A.J., & Hoban, T.M., *Free Running Melatonin Rhythm in Blind People: Phase Shifts With Melatonin and Triazo-*

lam Administration. In: Rensing, L., an der Heiden, U., & Mackey, M.C. (Hsg.), *Temporal Disorder in Human Oscillatory Systems.* New York 1987

Chronowissenschaft und Psychobiologie

Anochin, P.K., *Das funktionelle System als Grundlage der physiologischen Architektur des Verhaltensaktes. Abh. aus dem Gebiet der Hirnforschung und Verhaltensphysiologie.* Jena 1967, Bd. 1, S. 56

Barnwell, F.H., *A day-today relationship between oxidative metabolism and world-wide geomagnetic activity.* Biol. Bull. 119/1960, S. 303

Breus, R.K., Komarov, F.J., Musin, M.M., Naburow, I.V., Rapoport, S.J., *Heliogeographical factors and their influence on cyclical process in biosphäre.* Itogi, Nauki i Technik; Medicinskuya Geografia 18/1989, S. 138–174

Breus, R., Cornélissen, G., Halberg, F., Levitin, A.E., *Remporal associations of life with solar and geophysical activity.* Anales geophysica 13/1995

Brown, F.A., *Response to prevasive geophysical factors and the biological clock problem.* Cold 5pr Harb Symp quant Biol 25/1960, S. 57–71

Brown, F.A., Webb, H.M., Bennett, M.F., *Comparisons of some fluctuations in cosmic radiation and organismic activity during 1954, 1955 and 1956.* Am. J. Physiol. 195/1958, S. 237–242

Dubrow, A.P., *The geomagnetic field on life: Geomagnetobiology.* New York 1978, S. 318 ff.

Düll, T., Düll B., *Über die Abhängigkeit des Gesundheitszustandes von plötzlichen Eruptionen auf der Sonne und die Existenz einer 27tägigen Periode in Sterbefällen.* Virchow Archiv 293/1934, S. 272–319

Düll, T., Düll B., *Zusammenhänge zwischen Störungen des Erdmagnetismus und Häufungen von Todesfällen.* Deutsch. med. Wschr. 61/1935, S. 95–97

Feigin, V.L., Nikitin, Yu.P., Vinogradova T.E., *Solar and geomagnetic activities: are there associations with stroke occurence?* Cerebrovasc. Dis. 7/1997, S. 345–348

Feinleib, M., Rogot E., Sturrock P.A., *Solaractivity and mortality in the United States.* Int. J. Epidemiol. 4/1975, S. 227–229

Friedman, H., Becker R.O., Bachmann C.H., Nature 200/1963, S. 626

Friedman, H., Becker R.O., Bachmann C.H., Nature 205/1965, S. 1050

Gnevyshev, M.N., Novikova K.F., *The influenca of solar activity on the Earth's biosphere (Part I)*. Interdiscipl. Cycle Res. 3/1972, S. 99

Halberg, F., *Historical encounters between geophysics and biomedicine leading to the Cornélissen-series and chronoastrobiology*. In: Schröder, W. (Hg.), *Long- and Short-Term Variability in Sun's History and Global Change*. Bremen 2000, S. 271–301

Halberg, F., *Some physiological and clinical aspects of 24 hour periodicity*. Lancet 73/1953, S. 20–32

Lipa, B.J., Sturrock, P.A., Rogot, E., *Search for correlation between geomagnetic disturbance and mortality*. Nature 259/1976, S. 302–304

Mendoze, B., Diaz-Sandoval, R., *The relationship between solar activity and myocardial infarctions in Mexico City*. Geofisica Internationals 39(1)/2000, S. 53–56

Novikova, K.F., Gnevyshev, N.N., Tokareva, N.V., *The effect of solar activity on development of myocardial infarction morbidity and mortality*. Cardiology (Moskau) 4/1968, S. 109 ff.

Stoupel, E., Abramson, E., Sulkes, J., *The effect of environmental physical influence on suicide: How long is the delay?* Arch. suicide Res. 5/1999, S. 241–244

Villoresi, G., Kopytenko, Y.A., Pritsyne, N.G., Tyasto, M.T., Kopytenko, E.A., Iucci, N., Voiony, P.M., *The influence of geomagnetic storms and man-made magnetic field disturbances on the incidence of myocardial infarction in St. Petersburg (Russia)*. Physica Medica 19/1994, S. 197–117

Vladimirskil, B.M., Narmanskii, V.Ya., Temuriantz, N.A., *Global rhythmics of the solar system in the terrestrial habitat*. Biophysics 40/1995, S. 731–736

Wever, R., *The Circadian System of Man: Results of experiments under temporal isolation*. New York, Heidelberg, Berlin 1979

Psycho-Heliobiologie

Adams, M.H., *Variability in remote-viewing performance: Possible relationship to the geomagnetic field*. In: Weiner, D.H., & Radin, D.I. (Hsg.), *Research in Parapsychology*. 1985 (S. 25). Metuchen, NJ, 1986

von Bertalanffy, L., *General system theory. Essays on its foundation and development* (rev. ed.). New York 1968

Braud, W.G., & Dennis, S.P., *Geophysical variables and behavior: LVIII. Autonomic activity, hemolysis, and biological psychokinesis: Possible relationships with geomagnetic field activity*. Percept. Mot. Skills, 68/1989, S. 1243–1254

Krippner, S., Becker, A., Cavallo, M., & Washburn, B., *Electrophysiological studies of ESP in dreams: Lunar cycle differences in 80 telepathy sessions.* Human Dimensions 1972, S. 14–19

Krippner, S., & Persinger, M., *Evidence for enhanced congruence between dreams and distant target material during periods of decreased geomagnetic activity.* Journal of Scientific Exploration 10/1996, S. 487–493

Persinger, M.A., *ELF field meditation in spontaneous psi events. Direct information transfer or conditioned elicitation?* Psychoenergetic Systems 3/1975, S. 155–169

Persinger, M.A., *Geophysical variables and behavior: XXX. intense paranormal activities occur during days of quite, global geomagnetic activity.* Percept. Mot. Skills 61/1985, S. 320–322

Persinger, M.A., *Psi phenomena and temporal lobe activity: The geomagnetic factor.* In: Henkel, L.A., & Berger, R. (Hsg.), *Research in parapsychology.* 1988 (S. 121–156). Metuchen, NJ, 1989

Persinger, M.A., & Krippner, S., *Dream ESP experiments and geomagnetic activity.* Journal of the American Society for Psychical Research 83/1989, S. 101–116

Spottiswoode, S.J.P., & May, E., *Evidence that free response anomalous cognitive performance depends upon local sidereal time and geomagnetic fluctuations (Abstract).* Presentation Abstracts, Sixteenth Annual Meeting of the Society for Scientific Exploration, 1997, S. 8.

Tart, C.T., *Geomagnetic effects on GESP: Two studies.* Journal of the American Society of Psychical Research 82/1988, S. 193–216

Ullman, M., Krippner, S., & Vaughan, A., *Dream telepathy. Experiments in nocturnal ESP* (2nd ed.). Jefferson, NO, 1989

Sonnenaktivität und Klima

Ardanuy, P., Stowe, L.L., Gruber, A., & Weiss, M., *Shortwave, Longwave, and Cloud-Radiative Forcing as Determined From Nimbus-7 Observations.* J. Geophys. Res. 9/1991, S. 1–2

Arnol'd, V.I., *Small denominators and problems of stability of motion in classical and celestial mechanics.* Russ. Math. Surv. 18/1963, S. 85

Bailey, R., *Demagoguery in Green.* National Review 43 vom 16. März 1992

Baliunas, S., & Jastrow, R., *Evidence for Long-Term Brightness Changes of Solar-Type Stars.* Nature 348/1990, S. 520

Baliunas, S., & Soon, W., *Are variations in the length of the activity cycle related to changes in brightness in solar-type stars?* Astrophys. J. 450/1995, 896

Baltuck, M., Dickey, J., Dixon, T., & Harrison, C.G.A., *New approaches raise questions about future sea level change*. EOS, 1. Oktober 1996, S. 385, 388

Barlow, A.K., & Latham, J., *A Laboratory Study of the Scavenging of Sub-Micron Aerosol by Charged Raindrops*. Quart. J. R. Met. Soc. 109/1983, 763-770

Baur, F., *Abweichungen der Monatsmittel der Temperatur Mitteleuropas und des Niederschlags in Deutschland*. Beilage zur Berliner Wetterkarte des Instituts für Meteorologie der Freien Universität Berlin vom 24. Juni 1975

Berger, A.L., *Long-Term Variations of Caloric Insolation Resulting From the Earth's Orbital Elements*. Quaternary Research 9/1978, S. 139-167

Bossolasco, M., Dagnino, I., Elena, A., & Flocchini, G., *Thunderstorm activity and interplanetary magnetic field*. Riv. Italiana Geofis. 22 /1973, 293

Brückner, E., *Klimaschwankungen seit 1700*. Geographische Abhandlungen 14/1890, S. 325

Bührke, T., *Die Flecken der Sterne*. Süddeutsche Zeitung vom 30. Oktober 1997, 41

Burroughs, W.J., *Weather cycles – real or imaginary?* Cambridge University Press 1992, S. 38, 128, 149

Butler, C.J., *A two-century comparison of sunspot cycle length and temperature change – the evidence from Northern Ireland*. In: Emsley, J. (Hsg.), *The global warming debate. The report of the European Science and Environment Forum (ESEF)*. ESEF, London 1996, S. 215

Clough, H.W., *Synchronous variations in solar and terrestrial phenomena*. Astrophys. J. 22/1905, S. 42

Clough, H.W., *The 11-year sunspot period, secular periods of solar activity, and synchronous variations of terrestrial phenomena*. Monthly Weather Rev. 60/1933, S. 99

Courtney, R.S., *Die Risiken des global warming*. In: Metzner, H. (Hsg.), *Treibhaus-Kontroverse und Ozon-Problem*. Europäische Akademie für Umweltfragen, Tübingen 1996, S. 159

Dicke, R.H., *The sun's rotation and relativity*. Nature 202/1964, S. 432

Dickinson, R.E., *Solar Variability and the Lower Atmosphere*. Bull. Am. Meteorol. Soc. 56/1975, S. 1240

Eddy, J.A., *A new sun. The solar results from skylab*. Washington, D.C., NASA, 1979, 12. EOS, Trans. Amer. Geophys. Union, 18. Oktober 1988, 1

Eddy, J.A., *Historical evidence for the existence of the solar cycle*. In: White, O.R., *The solar output and its variation*. Boulder, Colorado, 1977, S. 67

Feder, T., *Attacks on IPCC Report Heat Controversy Over Global Warming*. Physics Today, August 1996, S. 55–57

Fichefet, T., *Solar radiation and global climate change: some experiments with a two-dimensional climate model*. In: Frenzel, B. (Hsg.), *Solar output and climate during the Holocene*. Stuttgart–Jena–New York 1995, S. 169

Flohn, H., *Jüngste Klimaänderungen: Treibhauseffekt oder Beschleunigung des Wasserkreislaufs*. In: Metzner, H. (Hsg.), *Globale Erwärmung – Tatsache oder Behauptung?* Europäische Akademie für Umweltfragen, Tübingen 1993, S. 91

Flohn, H., *Klimaschwankungen in historischer Zeit*. In: Rudloff, H., *Die Schwankungen des Klimas in Europa seit dem Beginn der regelmäßigen Instrumenten-Beobachtungen 1670*. Braunschweig 1967, S. 87

Foukal, P., *Solar Astrophysics*. New York 1990, S. 409

Foukal, P., *The Variable Sun*. Scientific American 270(2)/1990, S. 34–41

Foukal, P., & Lean, J., *An empirical model of total solar irradiance between 1874 and 1988*. Science 247/1990, S. 556–558

Foukal, P., & Lean, J., *An Empirical Model of Total Solar Irradiance Variation Between 1874 and 1988*. Science 247/1988, S. 505

Franke, H., *Lexikon der Physik*. Stuttgart 1969, S. 845

Friis-Christensen, E., & Lassen, K., *Length of the solar cycle: an indicator of solar activity closely associated with climate*. Science 254/1991, S. 698

Fröhlich, C., *Variations in total solar irradiance*. In: Frenzel, B. (Hsg.), *Solar output and climate during the Holocene*. Stuttgart–Jena–New York 1995, S. 125-127

Fu, L.L., Koblinsky, C.J., Minster, J.F., & Picaut, J., *Reflecting on the first three years of TOPEX/POSEIDON*. EOS 77/1996, Nr. 12, 19. März 1996, S. 109–110, 111, 117

Gleissberg, W., *The Eighty-Year Sunspot Cycle*. J. British Astron. Ass. 68/1958, S. 148–152

Gordon, A.H., *Bias in measured data*. In: Bate, R. (Hsg.), *Global Warming. The continuing debate*. The European Science and Environment Forum (ESEF), Cambridge 1998, S. 55

Groveman, B.S., & Landsberg, H.E., *Simulated northern hemisphere temperature departures 1579-1880*. Geophysical Research Letters 6/1979, S. 767

Haigh, J., *On the impact of solar variability on climate.* Science 272 /1996, S. 981

Hansen, J.E., & Lacis, A.A., *Sun and Dust Versus Greenhouse Gases: an Assessment of Their Relative Roles in Global Climatic Change.* Nature 346/1990, S. 713

Hansen, J.E., Lacis, A.A., Rind, D., Russell, G., Stone, P., Fung, I., Ruedy, R., & Lerner, J., *Climate sensitivity: analysis of feedback mechanisms.* In: Hansen, J.E., & Takahashi, T. (Hsg.), *Climate processes and climate sensitivity.* Geophys. Series 29. Am. Geophys. Union (AGU), Washington, D.C., 1990, S. 130

Hansen, J.E., Lacis, A.A., & Ruedy, R.A., *Comparison of solar and other influences on long-term climate.* In: Schatten, K. H., & Arking, A. (Hsg.), *Climate impact of solar variability.* Greenbelt, NASA, 1990, S. 142

Hansen, J.E., & Lebedeff, S., *Global surface air temperatures. Update through 1987.* Geophysical Research Letters 15/1988, S. 323

Harvey, L.D.D., *On the role of high latitude ice, snow, and vegetation feedbacks in the climatic response to external forcing changes.* Climatic Change 13/1988, S. 191

Hays, J.D., Imbrie, J., & Shackleton, N., *Variations in the Earth's Orbit: Pacemaker of the Ice Ages.* Science 194/1976, S. 1112–1132

Herschel, W., *Observations Tending to Investigate the Nature of the Sun, in Order to Find the Causes or Symptoms of its Variable Emission of Light and Heat.* Royal Soc. London Philos. Trans. 91/1801, S. 265–318

Hood, L.L., & Jirikowic, J.L., *A mechanism involving solar ultraviolet variations for modulating the interannual climatology of the middle atmosphere.* In: Schatten, K. H., & Arking, A. (Hsg.), *Climate impact of solar variability.* Greenbelt, NASA, 1990, S. 165

Houghton, J.T., Jenkins, G.J., & Ephraums, J.J., *Climatic change. The IPCC scientific assessment.* Cambridge University Press, 1990

Houghton, J.T., Meira Filho, L.G., Callander, B.A., Harris, N., Kattenberg, A., & Maskell, K., *Climate Change 1995.* Cambridge 1996, S. 81, 366, 381

Howard, R., *The rotation of the sun.* Scient. American 232/1975, S. 106

Hoyt, D.V., & Schatten, K.H., *The role of the sun in climate change.* New York-Oxford 1997, S. 61, 70, 86, 184, 188, 194, 214

Hoyt, D.V., *Using the Boundary Conditions of Sunspots as a Technique for Monitoring Solar Luminosity Variations.* In: Schatten,

K.H., & Arking, A. (Hsg.), *Climate Impact of Solar Variability.* Greenbelt, NASA Conference Publication 3086, 1990, S. 44

Jones, P.D., *Hemispheric surface air temperature variations. Recent trend and an update to 1987.* J. Climate 1/1988, S. 645

Jose, P.D., *Sun's motion and sunspots.* Astron. J. 70/1964, S. 195

Joselyn, J.A., *SESC methods for short-term geomagnetic predictions.* In: Simon, P.A., Heckman, G., & Shea, M.A., *Solar-terretrial predictions. Proceedings of a workshop at Meudon.* 18.–22. Juni 1984, National Oceanic and Atmospheric Administration, Boulder 1986, S. 404

Kahl, J.D., Charlevoix, D.J., Zaitseva, N.A., Schnell, R.C., & Serreze, M.C., *Absence of evidence for greenhouse warming over the Arctic Ocean in the past 40 years.* Nature 361/1993, S. 335

Kaku, M., *Quantum field theory.* Oxford University Press, 1993, S. 14

Kapfraff, J., *Connections. The geometry bridge between art and science.* New York 1991, S. 85, 89, 308, 313

Kertz, W., *Einführung in die Geophysik.* Mannheim 1971, S. 376–377

Kleinschmidt, C., *Neue Daten über die Dicke der Eisschicht am Nordpol.* Bremer Nachrichten vom 4. November 1995

Kolmogorov, A.N., *Preservation of conditionally periodic movements with small change in the Hamiltonian function.* Lecture Notes in Physics 93/1979, S. 51

Köppen, W., *Über mehrjährige Perioden der Witterung, insbesondere über die 11jährige Periode der Temperatur.* Österr. Meteor. Ztschr. 8/1873

Kuo, C., Lindberg, C., & Thomson, D.J., *Coherence established between atmospheric carbon dioxide and global temperature.* Nature 343/1990, S. 709

Labitzke, K., & van Loon, H., *Associations between the 11-year sunspot cycle, the quasi-biennial oscillation, and the atmosphere.* Philosophical Transactions of the Royal Society of London, A, 330/1990, S. 577

Labitzke, K., & van Loon, H., *Some recent studies of probable connection between solar and atmospheric variability.* Ann. Geophysicae 11/1993, S. 1084

Labitzke, K., & van Loon, H., *Sonnenflecken und Wetter. Gibt es doch einen Zusammenhang?* Die Geowissenschaften 8/1990, S. 1

Lamb, H.H., *Climate: Present, past, and future.* Bd. 1. London 1972, S. 186, 456

Landsberg, H.E., *Man-Made Climatic Changes.* In: *Proceedings of the Symposium on Physical and Dynamic Climatology of the World Meteorological Organization* 347/1974, S. 262–303

Landscheidt, T., *Beziehungen zwischen der Sonnenaktivität und dem Massenzentrum des Sonnensystems.* Nachrichten der Olbers-Gesellschaft 100/1976, S. 12, 14–15

Landscheidt, T., *Cycles of solar flares and weather.* In: Moerner, N.A., & Karlén, W. (Hsg.), *Climatic changes on a yearly to millenial basis.* Dordrecht 1984, S. 475, 476

Landscheidt, T., *Die kosmische Funktion des Goldenen Schnitts.* In: Richter, P.H. (Hsg.), *Sterne, Mond und Kometen. Bremen und die Astronomie.* Bremen 1995, S. 240–276

Landscheidt, T., *Forecast of global temperature, El Niño, and cloud coverage by astronomical means.* In: Bate, R. (Hsg.), *Global Warming. The continuing debate.* The European Science and Environment Forum (ESEF), Cambridge 1998, S. 172

Landscheidt, T., *Global Warming or Little Ice Age?* In: Finkl, C.W. (Hsg.), *Holocene Cycles – Climate, Sea Levels, and Sedimentation.* Fort Lauderdale, Journal of Coastal Research, Volume in Celebration of the 80th Birthday of Rhodes W. Fairbridge, The Coastal Education and Research Foundation (CERF), 1995, S. 371–382

Landscheidt, T., *Klimavorhersage mit astronomischen Mitteln?* Fusion 18(1)/1997, S. 58

Landscheidt, T., *Long Range Forecasts of Energetic X-Ray Bursts Based on Cycles of Flares.* In: Simon, P.A., Heckman, G., & Shea, M.A. (Hsg.), *Solar-Terrestrial Predictions.* National Oceanic and Atmospheric Administration, Boulder 1986, S. 53–55, 81–89

Landscheidt, T., *Long-range forecasts of solar cycles and climate change.* In: Rampino, M.R., Sanders, J.E., Newman, W.S., & Königsson, L.K., *Climate. History, Periodicity, and predictability.* New York 1987, S. 433–438

Landscheidt, T., *Relationship between Rainfall in the Northern Hemisphere and Impulses of the Torque in the Sun's Motion.* In: Schatten, K.H., & Arking, A. (Hsg.), *Climate Impact of Solar Variability. Proceedings of a Conference held at NASA Goddard Space Flight Center.* Greenbelt, 24.-27. April 1990. NASA Conference Publication, S. 260, 3086

Landscheidt, T., *Solar Motion, Impulses of the Torque in the Sun's Motion, and Climate Variation.* Climatic Change 12/1988, S. 265–295

Landscheidt, T., *Solar Oscillations, Sunspot Cycles, and Climatic Change.* In: McCormac, B.M. (Hsg.), *Weather and Climate Re-*

sponses to Solar Variations. Colorado Associated University Press, Boulder 1983, S. 293–308

Landscheidt, T., *Sun-Earth-Man.* London 1989, S. 63

Landscheidt, T., & Wöhl, H., *Solares Aktivitätsminimum erst 1989/90?* Sterne und Weltraum, November 1986, S. 584

Laskar, J., *A numerical experiment on the chaotic behaviour of the solar system.* Nature 338/1989, S. 237

Lassen, K., & Friis-Christensen, E., *Variability of the solar cycle length during the past five centuries and the apparent association with terrestrial climate.* Journ. of Atmos. Terr. Phys. 57/1995, S. 835–845

Ley, W., *Die Himmelskunde.* Wien 1965, S. 136, 509

Livingston, W.C., *Secular change in equivalent width of C 5380, 1978–1990.* In: Schatten, K.H., & Arking, A. (Hsg.), *Climate impact of solar variability.* Greenbelt, NASA, 1990, S. 336

Markson, R., & Muir, M., *Solar wind control of the earth's electric field.* Science 208/1980, S. 979

Mason, B.I., *Towards the understanding and prediction of climatic variations.* Quart. J. Roy. Soc. 102/1976, S. 478

McKinnon, J.A., *Sunspot numbers 1610–1985.* World Data Center A for Solar Terrestrial Physics, Boulder 1987

Mecherikunnel, A.T., & Kyle, H.L., *Solar constant data from Earth Radiation Budget measurements.* In: Schatten, K. H., & Arking, A. (Hsg.), *Climate impact of solar variability.* Greenbelt, NASA, 1990, S. 316

Metzner, H., *Gibt es einen CO_2-induzierten Treibhaus-Effekt?* In: Metzner, H. (Hsg.), *Treibhaus-Kontroverse und Ozon-Problem.* Europäische Akademie für Umweltfragen, Tübingen 1996, S. 89

Michaels, P.J., & Knappenberger, P.C., *The United Nations Intergovernmental Panel on Climatic Change and the scientific »consensus« on global warming.* In: Emsley, J. (Hsg.), *The global warming debate. The report of the European Science and Environment Forum.* London 1996, S. 166

Milankovich, M., *Mathematische Klimalehre und astronomische Theorie der Klimaschwankungen.* In: Köppen, W., & Geiger, R., *Handbuch der Klimatologie,* Bd. 1, Berlin 1930

Mitchell, J.M., Stockton, C.W., & Meko, D.M., *Evidence of a 22-year rhythm of drought in the Western United States related to the Hale solar cycle since the 17th century.* In: McCormac, B.M., & Seliga, T.A. (Hsg.), *Solar- terrestrial influences on weather and climate.* Dordrecht 1979, S. 125

Mogey, R., *The cycles in inflation.* Cycles 44/1993, S. 102

Moser, J., *Stable and random motions in dynamical systems.* Princeton University Press, 1973

Moss, F., & Wiesenfeld, K., *The benefits of background noise.* Scient. American, August 1995, S. 66

National Geophysical Data Center, Boulder: *X-ray flares.* SOLRAD (1968–1974), GOES (1975-present)

Neeman, B.U., Ohring, G., & Joseph, J. H.,*The Milankocich theory and climate sensitivity. Part I: Equilibrium climate model solution for the present surface conditions.* J. Geophys. Res. 93/1988, S. 11153

Negendank, J.F.W., Brauer, A., & Zolitschka, B., *Die Eifelmaare als erdgeschichtliche Fallen und Quellen zur Rekonstruktion des Paläoenvironments.* Mainzer geowiss. Mitt. 19/1990, S. 235

Nesme-Ribes, E., Baliunas, S.L., & Sokoloff, D., *The stellar dynamo.* Scient. American, August 1996, S. 51–52

Newton, I., *Mathematische Prinzipien der Naturlehre.* Darmstadt 1963, S. 532

Ohring, G., & Clapp, P.F., *The Effect of Changes in Cloud Amount on the Net Radiation at the Top of the Atmosphere.* Journ. Atmos. Sci. 37/1980, S. 447–454

Peixoto, J.P., & Oort, A.H., *Physics of climate.* American Institute of Physics, New York 1992, S. 466

Peng, L., Chou, M.D., & Arking, A., *Climate studies with a multilayer energy balance mode. Part I: Model description and sensitivity to the solar constant.* J. Atmosph. Sci. 39/1987, S. 5505

Posmentier, E.S., Soon, W.H., & Baliunas, S.L., *Relative impacts of solar irradiance variations and greenhouse changes on climate, 1880–1993.* In: Bate, R. (Hsg.), *Global Warming. The continuing debate.* The European Science and Environment Forum (ESEF), Cambridge 1998, S. 159

Potter, G.L., & Cess, R.D., *Background tropospheric aerosols: incorporation within a statistical dynamical climate model.* J. Geophys. Res. 89/1984, S. 9521

Priem, H.N.A., *CO and climate: a geologist's view.* Space Science Reviews 81/1997, S. 193

Pudovkin, M.I., & Veretenenko, S., *Cloudiness Decreases Associated With Forbush-Decreases of Galactic Cosmic Rays.* J. Atm. Terr. Phys. 57/1995, S. 1349–1355

Ramanathan, V., Barkstrom, B.R., & Harrison, E.F., *Climate and the earth's radiation budget.* Physics Today, Mai 1989, S. 22–32

Reid, G.C., *Solar Total Irradiance Variations and the Global Sea Surface Temperature Record.* Journal Geophys. Research 96/1991, S. 2835

Reiter, R., *Influences of solar activity on the electric potential between the ionosphere and the earth.* In: McCormac, B.M., & Seliga, T.A. (Hsg.), *Solar-terrestrial influences on weather and climate.* Dordrecht 1979, S. 251

Rind, D., & Overpeck, J.T., *Hypothesized causes of decadal-to-century-scale climate variability – climate model results.* Quat. Sci. Rev. 12/1993, S. 357

Robock, A., *Solar, volcanic, and anthropogenic influences on climate for the past 500 years.* Klimakonferenz »Klimaveränderungen – Ursachen und Auswirkungen«, 10.–11. November in Bonn.

Roederer, J.G., *Solar variability effects on climate.* In: Frenzel, B. (Hsg.), *Solar output and climate during the Holocene.* Stuttgart–Jena–New York 1995, S. 3, 17

Rossi, B., *Cosmic Rays.* London 1966, S. 207

Rossow, W., & Schiffer, R., *ISCCP Cloud Data Products.* Bull. Amer. Meteor. Soc. 72/1991, 20

Scherhag, R., *Die explosionsartigen Stratosphärenerwärmungen des Spätwinters 1951/52.* Berichte des Deutschen Wetterdienstes der US-Zone Nr. 38/1952, S. 51

Schlesinger, B.M., Cebula, R.P., Heath, D.F., DeLand, M.T., & Hudson, R.D., *Ten years of solar change as monitored by SBUV and SBUV2.* In: Schatten, K.H., & Arking, A. (Hsg.), *Climate impact of solar variability.* Greenbelt, NASA, 1990, S. 341

Schönwiese, C.D., *Der Treibhauseffekt: Weltweit wird das Wasser steigen.* Bild der Wissenschaft, September 1987, S. 97, 98

Schönwiese, C.D., *Klima im Wandel.* Hamburg 1994, S. 99, 161

Schönwiese, C.D., *Northern hemisphere temperature statistics and forcing.* Part B: 1579–1980. Arch. Met. Geoph. Biocl., Ser. B 35, S. 164

Schostakovitsch, W.B., *Bodenablagerungen der Seen und periodische Schwankungen der Naturerscheinungen.* Mémoires de l'Institut Hydrologique 13/1934, S. 95

Schriever, K.H., & Schuh, F., *Enzyklopädie Naturwissenschaft und Technik.* Weinheim 1980, S. 2227

Schuurmans, C.J.E., *Effects of solar flares on the atmospheric circulation.* In: McCormac, B.M., & Seliga, T.A. (Hsg.), *Solar-terrestrial influences on weather and climate.* Dordrecht 1979, S. 105

Showstack, R., *Rivers of sunlight.* EOS, 9. September 1997, S. 382

Singer F., *Globale Erwärmung.* In: Metzner, H. (Hsg.), *Treibhaus-*

Kontroverse und Ozon-Problem. Europäische Akademie für Umweltfragen, Tübingen 1996, S. 31

Solar Geophysical Data – comprehensive reports: Monthly counts of grouped solar flares Jan 1965 – Mar 1997. Nr. 637, September 1997, S. 7

Soon, W.H., Posmentier, E.S., & Baliunas, S.L., *Inference of solar irradiance variability from terrestrial temperature changes, 1880-1993. An astrophysical application of the sun-climate connection.* The Astrophys. J. 472/1996, S. 891

Spencer, R.W., Christy, J.R., & Grody, N.C., *Global atmospheric temperature monitoring with satellite microwave measurements: method and results 1979–1984.* J. Climate 3/1990, S. 1111

Stuiver, M., Grootes, P.M., & Braziunas, T.F., *The GISP delta 18O climate record of the past 16500 years and the role of the sun, ocean, and volcanoes.* Quat. Res. 44/1995, S. 341

Sussman, G.J., & Wisdom, J., *Chaotic evolution of the solar system.* Science 257/1992, 56

Svensmark, H., *Possible mechanisms of solar activity modulation of the earth's climate.* Klimakonferenz »Klimaveränderungen – Ursachen und Auswirkungen«, 10. -11. November in Bonn

Svensmark, H., & Friis-Christensen, E., *Variation of cosmic ray flux and global cloud coverage – a missing link in solarclimate relationships.* J. Atm. Sol. Terr. Phys. 59/1997, S. 1225

Tinsley, B.A., *Do effects of global atmospheric electricity on clouds cause climatic changes?* EOS, 19. August 1997, S. 341, 344, 349

van Loon, H., & Labitzke, K., *The 10-12-year atmospheric oscillation.* Meteorol. Zeitschrift 3/1994, S. 259

Weber, G.-R., *Smudged fingerprint: The elusive search for a human impact on the climate system.* In: Bate, R. (Hsg.), *Global Warming. The continuing debate.* The European Science and Environment Forum (ESEF), Cambridge 1998, S. 63

Wetherald, R.T., & Manabe, S., *The effects of changing the solar constant on the climate of a general circulation model.* J. Atmosph. Sci. 32/1975, S. 2044

Wiesenfeld, K., *An introduction to stochastic resonance.* In: Buchler, J.R., & Kandrup, H.E., *Stochastic processes in astrophysics.* New York Academy of Sciences, New York 1993, S. 13

Wiin-Christensen, C., & Wiin-Nielsen, A., *Limited predictability and the estimated greenhouse effect.* In: Bate, R. (Hsg.), *Global Warming. The continuing debate.* The European Science and Environment Forum (ESEF), Cambridge 1998, S. 41

Wilcox, J.M., *Solar activity and the weather.* J. Atmosph. Terr. Phys. 37/1975, S. 237

Willson, R.C., & Hudson, H.S., *The Sun's Luminosity Over a Complete Solar Cycle.* Nature 351/1991, S. 42

Wolf, R., *Sunspot Epochs Since A.D. 1610: The Periodic Return of Sunspot Minima.* Acad. Sci. Comptes Rendus 35/1852, S. 704–705

Wolff, C.L., & Hoegy, W.R., *Solar irradiance observed from PVO and inferred solar rotation.* In: Schatten, K.H., & Arking, A. (Hsg.), *Climate impact of solar variability.* Greenbelt, NASA, 1990, S. 58

Yoshimura, H., *The 110-year periodic modulations of solar magnetic cycle and solar total irradiance and luminosity.* STEP GBRSC News 5(2)/1995, S. 7

(R)EVOLUTION 2012
Die DVD zum Buch

(R)EVOLUTION 2012
Die Menschheit vor einem Evolutionssprung
Nach einer Idee von Dieter Broers

ISBN 978-3-9812442-6-7
21,95 €

2012. Wohl keiner anderen Jahreszahl in naher Zukunft wird momentan mehr Bedeutung beigemessen. Im Spannungsfeld zwischen uralten Mythen und moderner Wissenschaft informiert Dieter Broers über Zusammenhänge zwischen Geist und Materie, der Aktivität der Sonne sowie die Konsequenzen für unser aller Weltbild.

Führende Wissenschaftler, wie die Astrophysiker Prof. Giuliana Conforto und Illobrand von Ludwiger, der Biologe Dr. Rupert Sheldrake, der Physiker Prof. Dr. Ernst Senkowski ergänzen und bestätigen Broers Forschungsergebnisse und verdeutlichen anschaulich, dass die Menschheit tatsächlich vor einem Evolutionssprung stehen könnte.

Besuchen Sie unsere Website:
www.scorpio-verlag.de

2012 – ein Schicksalsjahr für unseren Planeten?

Dieter Broers
Checkliste 2012
Sieben Strategien, wie Sie die Krise in Ihre Chance verwandeln

192 Seiten, gebunden
ISBN 978-3-941837-00-3
€ (D) 16,90 / € (A) 17,40 / sFr 30,90

»Checkliste 2012« ist ein Handbuch der besonderen Art. Klar und für jeden nachvollziehbar schildert der Biophysiker Dieter Broers, welche Ereignisse uns 2012 erwarten und wie wir uns darauf vorbereiten können. Denn nicht nur Naturkatastrophen und weltweite Stromausfälle werden sich 2012 ereignen. Alles spricht dafür, dass rund um dieses magische Datum ein Bewusstseinswandel erfolgen wird. Von den Kalendern der Maya bis hin zu den Forschungen der NASA ist belegt: Bedingt durch eine Veränderung der Sonnenaktivitäten werden wir eine mentale Revolution erleben, die unsere aus den Fugen geratene Welt heilen kann.

Besuchen Sie unsere Website:
www.scorpio-verlag.de

Die Weissagungen der Maya –
das spirituelle Geschenkbuch für 2012

Gerald Benedict
Die Maya-Prophezeihungen für 2012
*Aus dem Englischen
von Hans-Georg Türstig*

schön gestaltete Geschenkausgabe
ca. 260 Seiten
17, 95 € (D) / 18,50 € (A) / 31,50 sFr
ISBN 978-3-941837-04-1

2012 endet der berühmte Kalender der Maya. Dies ist das Ende des 5000 Jahre dauernden »Vierten Zeitalters« und der Vorbote einer Zeit tief greifenden Wandels: Der Abschied von der Welt, wie wir sie kennen, oder die Morgenröte eines neuen Goldenen Zeitalters. Es heißt, dass die Mathematik die Sprache ist, in der Gott das Universum geschaffen hat. Und auch die Prophezeiungen der Maya lassen sich nur verstehen, wenn man weiß, dass die Maya die geistige Dimension, die Seele, die Götter, die Menschenwesen sowie die Welt der Zahlen ganzheitlich beschrieben haben, indem sie Religion, Kosmologie, Astronomie, Mathematik und Spiritualität in Beziehung zueinander setzten. Gerald Benedict übersetzt daher zuerst jede Prophezeiung poetisch und erläutert dann ihre »Botschaft«. Auf diese Weise macht er die uralte Weisheit der Mayas für den modernen Leser lebendig.

*Besuchen Sie unsere Website:
www.scorpio-verlag.de*